あるくみるきく双書

田村善次郎・宮本千晴【監修】

宮本常一とあるいた昭和の日本

14

東北①

農文協

はじめに
――そこはぼくらの「発見」の場であった――

「私にとって旅は発見であった。私自身の発見であり、日本の発見であった。書物の中で得られないものを得た。歩いてみると、その印象は実にひろく深いものであり、体験はまた多くのことを反省させてくれる。」これは『私の日本地図』の第一巻「天竜川にそって」の付録に書かれた宮本常一の「旅に学ぶ」という文章の一節である。これは宮本先生の持論でもあった。近畿日本ツーリスト・日本観光文化研究所に集まる若者の誰もが幾度となく聞かされ、旅ゆくことを奨められた。そして「どうじゃー、面白かったろうが」というのが旅から帰った者への先生の第一声であった。一生を旅に過ごしたといっても過言ではないほど、旅を続けた宮本先生にとって、旅は面白いものに決まっていた。それは発見があるからであった。発見は人を昂奮させ、魅了する。

この双書に収録された文章の多くは宮本常一に魅せられ、けしかけられて旅に出、旅に学ぶ楽しみと、発見の喜びを知った若者達の旅の記録である。一編一編は限られた村や町の紀行文であるが、こうして地域ごとに集めてみると、期せずして「昭和の風土記日本」と言ってもよいものになっている。

日本観光文化研究所は、宮本常一の私的な大学院みたいなものだといった人がいるが、この大学院は学歴も職歴も年齢も一切を問わない、皆平等で来るものを拒まないところであった。それだけに旺盛な好奇心と情熱をもった多様な性向の若者が出入りしていた。「あるく みる きく」は、この研究所の機関誌的な性格を持った月刊誌であり、所員、同人が写真を撮り、原稿を書き、レイアウトも編集もすることを原則としていた。編集者もデザイナーも筆者もカメラマンも、当時は皆まだ若かったし、素人であった。公刊が前提の原稿を書くのは初めてという人も少なくなかった。発見の喜び、感激を素直に表現し、紙面に定着させるのは容易なことではない。何回も写真を選び直し、原稿を書き改め、練り直す。徹夜は日常であった。素人の手作りからの出発であったが、この初心、発見の喜びと感激を素直に表現しようという姿勢、は最後まで貫かれていた。

月刊誌であるから毎月の刊行は義務である。多少のずれは許されても、欠号は許されない。特集の幾つかに宮本先生の古くからのお仲間や友人の執筆があるし、宮本先生も特集の何本かを執筆されているが、これらは欠号を出さず月刊を維持する苦心を物語るものである。

「あるく みる きく」の各号には、いま改めて読み返してみて、瑞々しい情熱と問題意識を感ずるものが多い。それは、私の贔屓目だけではなく、最後まで持ち続けられた初心、の故であるに違いない。

田村善次郎　宮本千晴

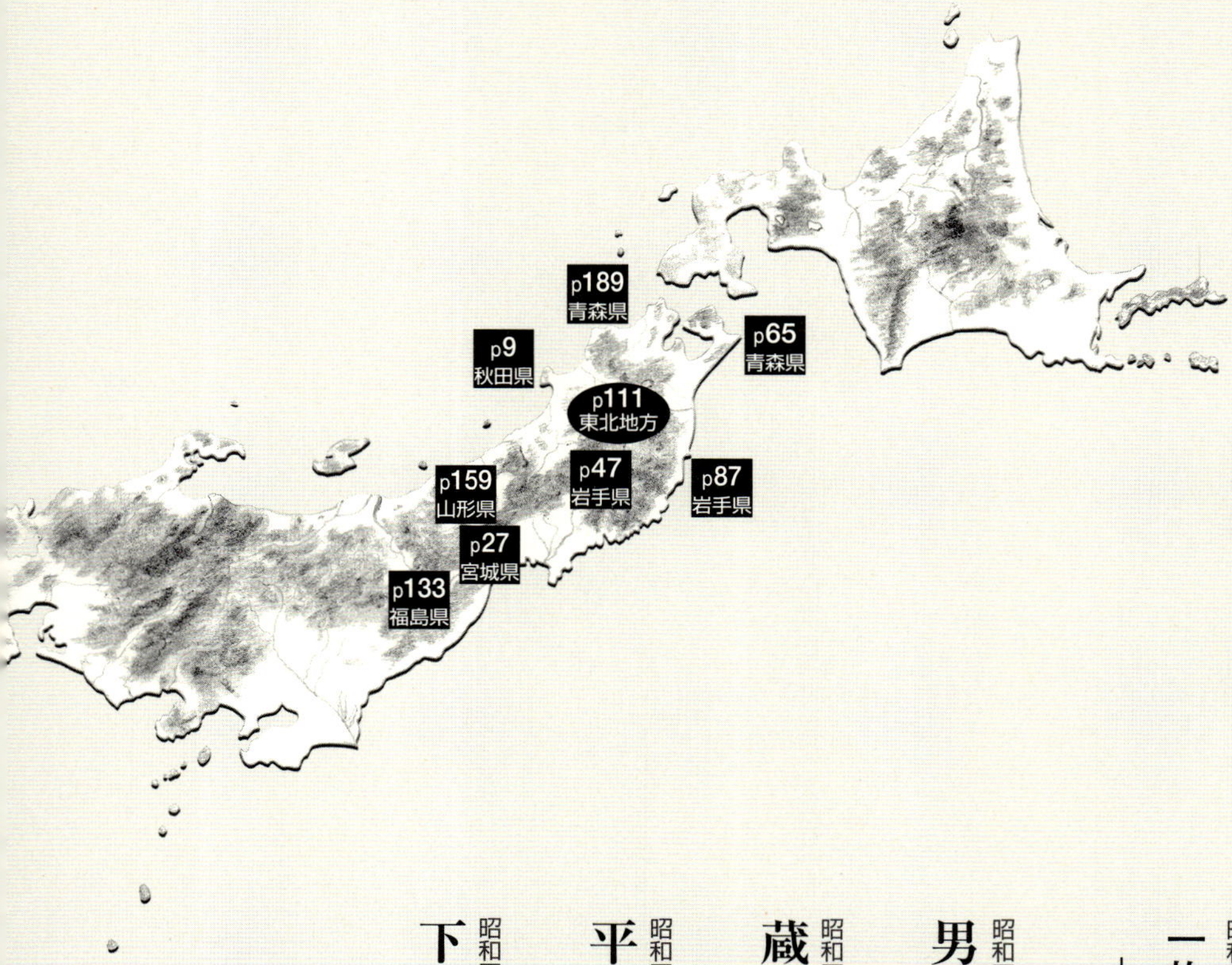
p189
青森県
p9
秋田県
p65
青森県
p111
東北地方
p159
山形県
p47
岩手県
p87
岩手県
p27
宮城県
p133
福島県

東北①
目次

N

凡例

○この叢書は『あるくみるきく』全二六三号のうち、日本国内の旅、地方の歴史・文化、祭礼行事などを特集したものを選出し、それを原本として地域および題目ごとに編集し合冊したものである。

○原本の『あるくみるきく』は、近畿日本ツーリストが開設した「日本観光文化研究所」（通称　観文研）の所長、民俗学者の宮本常一監修のもとに編集し、昭和四二年（一九六七）三月創刊、昭和六三年（一九八八）一二月に終刊した月刊誌である。

○原本の『あるくみるきく』は一号ごとに特集の形を取り、表紙にその特集名を記した。合冊の中扉はその特集名を表題にした。

○編集にあたり、それぞれの執筆者に原本の原稿に加筆および訂正を入れてもらった。ただし文体は個性を尊重し、使用漢字、数字の記載法、送り仮名などの統一はしていない。

○写真は原本の『あるくみるきく』に掲載のものもあれば、あらたに組み替えたものもある。原本の写真を複写して使用したものもある。

○掲載写真の多くは原本の発行時の少し前に撮られているので、撮影年月は記載していない。

○写真撮影者は原本とは同一でないものもある。

○市町村名は原本の発行時のままで、合併によって市町村名の変わったものもある。また祭日や行事の日の変更もある。

○日本国有鉄道（通称「国鉄」）は民営化によって、昭和六二年（一九八七）四月一日から「ＪＲ」と呼ばれる。『あるくみるきく』はほとんどが国鉄当時の取材なので、鉄道の路線名・駅名など国鉄当時のものが多い。民営化によって廃線や駅名の変更、あるいは第三セクターの経営になった路線もあるが、それらは執筆時のままとし、特に註釈は記していない。

○この巻は須藤功が編集した。

一枚の写真から

宮本常一

―共同井戸―

青森県大畑町。昭和43年(1968)3月　撮影・須藤　功

近頃井戸ばたで物を洗っている女の人の姿をほとんど見かけなくなった。井戸があっても掩《おお》いがしてあり、その掩いの上には埃がたまっている。昭和三五年頃までは漁村や人家の密集している農村には共同井戸を見かけ、そこにはかならず何人かの女が集まって着物を洗い、野菜を洗い、家具を洗っていたものである。井戸のほとりには石の地蔵様や水神様などがあって、その前には、花がたててあり、時には団子や御飯のそなえてあることもあった。

井戸には屋根がかけてあって、滑車を利用して釣瓶《つるべ》で水を汲むようになったものもあれば、水位の高い井戸ならば、井戸の中へ釣瓶を投げこんで汲みあげている者もあった。

ひとつの井戸を利用する家は二〇軒内外で、家が一〇〇軒あれば、井戸は五つか六つ、ほぼ等間隔にあり、井戸を中心にして井戸組というのが組まれており、組の者が井戸を共同管理していることもあれば、親方の家が井戸をもっていて、それを利用させてもらっているというものもあった。瀬戸内海地方の漁村では井戸枠は花崗岩が多く、その井戸枠に石工の名や年号の彫りこんであるものもあった。それらを見ると江戸中期以前というのはほとんどないから、おそらく江戸中期頃から井戸を掘り、それを利用する仲間をほぼきめて、井戸を共同利用するばかりでなく、日常生活の上でもたがいに助けあったり、また情報交換もしたものであろうと思う。昔から井戸端会議というのは女たちのつまらぬうわさ話をすることのようにとられて軽蔑されたものであったが、私が盛んに旅をしていた頃には、この井戸端が何よりもよい話の聞ける場所であった。そんなにくわしい話をきくわけではないが、井戸のほとりにまつられている神様のこと、井戸仲間のこと、話し好きな年寄のこと、泊めてくれそうな家の有無など、物の一時間もそこにおればたいていわかって来る。そして、時には私もそこで顔を洗い、汗をふき小ざっぱりして立ち去ることもあった。

　そうした共同井戸へポンプが備えつけられるようになったのは昭和一〇年代であったが、ずっと後まで釣瓶を残している村も見かけた。ポンプを押して水を汲むのは釣瓶で水を汲むより楽であるが、一〇歳前後の子供が水を汲むときは、ポンプの柄にぶら下がるようにして、見ていてもいたましい思いをすることが多く、そういうときは手をそえて水を汲んでやることも多かった。

　家のそばに流れがあって、そこで物を洗うことのできるような家も少なくなかったが、きれいな水が村の中を流れているような風景はいつまでも心にのこった。熊本県の球磨《くま》郡地方はそういうところで、球磨川の水をひいた用水路が、人吉盆地を網の目のように通じていた。それだけでこの盆地をあるくのはたのしかったのである。

　中には村の街路の中央に溝を作って、そこに水を流している風景も、もとは方々に見かけた。思い出すものだけあげても、肥前島原の武家町、越前大野、能登宝達、信濃遠山、須坂、海野、武蔵青梅、府中、会津大内、磐城二本松などがある。幕末の頃まではもっともっとその数が多かったであろうが、いつの間にかその溝を道の片側に寄せたり、埋めたりしてしまった。自動車を走らせようとすると、その溝が邪魔になるからである。

　そのほかに水のわき出ている村がところどころにあった。近江の琵琶湖の西側の安曇川《あどがわ》町や高島町のあたりは、ほんのわずか地面をほると、きれいな水がこんこんとしてわき出た。その水を利用して、どの家にも小さい池があり、池に鯉がおよいでいた。美濃の平野にも地下水のわき出るところは多かった。その水は夏は冷たく冬はあたたかくて、冬は水の凍ることがなかった。その湧水を利用してセリやミツバを作っている百姓もこの平野には少なくなかった。

　青森県下北半島の恐山の裾野一帯も地下水のわき出るところで、恐山の北方の大畑付近から、東方、東南方一帯にかけてはほんの少し掘るだけでよい水がわき、それを大きなタンクに入れて、飲み水や洗い水に用いていた。この水は冬になっても凍らないから、冬もそこで洗い物をしている女の姿をよくみかけた。冬は水があたたかいので洗い物をしてもそれほど苦にならないという。しかし夏は手をきるようにつめたい。夏も冬も水温はほとんど一定しているので、暑いときこの水にふれると冷く感じ、寒いときにはあたたかく感ずるまでのことだが、「水道の水よりははるかに使いやすい」というのが利用している人たちの気持で、雪の積った中で、この水で野菜や魚を洗ったりしているのを見かけることがある。見ている方はいたましい感じがするのだが、水の中へ手をさし入れさせて「ぬくいでしょう」といって笑った女の顔を私はおぼえている。その水をパイプで自分の家へひいていったら、よさそうに思うが、そうすると水はつめたくなるという。雪がふっていても、水があたたかければ、水洗いはそれほど苦にならないという。そして昨年（昭和五十三年）五月久しぶりにこの地方を訪れたときも、湧水井のそばで物を洗っている女の姿を見かけた。

　きれいな水が豊富に流れているのは実にいい。そしてそのような水のわき出るところ、流れるところに昔の人は住みつくようになったのであろう。

　しかし、よい水の湧かないところへも、人は住まねばならぬことが多かった。そのために水のあるところまで汲みにいったり、また深い井戸を掘らねばならぬこともあった。武蔵野の台地では地下水が低いために、まず土地をすり鉢状にほりくぼめ、その底の部分からさらに深い堅穴を地下水のあるところまで掘りこんでいく、マイマイズ井というものがあった。多摩川のほとりの羽村にあったものは後々まで利用されていたので世間にも知られていたが、もとは方々にあったという。青梅市の新町にも半分ほど埋れたものが、まだ一つ残っている。このような井戸はいつごろから作られたものであろうか。一昨年東京都府中市の大国魂神社の北方で発掘されたものはおよそ一〇〇〇年ほど前に掘られたものであった。その頃そういう技術があったのである。そしてこのような井戸は西は浜松付近、南は伊豆新島にも残存している。水が乏しければこのような工夫もしたのであって、共同で利用する場合にはかならずそこが人びとの話しあいの場になった。働きながらの話であるから、まとまった話や、むずかしい話をすることはできなかったであろうが、村共同体というのはそのはじめはこのように水を共同利用することから成長していったのではなかろうか。

下北には共同の釣瓶井戸もあった。佐井村

八郎潟西岸の釜谷地から見る男鹿三山

男鹿

文　姫田忠義
写真　伊藤碩男

太古の火山島

ウォー　ウォー　この家には
泣く子はいるが　いねが
親の言うごと聞くが　聞かねが
ウォー　ウォー

ナマハゲは、春をまつ雪国のまつり。異形の鬼が、泣く子をはげまし、人々に春にそなえよとさけぶ。男鹿の名は、このナマハゲによって名高い。

男鹿は、太古は火を噴く火山島であった。

島の東にそびえる寒風山、島奥につらなる本山真山と神秘的な三つの火口湖、西海岸につづく断崖奇岩、そして温泉……。今日男鹿をおとずれるすべての人々によろこばれているこれらの風景は太古の火山活動によってうまれた。

高等小学校のとき作ったというナマハゲの面。上真山

男鹿島を本土とつなぎ、半島にしたのは本土がわの二本の大きな川であった。北の米代川《よねしろがわ》、南の雄物川《おものがわ》。この二つの川からおしだされたおびただしい土砂が長い二本の腕になり、男鹿島を本土とつないだ。二本の腕に抱かれた広い水面が、日本で二番目に大きい湖、八郎潟になったのである。

男鹿島が島でなくなったころ、山々は火山活動をやめていた。けれどいま目の前にその活動のしるしを見て、わたしたちの想像力はとおい太古へはばたいていく。

冬の長い、単調な海岸線のつづく北国の海。そこにうかぶ原始の火山島、男鹿。そこにはどんな生活があったのだろうか。

男鹿島東岸の角間崎《かくまざき》から縄文時代前期の貝塚が発掘され、そのちかくの志藤沢《しどさわ》からは円筒土器が発掘された。それをつくった人たちはエミシ（強いものというほどの意）とよばれて、古代の大和朝廷からたえず反抗をおそれられていた人たちである。

かれらは男鹿島でどんなくらしをし、どんなふうに男鹿島のことを語っていただろう。残念なことに、男鹿にはエミシの語った伝説や物語はのこっていない。

長い砂丘がかすむ

秋田駅をでた奥羽本線とほぼ平行して北上する国道七号線は、八郎潟の南端にちかい秋田市追分で男鹿街道とわかれる。奥羽本線もまたこの追分駅で男鹿半島へいく船川線とわかれている。

追分は、その名のしめすように古い昔からの街道、奥羽街道と男鹿街道の分岐点であり、男鹿街道への陸の入口であった。古くは榎《えのき》の岐路《ちまた》とよばれ榎の大木が立っていたという。旅人たちのかっこうの目印であり、その木蔭はしばしのいこいの場所であった。

追分からさき、八郎潟の切れ目船越水道にいたる十数キロの道はいまでは舗装がすすみ、沿道は畑や防風林のつらなる坦々とした大道だが、昔は単なる砂丘の道で、冬季風のつよいときはあるけるものではなかった。さいわい、八郎潟は冬になると凍るので、その上をソリにのってわたっていったと菅江真澄《すがえますみ》の『氷魚《ひお》の村君《むらぎみ》』には見えている。八郎潟はこの地方の農民にとっては実に大事なかせぎ場であった。夏はこの湖でいろいろの魚をとったし、また藻をとった。藻は田や畑の肥料にしたが、細長くやわらかなものは編んで敷物にもしたし、布団のなかった頃にはその代用にもした。

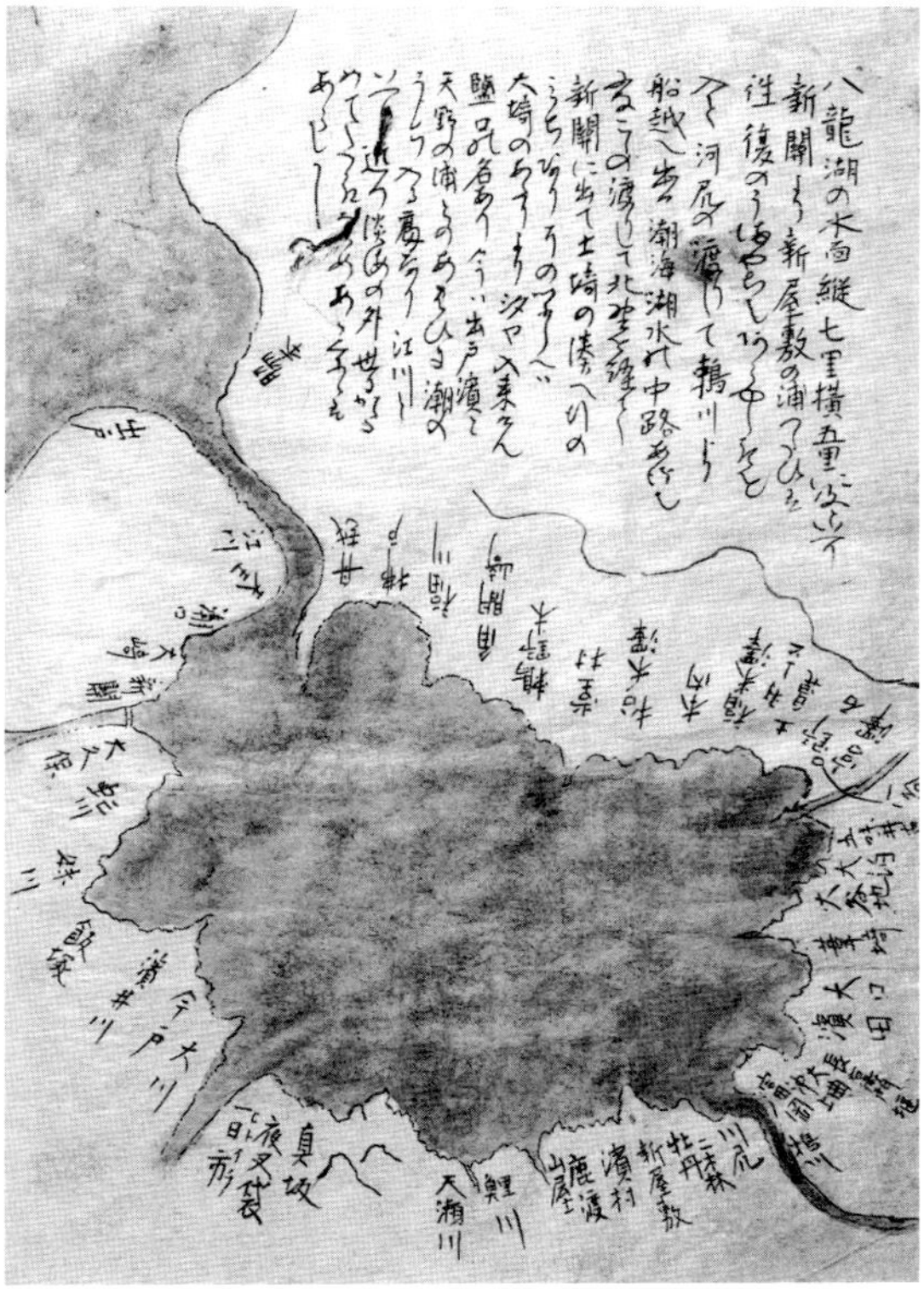

菅江真澄が文化7年（1810）に描いた八郎潟図

湖の周辺の村々にボラやワカサギの供養塔をいくつも見かけるのは素朴な村人の心をうかがうことができるとともに、この湖に魚の豊富だったことがしのばれる。

冬になると湖は氷がはって漁業はできなかったが幕末頃長野県諏訪湖から氷下に網を張る方法をならって、冬でも魚をとるようになった。その上湖上には蜃気楼がたえずあらわれて人々の眼をたのしませた。

砂丘の道の方は天保元年（一八三〇）典農《てんのう》村（今の天

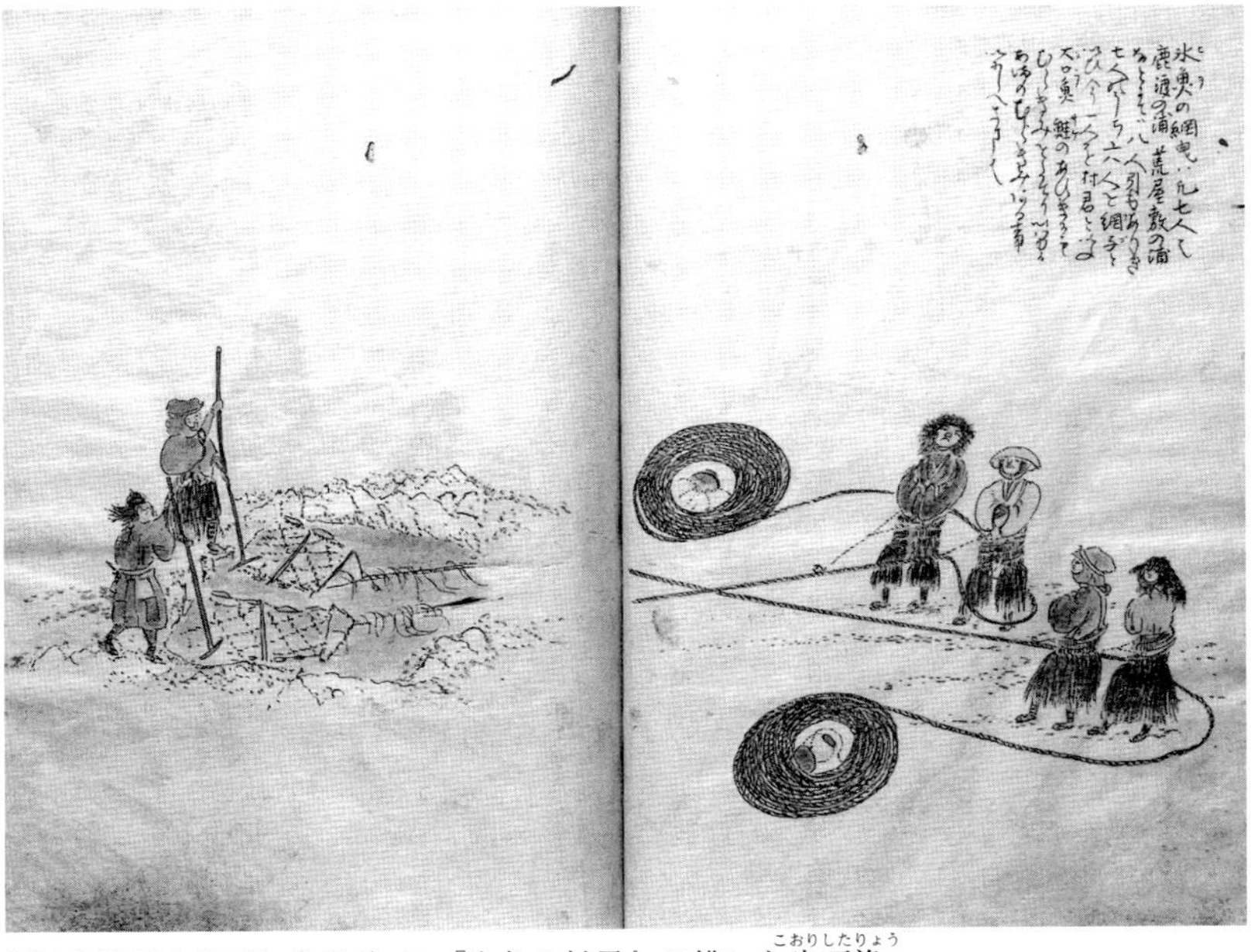

菅江真澄が文化7年（1810）に『氷魚の村君』に描いた氷下漁《こおりしたりょう》。
「村君」は氷下曳網漁の頭をいった。

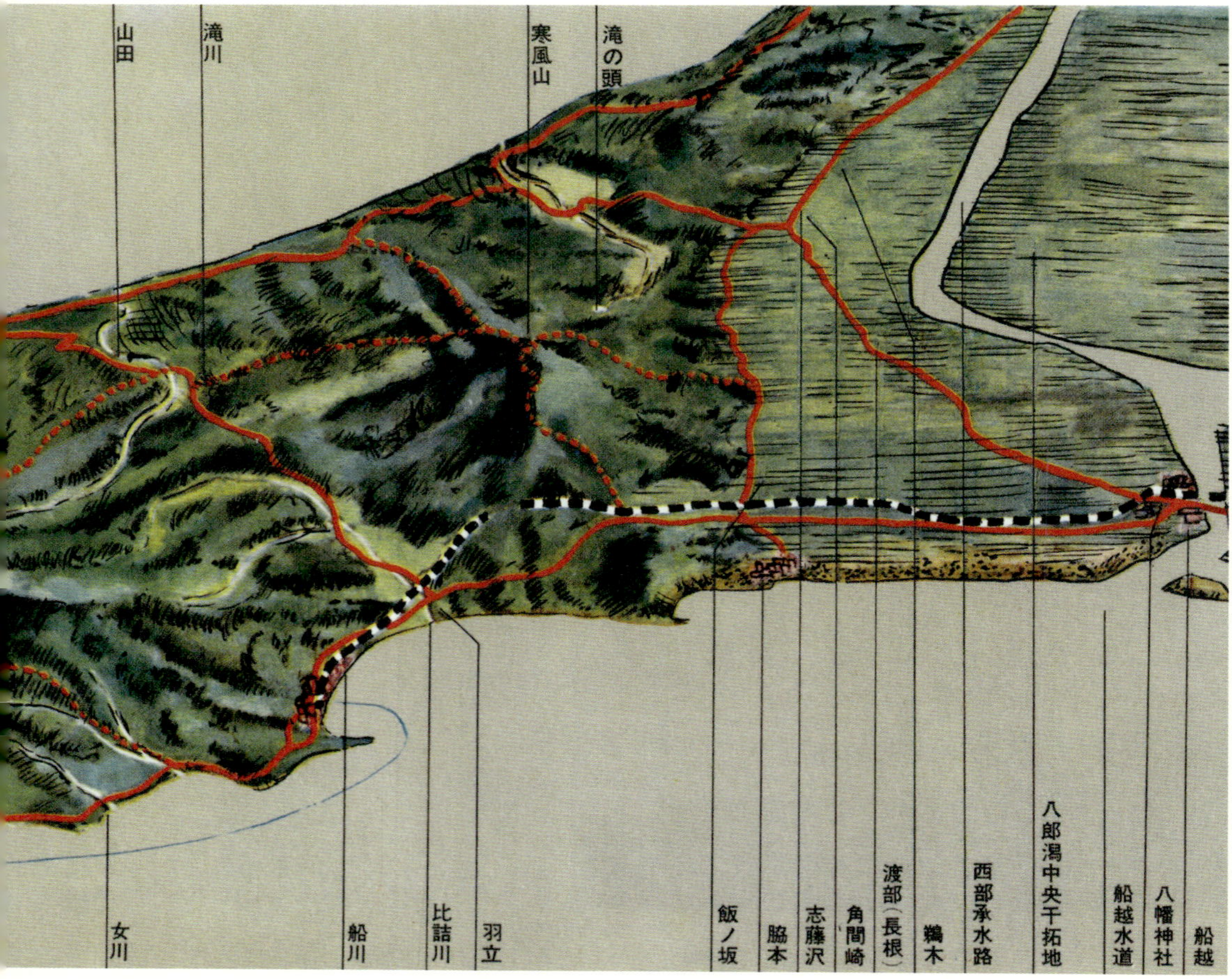

男鹿半島略図（釜谷地は記されていない）

二ノ目潟と戸賀湾

山頂に展望台のある寒風山と山麓の景

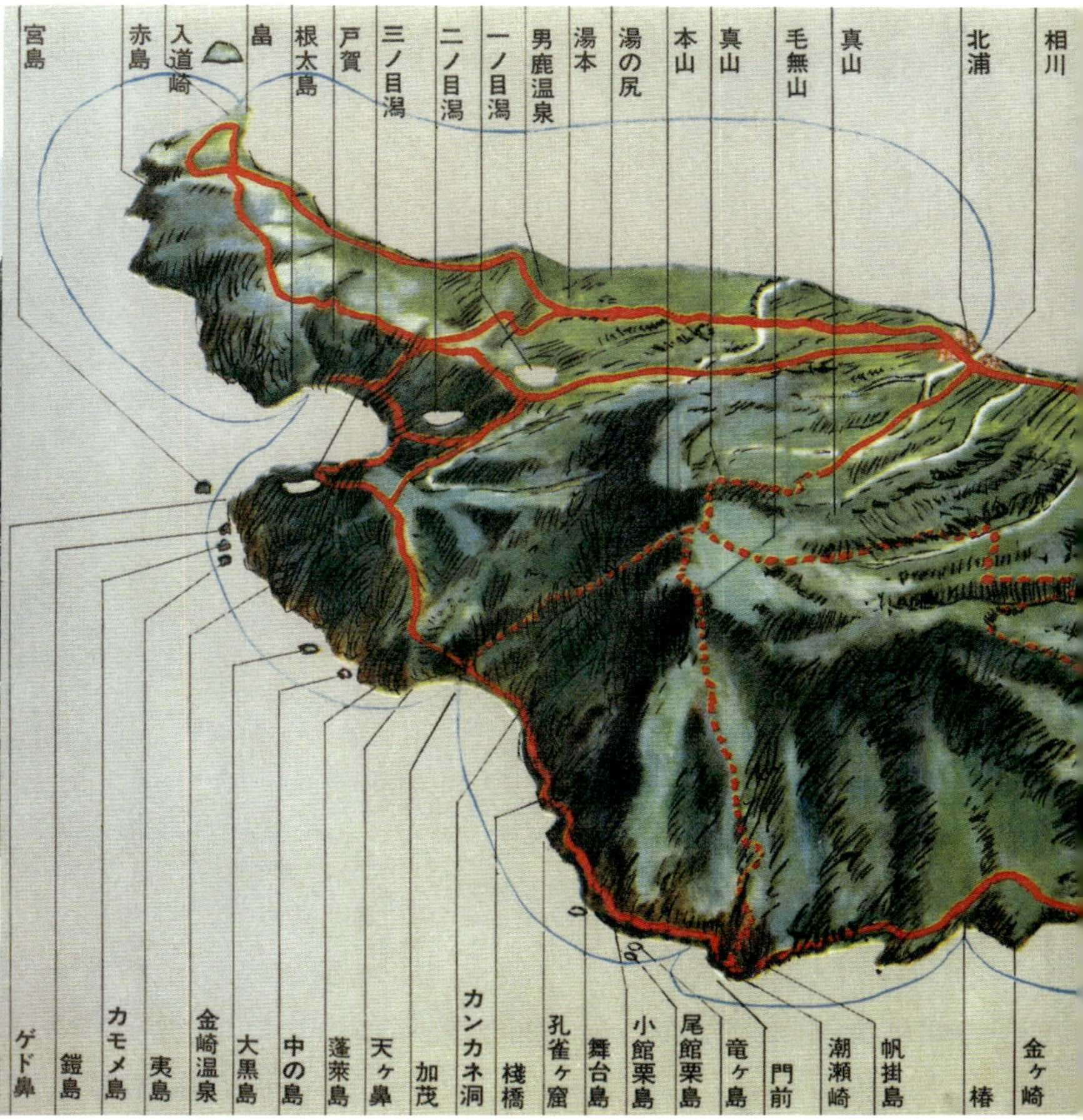

箱舟に乗ってジュンサイを採る。昭和町・小泉潟

ジュンサイのはいったキャフロ（貝を鍋にした郷土料理）

八郎潟の周辺でよく見る鰡《ぼら》の供養碑

王町）の児玉庄三郎という庄屋が、私財をなげうって松苗二万五千本を沿道に植えた。砂丘の道を行く人々の難儀を見るに見かねたのである。十年、二十年、松は風雪にたえて成長し、みごとな松並木になっていたが、戦時中に松根油をとるために無残にもみな伐りたおされてしまったという。

男鹿へいたる砂丘が退屈だという人がある。そういう人は、春ここを通るといい。梨、桃の花が畑をはなやかにいろどっている。いやそれよりも、車をおりて砂丘の浜辺へ、日本海へでてみることだ。そこには砂丘というものの大きさを思いしらされる風景がある。延々十数キロ、長いゆるやかなカーブをえがいてつづく砂丘。西北方に男鹿の山々が、そしてはるか南方には秋田市からその南にかけての長い海岸線がかすむ。壮大な海と砂丘のつらなり。遠く、放牧された馬が無心に草をはんでいる。

ここでは人間はあまりにも小さい。砂の上をあるきはじめればいっそうその感がつよい。その小さな人間が、この大きな砂丘という自然をひらいてきたのであった。

あるいは砂丘の裏に出てみるのもよい。夕暮の小泉潟はところどころ杉木立にかこまれて静かな水面に赤い空をうつしている。その中をキッツとよばれる四角い丸木舟をあやつって、水蓮のように浮んだジュンサイをとっている老婆を見られるかもしれない。

やわらかい草でおおわれる寒風山

砂丘の道をぬけ、船越水道をこえるといよいよ男鹿である。

秋田からまっすぐ男鹿最北端の入道崎へはしる特急バスは、標高三五五メートルの寒風山に登っていく。男鹿の風物を代表してわたしたちを迎えてくれる寒風山は、全山やわらかな草でおおわれたまるい山。古い火口までもやさしい。山というよりは丘というにふさわしい。

が、頂上からの四囲の展望はすばらしい。眼下にひろがる八郎潟の全容。ついさっき通ってきたあの大きな砂丘がほんの腕一本の長さに見える。

世紀の大干拓工事によってその八五パーセントが陸地化してしまった八郎潟。縦横に走る干拓地内の道路が美しい格子縞をえがく。

一瞬のうちに八郎潟をつくったという八郎太郎の伝説。そのまわりにとりつき、田畑をひらき、独特の潟舟で魚をとってくらしてきた人々の歴史。それへの追憶が次々に頭にうかんでくる。そのうちのあるものはこの日本第二の大湖の様相を一変させた干拓事業によって消え、埋もれてしまった。

太古、火山島だった男鹿には砂丘がのびている。

八郎潟南端の大久保の丘にたっている八郎潟漁具収蔵庫が思いだされる。巨大なコンクリートづくりの収蔵庫いっぱいにつめこまれた八郎潟漁業の舟、漁具資料。若い公民館長がただ一人、整理していた。今のうちにそれらのものを集め、整理しておかねば、八郎潟という湖の記憶とその手がかりが永遠に消えてしまうのだ。

目をあけると、遠く八郎潟のむこうにつらなる秋田の山々。その山ひだに熊を追う素朴なマタギ（狩人）の習俗をのこす村をかくして、日本三大杉の一つ秋田杉の美林をそだてている。

ふりかえって目を西側に転ずると、寒風山と男鹿奥の山にはさまれて、低く台地がひろがっている。この男鹿なかの台地から男鹿奥の真山、本山へかけてのながめは、八郎潟の方への眺望にくらべてぐんと圧縮されて行きづまりに見える。けれどもその先の世界がある。男鹿奥の山にのぼり、その西側の広葉樹林におおわれた断崖や、ひょうびょうとひろがる日本海をながめた時の切迫感。それは陸地のはてを思わせるものがある。断崖のかげに点在するいくつかの部落をたずねあるく時、その感をいよいよふかくする。

水田の美しさにひかれて

足下に広がるあおあおとした水田の平らさと、その中にちらばる防風林にかこまれた村々の美しさにひかれて寒風山を東にくだってみた。八郎潟の大干拓地のそばに立つとき、誰しもそのとらえどころのない広さと、それにいどむ人間の意志と技術に感動し、同時にその苦労を思うのであるが、寒風山東麓にひろがる水田の大部分は、渡部新村（琴浜村長根）をつくった渡部斧松などによって江戸時代の末ごろからひらかれたものである。手のつけようのない荒地に水をひき松を植えて水田をひらいた斧松の話などを聞きながらあるくと、この広いおおらかな風景の意味がよくわかり、感じられるにちがいない。しかし、かれらも最初にここをひらいた人たちではない。

昭和三十二年、ちょうど八郎潟の干拓工事がはじまった年、おなじ琴浜村で底にモミ痕のついた弥生時代の土器が発掘された。発掘地点は同村潟西の志藤沢の山ぎわであった。

さらにその昔。男鹿の縄文土器は東北地方特有の円筒土器であるが、その上に竹べらで刻みをいれた竹管文様のあるものが琴浜村で掘りだされている。この竹管文様や、能代市から出た貝がらでひっかいた条痕文様のあるものなどはともに関西系の技術なのである。

米は弥生時代からつくられるようになったといわれるが、一説に縄文晩期、野獣や魚が豊富で狩猟採取時代の長くつづいた東北地方では、低湿地では米が意外に早くから作られるようになっていた。

一つには日本海の海上交通が大きな役割をはたしていたのであろう。阿部比羅夫《あべのひらぶ》は西暦六五八年一八〇隻もの軍船をひきいて、この地方のまつろわぬものをしたがえたといわれるが、日本ばかりでなく、大陸の朝鮮、シナの船も早くからこの沿岸を往来したらしく、真山・本山には漢の武帝の伝説ものこっている。

思いもかけない荒い世界

男鹿に秘境の感じを求めるならまずまっさきに男鹿奥の海岸部へ到着すべきだろう。それには秋田から男鹿市役所の所在地船川までのバスか列車にのらねばならない。そこから男鹿西海岸をめぐる遊覧船にのるがよい。

そこは寒風山を中心にした男鹿島東部ではとうてい想像できなかった世界がある。男鹿奥の山がいきなり海におちてはげしくきりたった断崖。その前面の海中につらなる豪快な奇岩怪石。男鹿の西海岸はすばらしい男性的な風景をくりひろげる。

男鹿島全体の地形は、東が低く、西が高く傾いた台地の上に、東の寒風山、西の本山、真山がのっかっているかたちである。二千万年もの昔グリーンタフ（緑色凝灰岩）形成の時代に、くりかえされた海底の火山活動による噴出物の厚い堆積が、はげしく傾きながら海面に姿をあらわし火や熔岩をふきあげた原始の島男鹿。やがてながい氷河時代の間海はしりぞき段丘をきざんでいった。その活動のはげしさが最もよくわかるのが西海岸である。

船で西海岸をまわってみよう。延々とつづくきりたった断崖。その一つ一つに名前がつけられている奇岩。恵比寿島、大黒島、蓬莱島、孔雀《くじゃく》の窟《いわや》、竜頭《りゅうず》が島……、これらの奇岩はすべて火山から噴出された熔岩である。温泉もわきだしている。

門前・加茂間のなかほどに海中の岩が自然のトンネルをつくっている。孔雀の窟で、それを船でくぐってみるのが西海岸めぐりのたのしみの一つだが、船を仕立てなければできない。遊覧船は沖あいをとおりすぎてしまう。

断崖のかげに部落がある。南から椿、門前、加茂、塩浜、戸賀。いずれもごく最近までは陸からの交通の不便な僻地であった。

男鹿半島西南隅の門前から加茂までは今でも自動車道路がない。西海岸でも一番けわしい難所だからである。自動車道路などの開発が、役所のある船川や寒風山の方から進められた結果、いちばんあとにとりのこされてしまった感じである。

男鹿半島の西海岸に見る舞台岩と化粧岩

西海岸のちょうどまんなかに加茂がある。いまは戸賀経由北浦まで自動車道路ができているが、その前はどこへいくにも不便なところであった。病人がでても医者にみてもらうことができず、よくよくの病人は医者のいる北浦まで八望台の峠をこえてけわしい三里の山道を運ばなければならなかった。途中で病人が死ぬこともあったという。いまは降りしいた松葉をふみあらしてこの山道を通る人もなく、ひっそりとしずまりかえっていた。

こんな荒々しい西海岸の岩礁のあいだに、その海にふさわしいぶこつな丸木舟が浮んでいるのを見つけた。

この丸木舟は門前、加茂、戸賀湾、赤島とならぶ西海岸すべての部落で見られる。人類が筏の次につくったという最も古い型のふね。それは能登や北海道、沖縄、奄美でも使われており、男鹿だけのものではないし、男鹿にもふつうの舟があるのだが、丸木舟は現在でも六〇〜七〇艘はあり、船外エンジンをとりつけたものもある。大正時代の末ごろには一五〇艘もあったという。

丸木船はくり舟ともいわれる。一本の丸木をモッタというハツリに似た道具でくりぬくからであろうか。戸賀には今でもそのモッタでくり舟をつくれる舟大工がいる。今のこっているものの中の二艘が、第二次大戦後につくられた新しいものである。

丸木舟は頑丈である。少々岩にぶっつけようがびくと

西海岸のもっとも奥の漁村の加茂

船外機（エンジン）をつけた丸木舟。門前

もしない。板と板とを組あわせたふつうの舟ならいっぺんにバラバラになってしまうようなところでも使える。その木もびっしりと目のつんだ男鹿産の杉である。同じ秋田杉でも他のところのはだめだと土地の人は自慢する。軽さや強さの点で、男鹿の杉がずばぬけているというのである。

男鹿は雪国。しかもはげしい冬の風がもろにぶつかってくる。それが杉をねじまげるようではこまる。が、そ

岩にあたっても耐えるように、船首を丸太にした漁船。門前

入道崎で獲れた魚

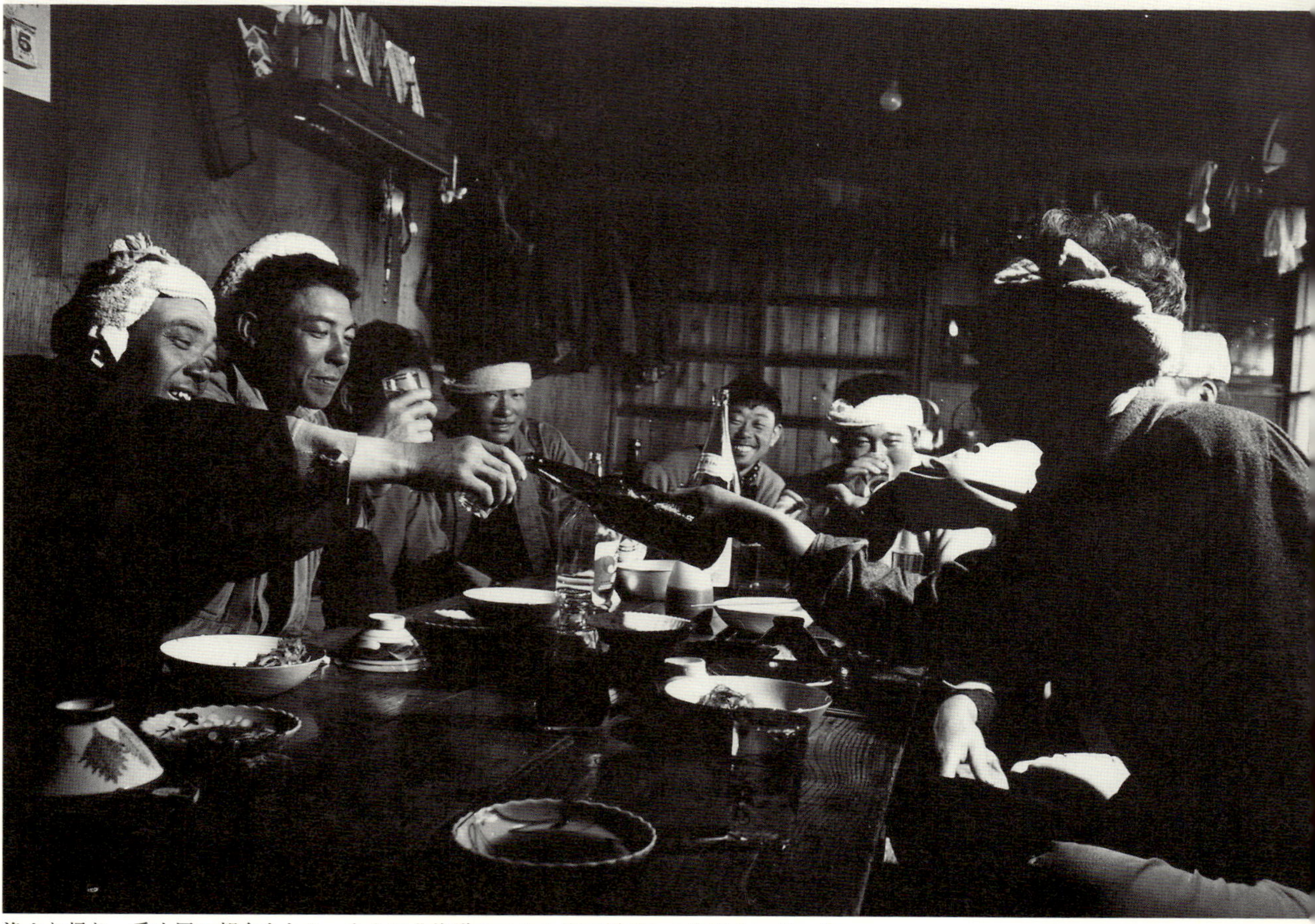

漁より帰り、番小屋で朝食をとる。なかに北海道のニシン漁で活躍した猛者もいる。畠

の冷たさはかえって杉の肌をひきしめ、すばらしい密度の良木を育てる。それが荒磯にたえる丸木舟をつくっているのだ。男鹿奥にそびえる本山、真山の東斜面を秋田杉の原産地だという説もある。

船はさらに北にはしる。

伊豆大島の波浮《はぶ》港をやや広くしたような戸賀湾は、波浮港にはない砂浜と湾口の防波堤がある。夏には絶好の海水浴場となる。

砂丘に並ぶ網小屋。釜谷地

夏の日本海。そこにははげしい季節風がまっこうからおそいかかってくる冬の荒々しさはどこにもない。あるものはただかぎりなくすみきった空の青とさえわたる海、そしてさわやかな木蔭の涼しさである。

最北端の入道崎は男鹿の断崖奇岩をもっとも身近かに、また誰にでも体験できるところである。

岬の上は広々とした平坦な台地になっており、緑の草におおわれている。海にのぞむ断崖上の遊園地。誰もがあるき、はしりまわり、あそびたくなる。

足をすすめてこの草原の突端に立つ石地蔵のさきにでてみた。思わず足がすくむ。眼下に波が岩をかんで白い牙をむいている。その波が冷い霧になって吹きあげてくる。冬はどんなながめになるのだろうか。冬。ナマハゲの季節。雪。そしてシベリアの烈風……。その時この断崖上に立ち、荒れ狂う雪まじりの烈風と真正面から向きあっていたら……氷のしぶきに顔をたたかれていたら。それはもう灯台や永遠の生命をもつ石地蔵だけが知る世界なのかもしれない。人々はひっそりと家にこもり、息をころして春を待つのである。

早朝、漁師たちと沖にでてみた。沖から見ると入道崎はみごとな棚状の台地に見える。その後方に二、三段の海岸段丘をはっきり見せ、さらにそのうしろに真山がかすんでいる。男鹿島のはげしくそしてながい成立の歴史を簡潔にかたりながら。

男鹿島全体では、この隆起と海退をしめす海岸段丘は二十数段におよんでいる。

畠付近の台地に、冬にそなえた薪の山がつづいていた。

深い水をたたえた三つの湖があった

入道崎から南へバスで約三〇分の高い段丘上に美しく丸い三つのマール湖がある。マールというのは、ふつうの火山のように火を噴かないで蒸気と熔岩だけを噴きだした爆烈火口である。マールは四つ。一ノ目潟、二ノ目潟、三ノ目潟、そして壁の一部がくずれて入江となった戸賀湾。同じように火山活動によってうまれた地形でも、寒風山や本山・真山とは対照的である。一方はもちあがって火を噴く山。一方は地下に落ちこみながら噴気したマール。男鹿ならではのおもしろさである。青々と深い水をたたえてしずまりかえる小さな湖。そこには断崖のつらなるあの荒々しさはなく、そういうものをつくりだした御本人は、いまでは静かにそして神秘的にとりすましているのである。

この三つの湖のうちの一つ、一ノ目潟にまつわる伝説がある。八郎潟伝説の主人公である八郎太郎にまつわるものである。

一瞬のうちに八郎潟をつくった八郎太郎は、冬になっても凍らない湖をさがそうと思った。秋風が吹き、冬になると八郎潟は一面の氷の湖になったからである。八郎太郎は、男鹿のあちこちをさがしてとうとう一ノ目潟を見つけた。「これならちょうどよい。少し狭いが、冬になって凍らないだけでも助かる」といってほほえんだ。

ところが困ったのは一ノ目潟に住む潟の神であった。「争ってみても、八郎太郎の力にはかなわない」と日夜うれいに沈んだ。ちょうどそのころ、都から武内弥五郎

修験者が集まったとされる真山神社の社叢

真康という武勇にすぐれた弓の名手が真山神社の神職になってやってきた。彼は潟の神の願いにこたえて、雲にのり、一ノ目潟にまいおりようとする八郎太郎めがけてヒョッと矢を射った。矢は雲につきささり、雷のような八郎太郎の声が聞こえた。「真康、この恨みは子孫七代におよぶぞ。必ず半眼になると思えッ」。

真康に撃退された八郎太郎は再び八郎潟にもどり、湖の底で寒さにふるえながら真康の矢でうけた傷をなおしたという。

八郎太郎は、ひとり八郎潟伝説の主人公であるばかりでなく、十和田湖、田代湖、八郎潟をつなぐ壮大な三湖伝説の主人公でもある。

雪国である男鹿のそれも西北の隅に近い湖は、誰でも冬は凍ると思うだろう。それが凍結しないのは湖が深いからである。三つの目潟の底は海底より低いのである。

みぞれ、ハタハタ、ナマハゲ

八郎太郎の伝説にでてくる武内真康の真山神社は、北海岸の北浦から真山への登山道の途中にある。北浦やそのすぐそばの相川は有名な冬のハタハタ漁の本場である。

晩秋、この地方に陰うつなみぞれが降りはじめる。みぞれは雪の前兆。はげしい雷鳴をともなうことが多い。ハタハタのことを雷魚と書いたりする。そういう季節になると、北浦や相川の人はもちろん男鹿の北海岸や男鹿なかとよばれる中央台地あたりの人々も応援にかけつける。それほどハタハタはとれる量が多いのだ。

すでに身をきるように冷たい風と海。その海へ網がなげこまれ、人々はその網の縄を腰にまき、渚から陸へずぶぬれになりながら網をひきあげる。つらい、はげしい仕事である。けれどその値段はおそろしく変動し、せっかくひきあげたハタハタを海へすててしまわなければならないことも多い。

秋田の名物ショッツルのだしになくてはならないハタハタも、需要が少なくなってきているからだ。ハタハタを肥料にしていた農家の需要や、ニシン漁盛んなりしころの北海道からの需要が激減したからであった。北海道へは男鹿や秋田から非常にたくさんの出稼者がニシン漁に行っており殊に男鹿からが多く、彼らは故郷の味を非常になつかしがったのである。

「泣く子はいねが」と家々をまわるナマハゲ。提供・秋田魁新報

しかし、今まではあまりに地方的な魚でありすぎたのではないだろうか。

ハタハタ漁とならんで冬の男鹿を代表するのがナマハゲであろう。

ウォー　ウォー　この家には泣く子はいるが　いねが

ウォー　ウォー

今は大抵新暦の大みそかの夜になったが、もとは小正月の十五日の夜、このナマハゲがあらわれたものであった。ウオー・ウオーとさけびながら異様な鬼（ナマハゲ）が部落中の家をまわり、家の中へふみこんでくる。ナマハゲは生身剥ぎで、冬中いろりにあたっているためにできたすねの火ダコを剥ぎとりに来るのだという。冬中雪に閉ざされているために体がなまるのをいましめ、はげましに来るのだともいう。雪国の人全体のいましめを、ウォー　ウォー泣く子はいねが、などと子どもだけに転化して叫びまわるのだから小さな子どもなど本気でこわがり、おびえる。しかしやがてそれが忘れられない記憶になり、懐かしさになるのも事実らしい。

このナマハゲの行事は、何も男鹿だけにあるものではなく日本各地に見られる民俗行事である。

日本古来の正月行事に仏教の鬼会《おにえ》（鬼が人間の罪けがれを払う行事）がむすびついたものであろう。男鹿ではそれをこういう。昔、漢の武帝につかえた三匹の鬼が、男鹿にわたって、真山に住みつき、年に一度の休み日である旧正月の十五日の夜に里にくだる。それがナマハゲの鬼だというのである。

けれどその本来の意味はともかく、今や男鹿のナマハゲが日本中のナマハゲの代表者になり、一般の人にはナマハゲというとすぐ男鹿を思いだすのも事実である。よそでは見られない熱心さと真剣さ、それが男鹿のナマハゲをこれだけのものにしたのも事実であろう。ではどうして男鹿の人はそれほどナマハゲに熱心で真剣なのだろう。男鹿が不便なところで、古いものが大切にされ、後世にのこりやすかった……。従来いわれてきたそういう理由だけで十分なのだろうか。

毎年大みそかの夜、男鹿の村々はナマハゲの訪れにかたずをのみ、それが去るとはじめて新しい生命のよみがえりをねがう正月を迎える気分になる。

真山山頂の杉の自然林

男鹿なかはかつて鹿の天国であった

奥男鹿の山の北麓から寒風山にかけての男鹿中央部の台地は、誰の目にもあきらかな、いくつもいくつも重なった低い海岸段丘でできている。そして富士の青木ヶ原の樹海をしのばせる風景をのこしている。ここはかってけものたちの天国であった。とおい縄文の人々がそれを追ってかけめぐり、のちに御狩場《おかりば》となり、また阿仁《あに》マタギたちも鹿を追っていた。しかし寒風山の噴火の灰をかぶったこの台地の上は軽く、やせている。

大正時代にここをあるいた人の話によると、この台地で畑をつくる人たちは農具をつかわないで中耕していたという。手で土をすくってウネにあげるのだ。追分あたりの水田地帯で育ったその人の眼には、その様子があまりにも異様にうつったのであろう。

この低平なそれでいてこまかな谷にきざまれた台地は、はげしい西海岸の風景や、広々と水田のひらける寒風山の東、八郎潟湖畔とは全くちがっている。そして、そのちがいは、ポクポクと段丘上の道を歩いていると一層強く感じられる。西海岸では、道はほとんど崖の道か山道であった。そういうところでは、医者へ行く途中で死んでしまった病人の話などがすぐに思いだされる。何かせっぱつまったものが迫ってくるのだ。

ところが寒風山の東、八郎潟との間にひらけている水田地帯では、何ともいえない広々としたおおらかさが感じられる。道にそってはしる水のすばらしくきれいな用水路や立ちならぶ松並木など純日本的なたたずまいを、寒風山と八郎潟が大きく包んでいるからである。一方に姿の美しい高さもほどよい山。一方には茫々とひろがる湖。それがたえず視界のなかにあって何ともいえない広さとおおらかさを感じさせるのである。もっともそういう感じもわたしたちの足元からひろがる美しい水田があるからで、その昔の荒涼とした荒地であったときにはまたまったく別の世界であったろう。

それに対して男鹿中央部の台地の特徴を一言で言ったらどういうことになるのだろう。一見平明でありながら、世に知

稲鳰がつづく干拓された八郎潟の秋景

られない隠れ里のある世界とでもいおうか。

昔、ある杣人《そまびと》が寒風山の西の山かげで一人の老翁に逢った。そしてその老翁の住む村に案内され大へんな御馳走になった。その村は、彼がかって見たことも聞いたこともない村で、村のたたずまいからは大へん豊かなところのように見えた。「一体ここはどこです。何という名の村です。」杣人の問いに対して老翁は答えた。「これは世に知られぬ隠れ里である。」

こういう隠れ里の伝説は、秋田県内でも何ヵ所かあるが、男鹿の中央部にもそれがあったのである。

砂丘ははてしなく北にのびていた

男鹿なかの散策をおえたわたしは、遠い奈良時代に阿部比羅夫が兵を休め傷をなおしたのにならって男鹿温泉に旅のつかれをいやした。ここにはかって湯本にしか宿がなかったが、あるとき地震があり、あまりに多量の湯がわきだして村を流しそうになった。あわてて分村し、それが湯ノ尻だという。

翌朝ここをたって、北海岸を西にむかった。ふたたび坦々とつづく砂丘の道があった。男鹿はさまざまな世界を見せてくれ、さまざまなおもいをもたせてくれた。もう一度寒風山をふりかえって砂丘の上にたたずむと、遠く強い日ざしの下で漁師が一人ワカサギの卵をかえす枠のそばでゆっくり働いているのが見えた。ふと私ははるかな太古の男鹿島にいるような錯覚におそわれた。

砂丘はぐんと弓なりにはてしなく北にむかってのびていた。

蔵王東麓

文　菅野新一
写真　須藤　功

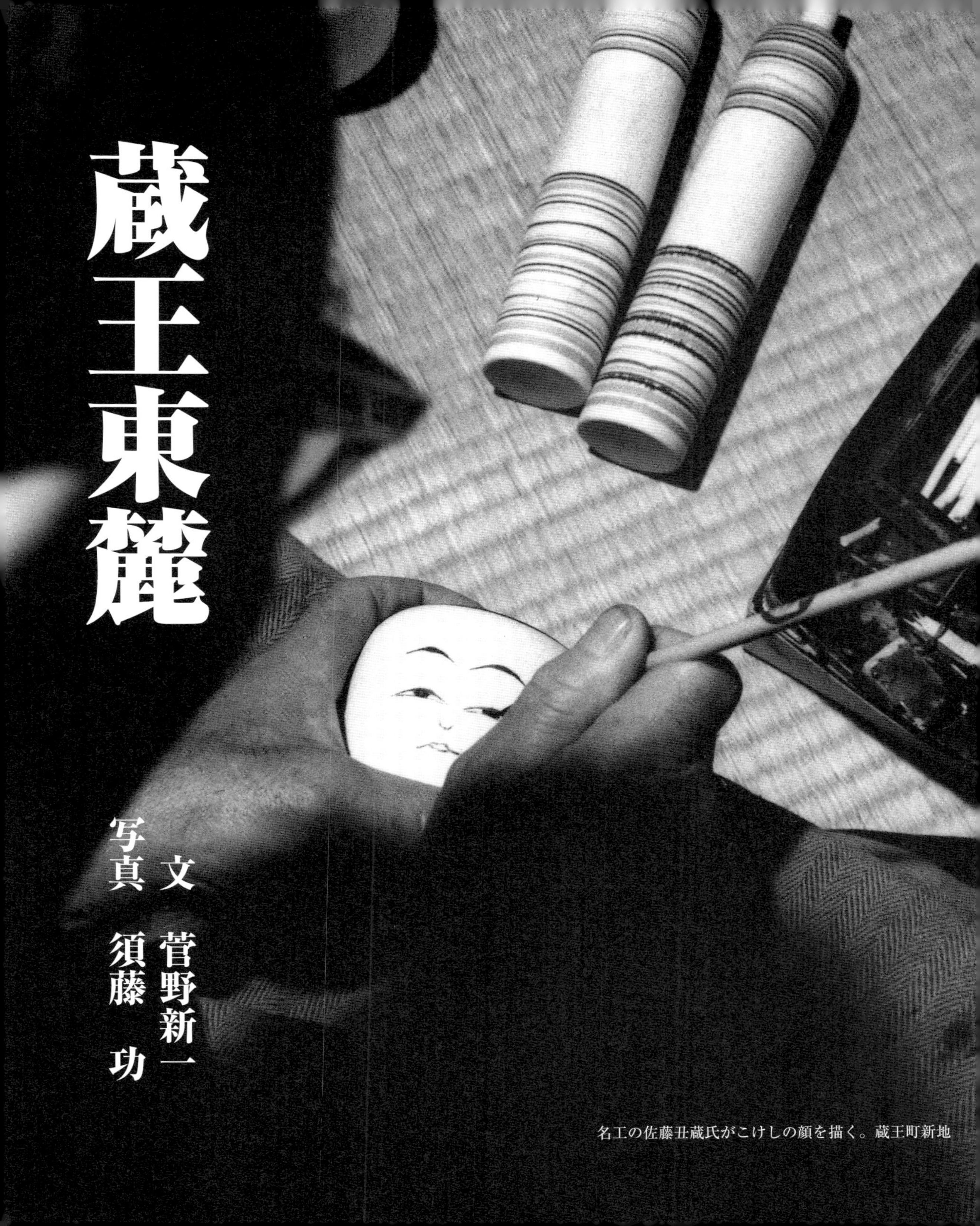

名工の佐藤丑蔵氏がこけしの顔を描く。蔵王町新地

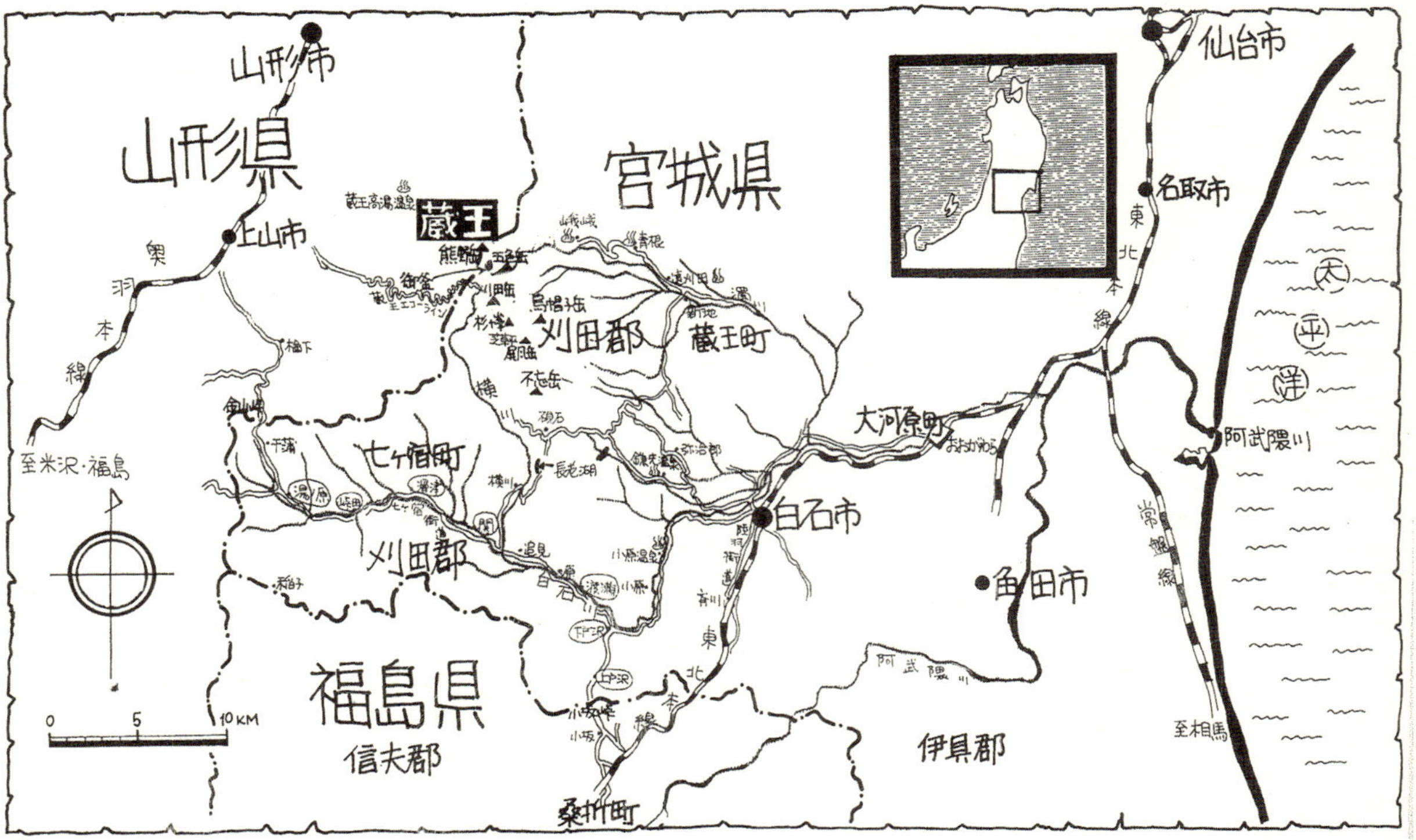

蔵王東麓略図

南蔵王

樹氷で名高い蔵王連峰は、宮城県と福島県の境にあるので、蔵王東麓を宮城蔵王とも呼んでいる。ここには峨《が》峨《が》・青根・遠刈田《とおがった》・鎌先《かまさき》・小原などの温泉があり、東北本線の白石と大河原から入る。

一口に蔵王と言うと、熊野岳（一八四一メートル）・刈田岳（一七五九メートル）・五色岳（一六七四メートル）・名号岳（一四〇九メートル）・お釜（火口湖）など、北蔵王の、いわゆるエコーラインの観光コースである。

しかし、十数年前から仙台と白石の識者の熱心な指導が実を結び、世人の蔵王登山の興味は、不忘岳（一七〇五メートル）・屏風岳（一八一七メートル）・杉ヶ峯（一七四五メートル）・烏帽子岳（一六六六メートル）などの非常に変化の多い南蔵王に向けられて来た。

夏の芝草平・ブナ平、紅葉時の横川渓谷・小原渓谷・長老湖、冬のパラダイスなどに足を運ぶ人たちが、多くなった。横川部落・小原温泉・鎌先温泉が南蔵王登山の基地であり、こけしで名高い弥治郎部落は、鎌先温泉から不忘岳への通路に当たっている。

南蔵王の眺望は素晴しい。遥か東北に金華山と太平洋、すぐ真南に吾妻山、西に朝日岳、遥か西南に飯豊《いいで》山、西北に月山を望み見ることが出来る。終戦後間もなく、不忘岳のすぐ下の硯石《すずりいし》までバスが通うようになったので、どの登山基地からも割合に楽に登ることが出来るようになった。人工を加えない自然のままの蔵王が、南蔵王である。

芝草平

芝草平は南蔵王のほぼ中間にあって、杉ヶ峯と北屛風岳にはさまれた低地で、蔵王連峰中でも一番広大な高層湿原である。東西に開けたこの湿原は、西側にゆるやかな斜面が広がり、キンコウカ・イワショウブなどが一面に見られ、秋にはこの地域一帯が枯草色に染まり、丁度、芝生のように見えるので芝草平と呼ばれ、花が一面に咲くのでお花畑とも呼ばれる。ここには沢山の小さな池塘《ちとう》が点在して好湿性植物の一大群落が見られ、登山者が必ず足をとどめる場所である。ヒナザクラ・チングルマ・イワショウブ・イワイチョウ・キンコウカ・モウセンゴケ・アサヒランなどの高山植物が混生して見事な大群落をなし、これらの群落にまじって、ショウジョウバカマ・コバイケイソウ・ネバリノギラン・シロバナトウチソウ・ヤマトキソウなどが色どりを添え、六月上旬から七月下旬ごろまでは、ほんとうにお花畑と呼ぶにふさわしい景観である。芝草平の登山路周辺と東側斜面には、茎の頂に向って綿のような果穂を付けるワタスゲが群生し、その果穂が風にそよぐさまは、白蝶の群のきままな乱舞を見るようである。この他に、美しい紫色の花を付ける食虫植物のムシトリスミレが、長楕円形の葉をべったりと地に付けて、ひっそりと虫の来るのを待っているところもあるが、近頃では数が少なくなった。最南端の不忘岳周辺には、ハクサンイチゲ・ハクサンフウロ・タカネバラ・ユキワリコザクラ・ミヤマオダマキ・アズマシャクナゲ・イワインチン・ホソバイワベンケイ・ベニバナイチゴ・イブキジャコウソウなどの、北蔵王には見られない高山植物が沢山見られ、蔵王連峰中でも高山植物の宝庫である。

南蔵王は北蔵王と違って、火山活動の最終期がずっと古いので、植物が全山を覆い、ことにブナ平と呼ばれる地域には、ブナを主としたナラ・カツラなどの大原始林が残っている。また、この付近には、クマ・カモシカ・アナグマ・タヌキ・テン・イタチ・キツネ・ヤマウサギなどの山の動物が沢山棲んでいて、秋から冬のハンターの楽しみになっている。

蔵王東麓の猟師を描いた絵馬。こけし工人の名もある。白石市弥治郎

カモシカとアナグマ

　ニホンカモシカは、イワシシ・クラシシ・ニクなどと呼ばれるが、この地方では、アオシシ・アオなどと呼んでいる。偶蹄目のウシ科に属し、草食性反芻の日本特有の動物で、本州・四国・九州の山地や山林、または、けわしい岩山、岩座《いわくら》などに棲んでいる。

　カモシカの足の先は二つに割れ、底のくぼみが深く、裏側のへりが尖っていて、爪が少しでも岩にかかれば、上にも下にも横にも平気で歩くことが出来る。丈夫な小爪が二つに割れ、これで岩を押える。動作がすばしこくて、かなりけわしいガンケ（崖）でも自由に歩き廻る。しかし、やわらくて深い雪を登るのはにがてで、平生は交互にななめに登るが、追われると、ヨジリヨジリ（曲り曲り）登る。しかし、寒に入って雪がシトブッて（しめって凍って）硬雪《かたゆき》になると、後足を前にして、それこそふっ飛ぶように早く、二メートルも二メートル半も一ぺんに飛んで下り、雪煙で殆んど姿が見えないこともある。

　カモシカのたべものは、冬は主に柴山の木の芽や、ヒノキの葉などである。柴山には、ブナ、サルナメシ・クリ・ナラ・イタヤ・ヤマツツジなどの新芽が生えている。この地方では柴山の木を茶洗柴と言っている。木の芽や葉が不足すると、樹皮をかじる。春先、奥山に入ると、アオタモやタランポ（タラ）の木に、カモシカのかじった跡をよく見かけるが、これをシシカジリと言っている。山の雪が解け始めると、先ずフキノトウを、それから、コゴミ・イワスゲ・サク・ヤマウドなどを食う。その頃、クマの穴を探しに行ったり、炭焼きに行って、よくカモシカと会うそうである。だんだん暖かになると、ミズナ・イタドリ・ヨモギ・タケノコなどを食うが、ササ・ススキ類は好まないようである。

　カモシカは、夏は風通しがよく、見はらしのきく石倉やマツ林などに、逃げる時の足場を作って、ちょうど、ウシが寝ているような恰好で休んでいる。冬はカタ（峯）に近い東南向きの、太陽を抱くような暖かい場所にいる。真っ白い雪の上に、やや黒い灰色をしているので、すぐにそれと分る。平生は一匹でいるが、交尾期や子供づれの場合は、人が見ても羨しいぐらい仲良くしている。冬至から寒にかけての極寒中に、カモシカが脂肪《あぶら》ぎって、十日も十五日も高い山の切り立った吹きさらしの岩座の一つ場所に、じっと動かないで立っているのを、猟師や炭焼きなどが遠くの方から見ることがある。人通りの多い都会の四つ角などで、ただ、ポカーンとしてつっ立っている田舎者などを、「カモシカの寒立ち野郎」などと言うのは恐らくこれから来ているように思われる。

　この地方でも、昔はカモシカをずいぶん捕った。巻き山と言って、大勢で二沢も三沢も巻いて、セコ（勢子＝追い手）が大きな声を立てて下から追い上げ、タチ（立ち＝射手）が獲物の登って来るのを上の方で待ち構えて撃ったり、ワッカ（輪）捕りと言って、針金を輪にして、カモシカの通り道に掛けたりした。この他に、追い捕りと言う原始的で、とても豪快な方法があった。冬至に入って大雪が降ると、二匹か三匹の秋田犬にカモシカの匂い

鉄砲を手にする猟師の石像。白石市小原

をかがせて追わせる。何時間も、場合によっては、雪の穴のなかに野宿して、追っ掛けて行く。カモシカの群に追い付くと、シシヘラと言う木の道具で頭をぶっ叩いて一度に何匹も捕る方法である。七ヶ宿《しちしゅく》の稲子《いなご》や横川の人たちが、明治三十年頃までは、さかんにこの追い捕りをしたが、村田銃が入って来てからは、だんだんやらなくなった。この動物は、昭和九年五月に天然記念物に、同三十年二月に特別天然記念物に指定され、捕ることを禁ぜられている。

ニホンアナグマは、イタチ科に属する我が国特有の動物で、この地方では、マミ・ササグマ・ヤチグマなどとも呼んでいる。ムジナ（タヌキ）と同じように、穴に棲み、十月の初めごろから約一ヶ月間、山の食物を求めて、夜中穴から出て来て、さかんに活動するが、その後は穴ごもりに忙しく、落ちた木の葉を後向きになって掻き集めて、穴に運んで寝場《ねば》を作る。冬至が近づくと、クマと同じように、本格的な穴ごもりをする。この地方では地質の関係から、土穴よりも石穴の方が多いようである。アナグマは、土穴の場合は、さかんに穴から出入りする頃に、山刀鎌《なたがま》で穴を掘っていって捕える。根気のいる仕事で、一穴掘るのに四、五時間もかかる。七ヶ宿の峠田で三十年ほど前に、兄弟で午後の二時頃から掘り始め、夜通しして、次の日の朝五時頃までかかり、やっと二匹捕ったと言う話もある。たいていの場合は、曲りくねった穴の一番奥の方にいるが、深いのになると十五メートルも二十メートルもあると言う。石穴を見付けたら、穴の外から木の葉か枝でいぶす。なかにいるアナグマが、苦しくなって穴からふらふら出て来るのを捕える。これも、穴掘りと同じように、非常に時間のかかる仕事である。不思議なことに、ハグ（奇数）の日には、アナグマが一匹しか穴に入っていない、と言う人もいる。

アナグマの脂肪は厚くて固く、肉はいくらか臭いが、なかなかうまい。毛は短くて粗く、筆に使う場合は、タヌキよりも劣る。

長老湖の伝説

長老湖は南蔵王のただ一つの湖である。周囲約二キロメートルで細長く、山中の湖としては、さほど大きくはないが、翡翠色の水の色が、あたりの風景と調和して、人々を神秘的な気分にひたらせる。今から七、八十年前までは、それこそ大樹うっそうとして、昼なお暗く、子供達は恐ろしくて、ここまで登って行けなかったと言う。

赤ベゴの伝説がある長老湖と不忘岳（1705メートル）

明治三十三年ごろから山形の炭焼きがどんどん入ったために、年毎にこの辺の木も伐られて、僅か十年足らずで裸にされてしまった。今ある木は、その後に育ったものである。

さて、この長老湖に、次のようなおもしろい言い伝えがある。

ずっとずっと昔のこと。この湖のすぐ上のところに、長老寺というお寺があった。このお寺の何代目かの和尚さんは、大変よくない人で、大酒を飲んでは下の横川部落の人たちを、たびたび困らせた。ことに若い女の人たちに迷惑を掛けた。それで、部落の人たちも、とうとう我慢が出来なくなって、一度こらしめのために、悪い和尚さんを縛ってやろうと、五月の節句にみんなで大声を立てて長老寺に押しかけた。和尚さんは早くも感づき、お寺から逃げ出し、「この俺が死んだら、赤べゴ（赤牛）になって祟ってやるぞ」と言い残して、サブンとばかり下の湖に飛び込んだ。そのためか、この日になると毎年、この湖の水面に大きな赤べゴとアサウラゾウリが浮んで、部落の人たちをひどく恐れさせた。それから何年か、何十年か経った。白石の殿様がこの話を聞いて大変おもしろく思い、「左様ならば、このわしが是が非でも出掛けて参って、その赤べゴなるものを退治してつかわそう」と言い出した。そしてわざわざ五月節句の日を選び、強い家来百人にそれぞれ火縄銃を持たせ、はるばる何里という山道を登って、湖に着いた。それから、湖のまわりをぐるっと取り巻き、いつでも撃つ用意をして、今か今かと赤べゴの現われるのを待っていた。しばらくして、にわかに湖面がざわざわしたかと思うと、モクッとばかり、大きな赤べゴが浮び上った。「者共、それ撃て」と言う殿様の命令で、一斉に百発の玉が赤べゴめがけて撃ち込まれた。

それはそれは大変な音だった。そうしたらどうだろう。それまでは鏡のように静かだった湖面が荒れ出して大きな波が立ち、からりと晴れた空は、にわかに曇ってうす暗くなり、風はごうごうと吹きはらい、空を裂くような稲妻がピカッピカッとひらめいた。ボツボツと玉のような雨が落ちて来た。殿様も家来も、びっくりぎょうてんしてしまい、真っ青になって我先にと逃げ出した。こうなれば、殿様も何もあったものではない。一番おくれて、びしょぬれになった殿様が、やっとのことで近くの河原《かわら》子《ご》の百姓家に辿り着き、息を切らしながらわけを話して、押入のなかにかくしてもらった。しばらくすると、外の方で、「ごめん。ごめん」と言ってガタガタ戸を叩く音がした。この家の主人が、この大雨にどこの何者が来たかと戸を開けて見ると、緋の衣を着て、アサウラゾウリを履き、首にビンドロ（ガラス玉）を吊した、雲を突くような大男がノソッと立っていた。この入道坊主が「この家に片倉小十郎が来ておらぬか」と言った。主人はハッと思ったが、心を落ちつけて、「はい、たしかに参りましたが、たった今、白石のお城にお帰りになられました」と、はっきりと答えると、「さようか、さようか、小十郎は、よくよく運のよい奴じゃ」と言ったかと思うと、すうっと煙のように消えていなくなってしまった。

郷土の物産

『奥の細道』に「……伊達の大木戸をこす。鐙摺《あぶみずり》白石の城を過、笠嶋の郡に入れば……」とあるが、鐙摺は現在、白石市斎川《さいがわ》（子供の癇の薬である孫太郎虫の産地）のすぐ上の国道四号線の東側に僅かにその跡をとどめている。昔馬でここを通ると、鐙を摺るぐらい狭かったと言う。この下の田村神社の境内に甲冑堂がある。義経の家来、佐藤継信・忠信兄弟の妻女の甲冑姿の像を安置している。兄弟の妻女が、戦死した夫の甲冑をつけて、老母を慰めたと言う美談を伝えている。このお堂のそばに「軍《いくさ》めく二人の嫁や花あやめ」の句碑がある。

旧藩時代の白石城は、片倉家（片倉小十郎）の居城で、

甲冑堂の佐藤継信・忠信兄弟の妻の甲冑姿。白石市斎川

白石はその城下町であった。片倉家の表高は一万三千石だったが、伊達家の城代家老として五万石の格式を保つために家中（家来）も農家も、また、商家も苦しい生活を強いられた。

鉈で頭を剃るか
裸でばらを背負うか
刈田で百姓をするか

こんなふうに言われたぐらい、ことに刈田の農民の生活は苦しかった。農家でたまに酒盛りをしても、大きな声で歌も歌えなかった。外にもれると、次の年の年貢に影響するからだった。そうかと言って、苦しみのなかから、レジスタンスの歌も生まれなかったのは残念である。今年（昭和四十三年）の一月末に、ＮＨＫの「ふるさとの歌祭り」が白石で開かれたが、地元の白石の民謡が一つも出なかったと言うことで、いろいろと問題になったが、ない歌はどんなにしても歌えないと言うのが、本当のようである。

片倉家では財政の窮迫を救う手段の一つとして、領内の産業の保護奨励に力をつくした。これにこたえて、和紙・紙子・紙布織・温麺《うーめん》などが、郷土の産物となった。

白石紙

陸奥国の産で京に送られ、秀でた地方色を持つために、平安中期からめきめきとその名を現わして来た、うるわしきみちのく紙は、恐らく福島県の安達郡と伊達郡及び宮城県の伊具郡と刈田町などで漉かれた紙ではないだろうか。それほどにこの地方の紙漉きの歴史は古い。

慶長七年（一六〇二）に片倉家が白石城とその附近十八ヶ村を伊達政宗公から拝領してから、この製紙業は領主の保護奨励によってますます栄え、刈田郡の紙漉き農家は千戸を数え、日本有数の大産地となった。ここでは杉原・芳章（奉書）・目録・寄紙《よりがみ》・下寄紙《げより》・亀甲紙・紙布《しふ》紙・紙子《かみこ》紙・提灯紙・傘紙・鼻紙・塵紙など、いずれも品質のよい紙を漉き、藩内はむろんのこと、山形・鶴岡・酒田・盛岡・弘前などの藩外の需要にも応じた。

これらの紙が刈田郡の中心地である白石に集まるのは、二七の市と言われた二の日、七の日の市で、農閑期のこの町は楮《こうぞ》市と紙市でたいへん賑わった。つまり、白石は刈田郡産の和紙の集産地で、白石紙の名は、ここから出たのである。

白石紙の材料は楮だけである。この地方ではコウズと呼んでいるクワ科の植物で、落葉時にこの木を切り、適当な長さに切って縄で結わいて、大きな釜に桶をかぶせて蒸し、皮を剥いで、白皮の方を池か川の流れでよくゆすいでから、同じ釜で煮る。それから、丁寧にゴミやチリを取り除く。これを紙打ち板に上げて、打ち棒でよく叩いてから、水を入れた漉き舟に入れ、トロロアオイをまぜてよく掻き回し、一枚一枚漉き上げる。これは冬期間の大変つらい仕事で、昔は敵の子でも紙漉きの嫁にはくれるなと言われたという。

この刈田郡の紙漉きが、明治三十年（一八九七）ごろから時代の波に押し流されて急激に衰えて、現在は、紙

和紙を漉きあげた瞬間。遠藤忠雄氏の目がすみずみに走る。
白石市鷹巣

漉き農家の数も僅か十数戸にへってしまった。また、農閑期の副業に漉く紙も昔と違って、障子紙だけである。

しかし、遠藤忠雄家（白石市鷹巣《たかのす》）だけは、田植えと稲刈りの農繁期を除いては、年中紙を漉いている。紙の種類も他家と違い、障子紙だけでなく、厚目薄目の各種の書画用紙や木版紙・限定版印刷紙・名刺紙・便箋紙・封筒紙・色紙・壁紙・紙子紙・襖用紙などの高級紙で、新しい時代の要求に応じたものである。

このような異色の民芸紙は、今後無限の発展性を持っていると言えよう。

紙子

紙子《かみこ》は紙衣とも書き、楮の皮を材料として作った和紙に加工して、織物の代用品として、いろいろの用途に当てたものである。

和紙を漉き上げるときに、十文字（縦と横）に何回も簀をゆすり、楮の繊維を縦と横に並べて厚目の紙を漉き、よく揉んでから柿渋や蒟蒻糊《こんにゃくのり》を塗る。これを何回も繰り返して丈夫にしてから、濃い蒟蒻糊で貼り合せて、主に衣類に仕立てる。草木染めの無地の紙子の他に型板摺りのいろいろの模様を付けたものもある。

紙子は元来、支那僧から伝えられ、奈良朝の終り頃には既に日本でも作られた。その後、徳川時代になって、日本各地で和紙が大量に生産されるようになると、安価で保温性に富むこの紙子は、庶民階級の防寒着として大衆化されるようになり、中期頃には北は奥州から南は九州までほとんど全国に普及し、我が国の服飾史上に重要な役割を果した。その頃諸国で作られた紙子のうちで、奥羽白石紙子・駿河阿部川紙子・紀州花井紙子・播磨紙子・美濃十文字・大阪一閑紙子・肥後八代紙子などが特に有名で、羽織・寝具・座蒲団・袖無《そでなし》・袷《あわせ》・合羽・頭巾・刀袋・丸帯・煙草入など、紙子にはさまざまの用途があった。

芭蕉は好んで紙子を着たらしく、奥の細道への旅に出る時には、「ゆかた、雨具、墨筆のたぐひ、あるはさりがたき餞《はなむけ》などしたるは、さすがに打捨がたく、路次の煩《わずらい》となれるこそわりなけれ」と痩骨の肩にかかる重荷とこぼしながら、なるべく身軽くしたなかにも、最初に数え上げたのは紙子であり、「只身すがらにと出立侍《はべる》を、帋子《かみこ》一衣《いちえ》は夜の防ぎ」と、旅の夜寒を防ぐために、紙子一枚を荷物のなかに入れて行った。また、『冬の日』には、「笠は長途の雨にほころび、帋子はとまり〳〵の嵐にもめたり、わびつくしたるわび人、我さへあはれに覚えける」と、自分の佗しい姿をありのままに記している。「紙子にも霜や置くかと撫でて見し」「陽《かげ》炎《ろう》の我肩にたつ紙子かな」は芭蕉の句である。

紙子製品の札入、袖無（紙子）。紙子は俳聖の芭蕉も愛用した。白石市鷹巣

　この白石の紙子作りも、和紙の場合と同じように、明治三十年頃から急激にすたれて、大正時代になると紙子の話をする人さえもいなくなった。現在、この地方のどこを探しても、一枚の紙子も見付けることが出来ない有様である。これは恐らく大量安価で、入手するのにごく簡単だったために、着古しては捨て、また、着古しては捨てて、大切に保存しようという気持などは、どこの家にも全然なかったためと思われる。しかし、最近、奥州白石郷土工芸研究所の人たちの手によって、紙子の茶羽織や袖無の他に、札入・名刺入・ハンドバック・襖の腰張紙・壁紙などが、昔ながらの方法で作られ、市販されている。

紙布織

　紙布織《しふおり》は上質の和紙を細く切って、よく揉んで、撚りを掛けて糸にしてから、経糸に主に絹を使って、地バタシ（手織機）で織った特殊な織で、旧藩時代に奥州白石で独特の発達をとげたものである。紙布織には平織や紅梅織の他に竜紋織・縮緬織・紋綾織などの最高級品もあった。用途は袷・夏羽織・袴・裃《かみしも》・夏帯・蚊帳などの他に、蒲団・半襟・富久紗《ふくさ》・頭巾・風呂敷・札入・手拭・小物入などで、この織物の性質から言って、夏の着尺地《きじゃくじ》が特に多かった。また、この白石産の名物織物は、仙台・江戸・大阪・京都などに広く売られたばかりでなく、領主の片倉家からは各地の諸大名や近衛・鷹司・広幡などの公卿への贈答用に用いられ、藩主の伊達家からは朝廷と幕府への献上品に当てられた。

紙布織は旧藩時代には全国的に有名であった。しかし、もともと片倉家中の手内職に作られた織物であったために、封建社会の崩壊と共に、急激に滅びて行く運命にあった。その後昭和十六、七年頃に、前に書いた奥州白石郷土工芸研究所の人たちの手によって、苦労に苦労を重ねて復興され、その後、国内資源の楮の繊維利用という意味で、ごく僅かながらも戦時下の衣料不足の一端を担い、輝かしい時代の脚光を浴びたこともあった。しかし、終戦後、衣料事情がよくなるに従って、この名物織物も真価が全然認められずに、再び衰滅の不運にあい、昭和二十四年の秋には経営困難のために製造が中止された。

絞りの模様をつけた和紙を干す。白石市鷹巣

白石温麺

白石地方では、素麺《そうめん》のことを温麺《うーめん》と呼んでいる。元禄（一六八八―一七〇三）の頃、白石の旧家、鈴木家二代目久左衛門は胃病を思い、何回も絶食することもあり、衰弱がはなはだしく、父親思いの浅右衛門をひどく心配

さっぱりした味の白石温麺。白石

させた。久左衛門は素麵が大好きだが、医者は、素麵は油を使っているから胃病に悪い、と言って許さない。それで息子は、旅の僧から聞いた話をもとにして、苦心さんたんしてやっとのこと、油を使わない素麵を作ることに成功した。早速これを病床の父親にすすめたところ、一口食べて、「これはうまい」と嘆声を発した。素麵と同じように細い上に、塩水でこねるので口ざわりもよく、胃にもたれることもない。食べたあとがさっぱりしている。消化がよいせいか、次の食事時が待たれるほどの腹具合。父親はこの素麵のお陰で、すっかり食欲が出て、それからというものは、毎日のように食べてぐんぐん病気がよくなり、永年の胃病が全快した。浅右衛門の孝心と熱心な努力によって、白石温麵は創り出されたのである。人々は、浅右衛門の孝心を褒めたたえ、大味《だいみ》（鈴木家の家号）創製の素麵を特に温麵と呼んだということである。これがやがて片倉家の食膳に上り、片倉家から伊達家に献上され、大いに美味を賞せられた。「御膳《ごぜん》温麵」の名は、ここから出たのである。

　これが白石温麵の由来であるが、白石地方の地理的条件―冬期間の乾燥した空気と豊富で清らかな川の流れが、白石温麵を生み、これを発展させるのに大きな役割を果したのはいうまでもない。旧藩時代には白石町内に百個以上の水車があり、これを利用して石臼で温麵の材料の小麦粉を挽いた。また、上質の温麵を作るのには、寒い乾燥した空気が必要である。現在、白石温麵の生産額は、約十億円であり、販路は、東北地方はむろんのこと、遠く北海道から関西に及び、製麵業は当地方第一の郷土産業となっている。

七ヶ宿町と山中七ヶ宿街道

　蔵王東麓で最も魅力のある場所と言えば、七ヶ宿町と山中《やまなか》七ヶ宿街道であろう。

　七ヶ宿町は旧藩時代には伊達家の重臣、石川家（宮城県角田市）の領地であった。石川家は、後三年の役で兄の八幡太郎義家のあとを追ってみちのくにやって来た新羅三郎義光（源義光で、頼義の第三子。奥州下向の際に、足柄山で名笙交丸を豊原時忠に返し与えたと言う話が残っている）の子孫で、福島県石川郡を領していたが、天正十八年（一五九〇）の豊臣秀吉の小田原征伐に参加しなかったために領地を没収され、後で伊達政宗の家臣になった。この町は宮城県の西南部にあり、面積は県下でも屈指の広さで約十七平方里。このうち、九十七パーセントが山地、または原野で、低地は町全体の二パーセントにも満たない。人口は約四千五百、戸数約九百。昭和三十二年に町制を布いたが、奥羽山脈の東斜面にあって、福島県と山形県に境を接し、内容的には東北の代表的な山村であり、民家・生業・方言・動植物などのいろいろの点からみて、まことに貴重な場所である。

　山中七ヶ宿街道は南羽前街道とも言い、旧藩時代には、秋田の佐竹（二十万六千石）・鶴岡の酒井（十四万七千石）・弘前の津軽（十万石）・新庄の戸沢（六万八千石）・亀田の岩城（二万石）・上の山の松平（三万石）・松山の酒井（二万五千石）・本庄の六郷（二万石）・山形の水野（六万石）・天童の織田（二万石）・黒石の津軽（一万石）・長《なが》

茅葺屋根、蔀戸《しとみど》など、街道筋の面影をよく残している上戸沢。七ヶ宿町

瀞《とろ》の米津（一万一千石）・矢島の生駒（一万石）の出羽十三大名の参勤交代の重要な街道で、磐城国桑折《こおり》（福島県伊達郡）で奥州街道に接していた。また、山形県の金《かな》山《やま》峠から福島県の小坂峠まで、湯原《ゆのはら》・峠田・滑津《なめつ》・関・渡瀬《わたらせ》・下戸沢・上戸沢の七つの宿場と、間宿《あいのしゅく》の干蒲《ひかば》と足軽集落の追見《おっけん》と新田集落の原の三つの部落があった。

小原村（現在の白石市小原）の肝入文書によると、寛政元年（一七八九）頃の参勤交代の継立方法は、上りと下りとでは違っていて、寄人馬と言って合宿《あいじゅく》制をとり、七つの宿が全部一度に出た。下りの際には上戸沢宿から上の山領楢下《ならげ》宿まで約十一里の距離を引き通して駄送し、上りには約九里半の距離のある湯原宿から幕領の伊達郡小坂宿まで引き通して出役したので、宿場の人たちの労苦は大変なものだったと思われる。

その際、何人何疋まで出役させたかは明らかでない。前記の文書によって、その出役人馬を調べてみると、小原村を含めて次の通りである。

寛政元年三月　戸沢上総介　上り
　馬二十五疋　歩四十三人
同年五月　酒井様　上り
　馬三十疋　歩四十二人
同年五月　大窪佐渡守　上り
　馬二十二疋　歩三十七人
寛政二年五月　津軽佐渡守　下り
　馬三十五疋　歩六十二人
同年五月　酒井大学頭　下り
　馬二十八疋　歩三十二人

即ち、馬は二十二疋乃至三十五疋、歩は三十二人乃至六十二人であって、伝馬として宿駅から出るべき数が一定していない。刈田郡誌に馬三十六疋までは宿駅にて弁じたとあり、また人馬ともに二十五疋まで宿駅で弁じたとも言われるが、おそらくこの頃は、必ずしも規定通りには行われなかったと思われる。むろん、大名の行列には、これだけの宿人馬だけでは不足することもあるので、刈田郡の各村から助郷《すけごう》が出たこともある。助郷とは加人馬とも言い、宿駅の人馬が不足の場合に、近郷から人馬が加わり、輸送に当たることである。

七ヶ宿街道を行く馬。山腹の住まいには馬が便利。七ヶ宿町上戸沢

いずれにしても、本街道は東北の山中の貧弱な宿駅だったので、一つの宿場が独立して宿駅の役割を果たすことが出来なかった。それでこのように、七つの宿場を引き通して駄送したのである。今でもこの街道筋のどの宿場部落にも、本陣、検断と呼ばれる旧家があり、建物も焼けたところは別として、たいていは昔のままに残っていて、当時の宿場の面影を偲ぶことが出来る。

小坂峠には、今となっては全く珍しい峠の茶屋があり、ここから信達平野（福島県の旧信夫《しのぶ》・伊達《だて》両郡の平野）と阿武隈川の流れを一望のうちにおさめることが出来る。また、山中七ヶ宿街道の六角の西北二キロメートルのところに、天然記念物の材木岩がある。石英安山岩の柱状節理で高さ約百メートルの材木を立て並べたような壮観さが、一キロに及んでいる。白石川をへだてて、この岩の対岸に直立数十メー

小坂峠の茶屋。峠の向こうは福島県の信達平野。七ヶ宿町

トルに及ぶ変朽《へんきゅう》安山岩の奇岩、虎岩《とらいわ》がある。岩面ことごとく虎斑の如しというので、この名が生まれた。

蔵王東麓の木地業とこけし

郷土の産物と言うと、前に書いた産物の他に、現在、全国的に人気のあるこけしが出て来るのは当然であろう。伊達家の領地になる以前の蔵王東麓に木地師が住んでいたかどうかは、現在では知る由もないが、天正十三年（一五八五）に伊達政宗が旧葦名領の檜原山中（現在の福島県耶麻郡北塩原村）から木地師の新国掃部《にっくにかもん》を召し出して、刈田郡七ヶ宿の湯原に住まわせた記録がある。掃部は近江（滋賀県）から会津に移住した木地師の一団に属していたと思われる。また、寛文年間（一六六一—一六七二）以前に、七ヶ宿の柏木平・沼之平・樗《ぶな》平・日陰坂小屋・谷地小屋・後沢《うしろざわ》などに、会津系の木地師と塗り師の一団が住んでいたことが、記録に残っている。

寛文七年（一六六七）に徳川幕府と伊達家との間に、伊達郡茂庭村と刈田郡湯原村の山境のことで争いが起こった。この争いは同九年に伊達家の勝利に終り、伊達家では元和元年（一六八一）に、直参の足軽十戸を稲子に出した。足軽たちはそれぞれ鉄砲一丁・槍二本・十手三丁を持つことを許され、三人ずつ交代で湯原の御番所に詰めて、山の取締りに当たった。これが現在の戸数十五戸の稲子部落で、山形・福島・宮城の三県の境にあり、訪ねる人たちに「ああ、遙けくも来つる哉」の感を深くさせる東北の秘境の一つである。

ところで、前に書いた土地の木地師と塗り師のうち、部落の北方約一キロメートルのところにある後沢に住んだ、小椋《おぐら》・高橋・佐藤・二瓶などの姓を名乗る有力な一団が、六地蔵一基と十数個の万年塔（供養碑）を残しただけで、元文二年（一七三七）七月に、長い間住みなれた土地を引き払い伊達藩石川領の横川に移住した。稲子の人たちの話によると、後沢の木地師が山番の足軽と、山の木のことで争いを起こし、どうしても居られなくなったので、横川に移ったのだ、ということである。

ここでも彼等は、それまでのように、クリ・トチ・ケヤキ・ブナなどの材料で、鉢類・盆類・椀類・雑器（皿器）・腰高（仏器）・柄杓・杓子などをどしどし挽いて、白石・仙台・福島県の伊達郡・山形県の山形・上の山・高畠などに出した。ここの鉢類にはいろいろあって、直経四寸・五寸が猫の鉢、六寸・七寸が納豆鉢、一尺から二尺までが粉鉢、または練り鉢で、二尺以上を特に大鉢と言った。そして、猫の鉢を除いては、みんな塗り鉢で、二尺八寸が一番大きかったと言う。木地物の運搬は、白石までなら、帰りに五斗俵の米や麦を背負って来たので、木地屋が自分でやることもあったが、他の土地は全部、渡瀬の背負子に頼んだ。

旧藩時代の横川の木地業は、自由に伐採出来る豊富な材料に恵まれて、大いに繁盛した。しかし、後で述べる新地や弥治郎のように、時代に適応する木地製品を容易に売りさばくことの出来る湯治場をすぐ近くに持っていなかったために、明治維新後の急激な時勢の変革にあって衰亡の一路をたどり、大正の終り頃には全く廃絶した。直径二尺何寸という、堂々たる漆塗りのクリの大鉢に、

「孫太郎蟲」は子どもの癇《かん》の薬。白石市斎川

山から帰ってきた人。藁籠には山菜と苗木がはいっていた。
七ヶ宿町湯原

田植えのときのおしゃれである袖無をつけた早乙女。
七ヶ宿町湯原

鎌先温泉の湯治客。こうした客を相手に木地玩具やこけしを売った。白石市

木地玩具。独楽、大砲、達磨落としなどさまざまな玩具がある。白石市

新地のこけし。蔵王町

宮城・山形・福島の３県境にある、秘境といわれる戸数15戸の稲子。七ヶ宿町

遠刈田のこけし。蔵王町

この部落の雄大な木地業の昔を偲ぶのである。横川の木地業の流れを汲んだのが、こけしの発祥地として知られている新地と弥治郎である。

新地は遠刈田温泉から濁《にごり》川を渡って約五百メートルのところにある。全戸佐藤姓を名乗る小部落で、家紋は一様に源氏車。現在木地を挽く家は十二戸のうち六戸。この他に、遠刈田に新地出身の十戸の木地屋がある。新地でも遠刈田でも昭和二十四、五年からは、こけしブームに乗って旧型こけしと新型こけしの白木地と、僅かばかりの木地玩具を作るようになってしまったが、大正の中頃までは、横川と同じような木地製品の他に、横川では作らなかった木地玩具（やみよ・おしゃぶり・捻りごま・鳴りごま・こけし・臼・えずこ・水がめ・だるま・汽車・自動車・輪差し・唐人笛・あれー笛・あひる・とら・えびなど）を沢山作って、青根と遠刈田の温泉みやげに出した。その他、山（蔵王山）を越えて山形県の蔵王高湯温泉に、また、汽車で玉造郡（宮城県）の鳴子温泉にも運んだ。新地と遠刈田こそ東北の木地玩具の大産地であった。

現在、ここには約二十人のこけし工人がいる。名人級の佐藤丑蔵（八十歳）、佐藤文助（六十八歳）、佐藤護（六十五歳）なども健在で、いわゆる遠刈田系のすぐれたこけしを作って、こけしの蒐集家を喜ばせている。

ここのこけしは、一口に言えば、絢爛華麗である。頭が大きく、胴は細い。頭の赤い放射線は、三日月形の引目とよく調和している。胴模様は全部手描きで、菊・桜・梅・木目などの模様はいずれも象徴的で美しい。また一尺以上の大寸物の胴の裏に菖蒲《あやめ》の花を描くのも、ここのこけしの特徴である。

弥治郎は白石市福岡の一部落で、東北の名湯鎌先温泉の西（蔵王山の方）約二キロメートルのところにあり、蔵王連峰中最南端の不忘岳の真東に当たっている。ここには山があり、沢が流れ、茅葺屋根の農家と田畑があって、いかにも山間のこけし産地にふさわしい風景である。

旧藩時代の弥治郎には、御山立《おやまだち》と村足軽と水呑百姓の三つの階級があり、階級に関係なく、十二戸一様に木地を挽いた。亨和三年（一八〇三）の記録には、弥治郎講中十三人の名が記されている。ここの現在の戸数は三十四、このうち、こけしを作るのは僅かに五戸。昭和十五、六年頃までは木地を挽く家も多く、そこの女房たちが、大きな風呂敷に亭主や倅たちの挽いた木地物をいっぱい包んで背負って来て、さかんに鎌先温泉で商いをしたが、その後、だんだんとこの商いもすたれて来て、昭和三十一年ごろになると、どこの家でもやらなくなった。

ここのこけしには、一見して稚拙素朴な味がにじみ出ている。これは農事を本業とするこけし工人の生活そのものから出て来るものと思われる。頭の上には赤・緑・紫・黄などの多彩なロクロ線を入れ、胴にも太いロクロ線を付ける。また、胴の赤い襟模様と裾模様も、弥治郎のこけしの特徴である。

なお、蔵王東麓には新地と遠刈田と弥治郎の他に、青根・小原・関・稲子・白石などのこけしの産地がある。蔵王東麓を除いては、木地玩具とこけしを語ることは出来ないであろう。

平泉

文　佐藤健一郎
写真　須藤　功

中尊寺の能楽堂で演じられる古実式三番

魔多羅神祭

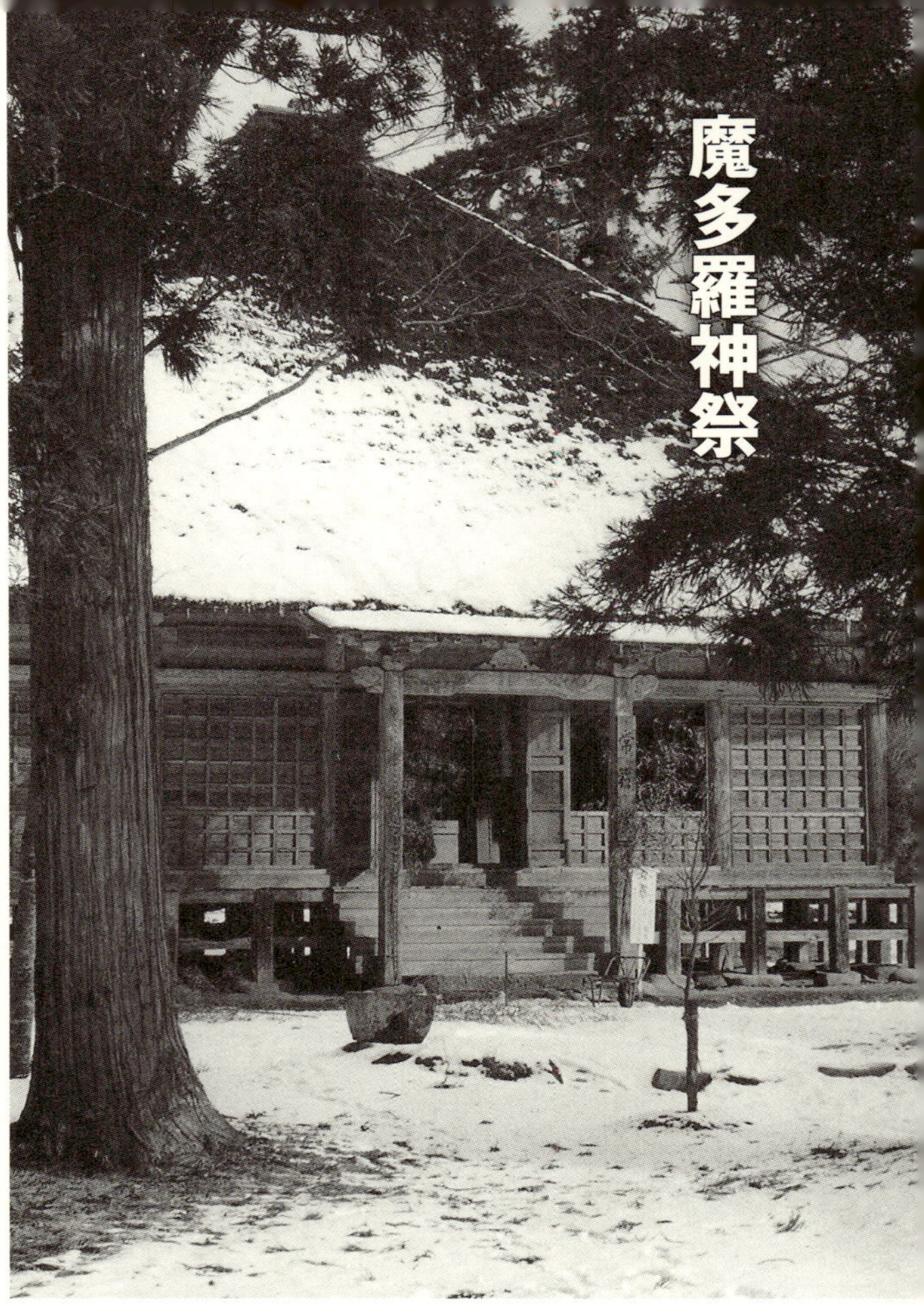

延年の行なわれる常行堂。摩多羅神は常行堂の守護神である。毛越寺

二人三人と女たちが集ってくる。日の早く落ちた正月二十日の夕刻四時、静まりかえった木立の中にわずかに灯をともす毛越寺《もうつうじ》常行堂《じょうぎょうどう》に集ってくる。常行堂摩多羅《まだら》神祭《じんさい》に仕える講中の女たちだ。老婆たちの中に若い女の頬が赤くつややかに光っている。

十四人の僧侶が内陣に座して、常行三昧供《じょうぎょうさんまいく》が始まる。皓々と光る月の下を、僧侶たちの美しい声が流れてゆく。寒い。まさに、彼らの端坐した後姿にふさわしい寒さだ。法衣を更えて後夜作法《ごやさほう》となる。僧侶たちの修法《ずほう》は、雪にかこまれた常行堂の厳しい寒さを強調するかのように、烈しく続けられてゆく。

後夜作法も終りに近づく頃、人々が集ってくる。堂の横にある鐘楼の鐘を三つ撞き、外陣に入ってくる。お米を供えてお札を受けた人々は、狭い外陣にあふれる程だ。そして、人々は待つ。庭前の雪をかきわけて大きな焚火が燃えあがる。内陣では護摩《ごま》がたかれ始める。火が烈しく燃える。この炎が、祭の性格を変えてゆくのだ。

大声がきこえる。松明《たいまつ》が幾本も暗闇にバチバチと音をたてて燃えている。人々の声がうわずってくる。

太鼓の音がする。地面や松明を手木《てぎ》で夢中になって叩く若者たち、その火の粉の下を、大きな父の背にしっかりとつかまった七歳の少年たちが赤い鉢巻と赤い襟巻をして何人も行列をつくって進んでくる。火の粉をかぶって、しかし、恐れることなく眼を大きく開けて父の背に総てをまかせきった少年たち。それは子供たちの七歳の厄を落そうとする父親の愛情が、喧噪と炎の中を祈りをこめて進んでいるのだ。

少年たちは内陣へ入り、僧侶から厄除けの宝印を載く。それは、正月十四日から潔斎勤行《けっさいごんぎょう》して清められてきた宝印だ。どっと歓声があがる。そして、人々は雪を踏みしめて帰ってゆく。在地の人々の熱気にあふれた行事が終ったのだ。静けさだけが残った。

昔は、ここで、直会《なおらい》の饗宴となったのだった。内陣の表基壇の阿弥陀仏に供えられていた花御膳、奥の摩多羅神に供えられていた野菜御膳、それらによって作られた食事が、その宴の主役であったにちがいない。

延年

5月の藤原まつりのとき、舞台で見せる稚児延年。毛越寺

人々の去った寂しい常行堂の内陣を舞台として延年が始まる。延年は、迦令延年《かれいえんねん》・寿福増長の意味を表わす言葉で、平安時代の貴族社会においては儀式の最後を飾る饗宴のことであった。が、中世に入ると、それは、畿内諸大寺における僧侶たちの饗宴を指すようになったのであった。それは、各種の芸能を集大成した一大芸能大会ともいえるもので、儀式のあとで行われていたのである。そして、その中心は、舞楽上演を目的とする〈大風流《だいふりゅう》・小風流〉などと、秀句を弄ぶ〈開口《かいこう》・当弁《とうべん》〉、児《ちご》たちの華麗な〈乱拍子〉などであった。常行堂の延年には、これら中世期延年芸の面影はほとんどみられない。わずかに「花折」の児の舞姿に、かつての僧侶たちの興奮を想いうかべ得るのみである。

「老女」という曲が演ぜられる。右手に鈴、左手に扇をもって、一人の老女が囃子《はやし》もなくまうのである。その寂々《さびさび》とした鈴の音は、みる者の心を抉《うが》つ。この「老女」は一種の翁芸ではないだろうか。常行堂の延年には、翁面のような切り顎の王の鼻の面を着けて童一人を伴って出て秘文を宣える「祝詞《のっと》」という曲があるが、鈴を振りながら内陣をゆっくりと静かに、あたかも宇宙をたしかめているかのように拍子を踏みつつめぐる老女は、各地にみられる翁たちと同じく、それによって悪霊を静め、世界に平安をもたらしているのではないだろうか。かつては「老女」「若女禰宜《じゃくじょねぎ》」「京殿《きょうどの》舞」を式三番《しきさんば》といい、その筆頭がこの「老女」だったのである。菅江真澄の『かすむ駒形』には、「老女」のあとで、産婦の扮装の小法師がふざけまわったとある。これは、豊穣を願う予祝行事だったのではないだろうか。中世期の延年とは無縁であった〈田楽踊〉がこの夜の主役を演じているのも、このように考えると、当然のことといえるであろう。摩多羅神祭が行われてきた正月二十日は、二十日正月とも呼

「若女」の舞。「老女」と同様に囃子はなく、右手の鈴を静かに振りながら舞う。毛越寺

ばれる正月の終りの節日である。この日は、望《もち》の正月の最後の日であり、また仕事始めの日でもあったのである。

「田楽」は、和紙製の太鼓・編木《びんざさら》・小鼓・笛などを奏しながら桜の枝・椿の枝をもって十人がまうというものである。田楽は、『栄華物語』や『今昔物語』などにみられる記述によると、太鼓と編木を楽器の中心においた舞であるから、この常行堂の「田楽」もかなり古い形を残しているのであろう。ところで、田楽は、田植の開始を祝う呪的芸能だったのである。中世期の延年に田楽がみられないのは、僧侶たちが田植と無縁であったからに外ならない。

常行堂摩多羅神祭の延年は、本来農民たちのものだったのではないか。それは、これからの一年の農作業の豊穣を祈る新年の儀式だったのではないか。

もちろん、本来の延年は、毛越寺常行堂の儀式と結びついていたのである。大和の妙楽寺に伝えられた中世期の『延年連事本』も常行堂で行われていたものを記録している。両者の結びつきは古くからのものなのだ。

それでは、何故、摩多羅神祭の延年は農耕儀礼的性格を強くもっているのであろうか。

中尊寺を頂点とする平泉の諸大寺による東北支配の確立は、権力による人々の制圧だけで完成し得るものではなかった。支配者は、人々の人生の根底を支配している呪力を無視することはできなかったにちがいない。まして、奥州藤原氏の没落後、力の背景を失っていった平泉にとって、その必要性は大きかったであろう。そして、毛越寺は、農民たちにとって一年で最も重要な新年の予祝行事を吸収していったのである。七世紀の中頃、天武天皇によって、中央集権的律令国家の確立のために、各地の神事芸能が中央に集められたように、在地庶民を支配するために、毛越寺等寺院による在地神事の把握が必要欠くべからざる要件だったのである。

人々は去った。あの火の粉の舞った興奮は嘘のようだ。予祝行事を寺院の饗宴の中へもちこむことによって呪的支配をも意図した寺院は、無視という厳しい抵抗を受けたのである。常行堂の延年は、その本来の姿を回復して、僧侶たちだけのものとして細々と存続してゆく以外に生きるすべを失ってしまったのである。炎が消えると、常行堂は再び仏教儀式の場へと転化していったのであった。人々は、潔斎勤行して清められた厄除けの宝印のためだけに、松明をともして雪を踏んで木立の下に集ってきたのであった。

荒野と黄金

北上山地と奥羽山脈にかこまれた北上川谷は、荒野と密林だけであった。が、河には鮭や鱒がふんだんにいた。木の実も多く、動物たちもかぎりなくいた。そこは、縄文文化人たちの楽土であった。そして、そこに、縄文文化の一項点を示す亀ヶ岡式文化が栄えていたのである。極端にいえば、縄文晩期の土器文化の中心は東北にあったのである。が、水稲系の弥生式文化の遺跡は、陸中にはほとんどみられないのである。農耕用具も、それらの遺跡から発見されていない。水沢市常盤《ときわ》の遺跡から稲籾の跡と考えられる痕跡のある弥生式土器が発見されているので、水稲の存在を全く否定できるわけではないが、豊かな荒野に狩猟生活が主として営まれていたにちがいないのである。

堆肥を運ぶモッコ。作物という黄金を育てる民具のひとつ。岩手県大迫町大償

常行堂の延年に「田楽」という水稲系の芸能が含まれてはいるが、摩多羅神に供えられている野菜御膳は、蕪《かぶ》・山芋・人参・牛蒡《ごぼう》・蒟蒻《こんにゃく》・豆腐などによって作られ、畑作系神事の面影を強く残しているのである。

現在の北上川の流域は、両側の山肌を近くにみながらも、水田が絶えることなく続いている。山間をぬって流れゆく北上川、その豊かな流れをみると、その流域に遠い昔から水稲が成立していたように考えられる。しかし、その田に働く誰もが「私の小さい頃は畑だった」というのである。流れに沿って続く水田は、ごく新しいものなのだ。

水稲成立の基本条件に、七、八月の稲の幼穂形成期の気温の安定がある。が、陸中は、この時期の気温変動度が全国で最も烈しい地域なのである。岩手県を冷害の中心地としている主原因はここにある。岩手県の米の作付面積は、東北六県で最小の七万三八〇〇ヘクタールである。そして、山形県が一ヘクタール当り四トン強の収穫をあげているのに対し、岩手県は三トン強でしかないのである。同様のことは畑作系についてもいえる。大麦・小麦についてみると、一ヘクタール当り二トン強と、効率が、他県たとえば宮城県の三トン強に比べてはるかに低いのである。このような岩手県の農業の特質を更に明瞭に示しているのは、稗《ひえ》の収穫高が東北他五県の合計の

大きな茅葺屋根の農家。岩手県和賀町

倍近い二万二三〇〇トンもあることであろう。痩せ地でも育つために備荒作物として作られてきた稗が多くみられるということは、岩手の農業の苦闘の歴史をまさに表わしているといえよう。陸中の本質は山と荒野ではないだろうか。

　縄文文化の栄えていた東北、その頃の陸中は、狩猟が生活の手段であった。それ以外に生きる方法はなかった。が、それは、それなりに豊かな自分たちの生活であったにちがいない。彼らの足もとには金がふんだんにあった。しかし、当時の人々にとっては、それは単なる石塊にすぎなかったのである。

　天平十九年（七四七）、東大寺大仏の鋳造が始められた。それは、当時の大和朝廷の命運をかけた一大事業であった。盧舎那仏《るしゃなぶつ》は、各国ごとに造営された国分寺・国分尼寺を統合する総国分寺東大寺の中心に坐して、律令国家の権力の象徴となるものであった。が、その巨大な体軀を飾る黄金は日本にはないと考えられていて、それが大きな問題となっていたのであった。その時、陸奥守百済王敬福《きょうふく》が多量の黄金を奈良へ送ったのである。黄金花咲くみちのくは大和の人々を興奮させた。年号までも、この発見を記念して天平勝宝と改えられたのであった。華麗な天平文化は、みちのくの黄金によって支えられていった。中央からみちのくへの進出は、一段と烈しくなっていった。天平勝宝四年（七五二）には、多賀以北の諸郡の庸調は黄金と定められている。大和朝廷の進出は、在地の人々の生活を破壊していった。天平宝字二年（七五八）、六千余人の人々が奴隷となった。そして、田を耕すことを強要されたのである。豊かな荒野は、稔り少ない田畑へと転じていったのであった。

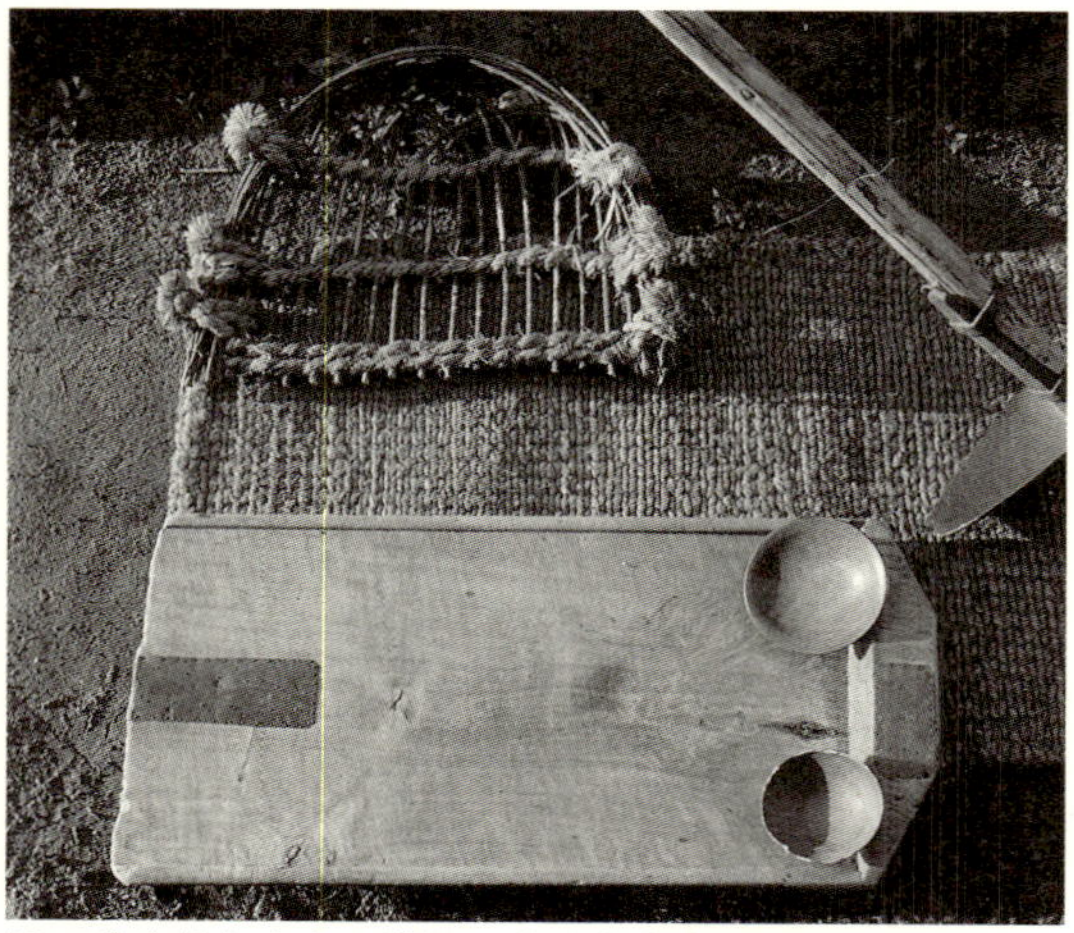
川で砂金採りをする道具。宮城県金成町有壁

抵抗

安倍館跡といわれるあたり。岩手県衣川村古戸

人々は抵抗した。宝亀年間の数多くの戦いの記録が『続日本紀』にみえる。そして、延暦八年（七八九）には、紀古佐美《きのこさみ》に率いられた数万の征夷軍を阿弖流為《アテルイ》たちが破ったのである。しかし、中央政権のみちのくへの進出は執拗であった。戦いは続いた。そして、延暦二十年（八〇一）、遂《つい》にみちのくの人々は征夷大将軍坂上田村麻呂の前に潰え去ってしまったのである。阿弖流為は斬殺され、人々は田村麻呂の造営した鎮守府胆沢《いさわ》城の支配の下で中央と直結した奴隷となってしまったのであった。が、抵抗は続けられた。

九世紀、俘囚《ふしゅう》の叛乱としてその抵抗の事実が度々記録されている。永承六年（一〇五一）、俘囚長安倍頼時が立って前九年の役が始まった。その戦いの発端は、陸奥守源頼義の子義家の武将藤原光貞の妹を頼時の子貞任《さだとう》が妻にと望んだが賤《いや》しめられてことわられたことであったと『陸奥話記』は語っている。

その当時、胆沢・和賀・江刺など奥六郡の郡司として陸中一帯に威勢を誇り、前陸奥守藤原登任《なりとう》の命令にも従わなかった安倍氏も、結局は奴隷の長にすぎなかったのである。怒った貞任は光貞を襲撃した。それは、俘囚も人間であることを証明しようとする戦いであった。戦いは十一年も続いた。が、安倍一族は敗北した。それは、出羽の俘囚長清原氏の源氏方への協力があったからであった。俘囚長間の権力闘争が人間の問題を霧散させてしまったのである。人々は忘れられた。

かつては物資の輸送路だった北上川。岩手県前沢町

蘇民祭

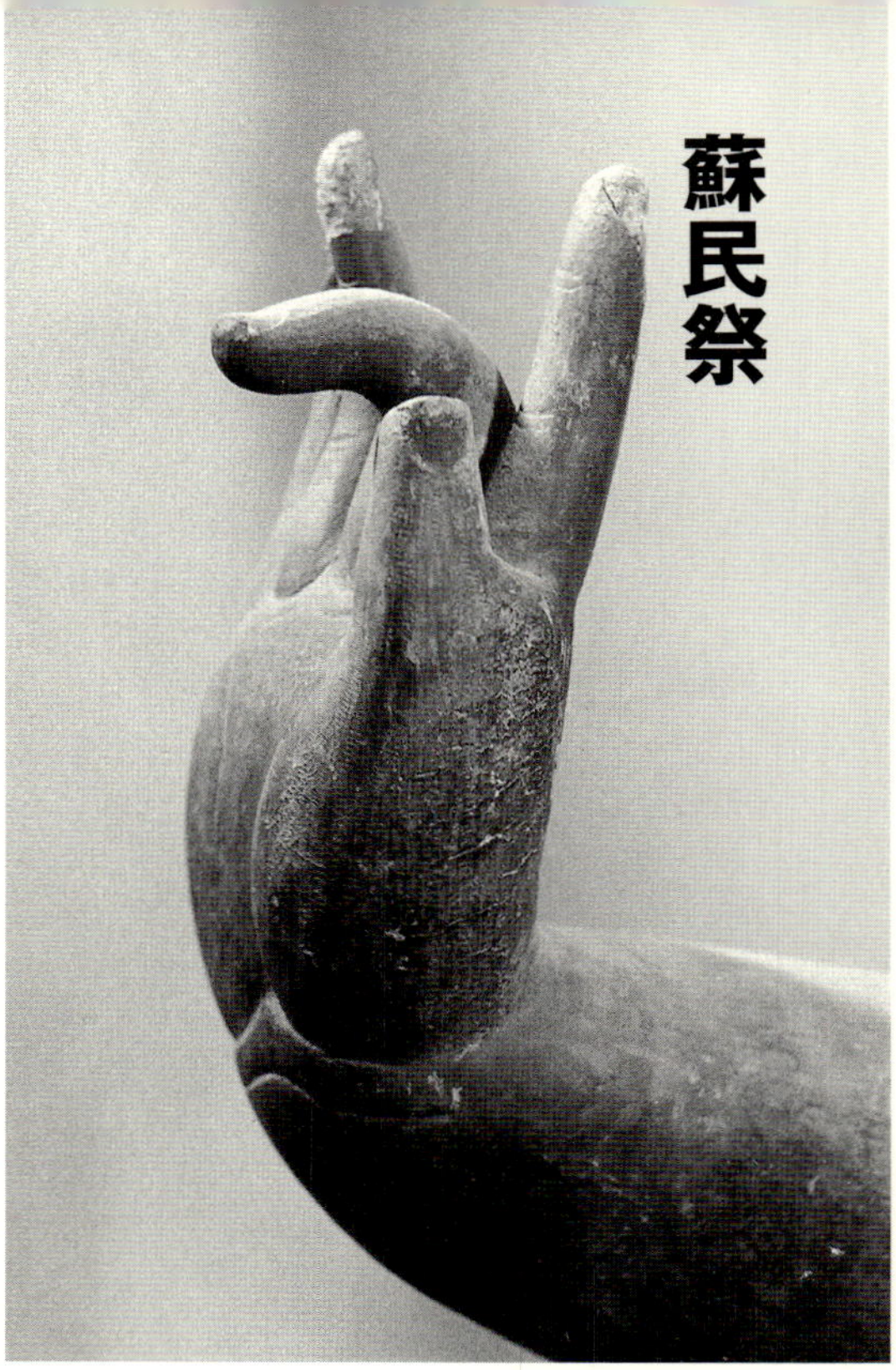

黒石寺の薬師如来坐像の手。岩手県水沢市黒石町

ジョヤサ、ジョヤサ、ジョヤサ、人々は次第に興奮してくる。若者たちは、黒石寺《こくせきじ》の境内を駈け巡る。旧正月七日の夜十時、境内に積みあげられた松の木に火が放たれる。若者たちは薪の上に登って火の粉を浴びながら踊り狂う。若者たちは、燃える薪を地面に叩きつける。火によって、境内を清めているのだ。深夜の三時頃、僧侶は本堂で五穀豊穣・災厄消除の護摩をたく。四時頃、太鼓と法螺貝が鳴りひびく。木斧・木槌をもった二人の少年が背負われて登場する。と、「蘇民将来」と叫ぶ。若者たちは蘇民袋を奪いあう。若者たちのもみあいは夜が明けるまで続けられる。蘇民袋を得た部落は、この一年の豊穣を約束されるのである。部落の人々の一年の生活を背負って若者たちは争ってゆく。年占《としうら》なのだ。ある老人が「占うまでもなく、土地によって稔りは決っているのだ」といった。豊凶の神意を問うまでもなく、山地に豊かな稔りを期待することはできなかったのである。全国各地に残る蘇民祭は、厄除けの蘇民符授与が中心となっている。黒石寺の蘇民祭も本来は厄除けの祭りであったのだろう。が、この祭りについて菅江真澄《すがえますみ》も『はしわの若葉』で年占であると記しているから、このような形で長く伝えられてきたにちがいない。

望み得ない豊穣を祈願して、人々は長い間この一夜の蘇民袋争奪戦に一年の総てをかけてきたのである。稔り少ないからこそ人々は熱狂的に祈らずにはいられなかったのだ。陸中の凶作地帯に生きる人々の哀しい願いが、この若者たちの熱狂の中に結晶しているのだ。

この黒石寺に、貞観四年（八六二）の銘をもつ薬師如来がある。この仏像は、いわゆる一木貞観仏の典型で、福島県河沼郡の勝常寺の聖観音とともに、この時代のみちのくの仏教文化の高さを示す見事な彫刻である。この薬師如来は、東和町成島の毘沙門堂にある烈しく厳しい迫力をもつ貞観仏・毘沙門天と同じく、鎮守府胆沢城の東北の鬼門を力強く守る仏であった。如来は、威厳をもって静かに坐っている。しかし、ここで注目しなければならないのは、薬師如来光背の七つの化仏《けぶつ》である。その仏たちは素朴な童形で、やさしく豊かな慈悲の心に満ち溢れている。鬼門守護という政治的意図をもつ一面と、人々の日々の生活をみつめてゆく一面とをこの仏像は合わせもっているのである。仏教寺院が政治的意図をもって各地に造られていったのは、古代日本の支配の方法であり、みちのくだけの特質ではない。が、それのもつ政治的威力を克服して、みちのくの人々は、日々の生活に根ざした祈りと願いをそこにこめていったのである。初めの意図がどうあれ、この薬師如来は、在地庶民のものとなっていったのである。そこには、苦しい日々を堪えて生きぬいていった人々の知恵があった。

日高社火防祭

日高神社の火防祭の屋台。可愛い声が流れる。岩手県水沢市

朝六時、囃子の音がきこえた。厳しい寒さだ。その音は、人々の心を呼びさまし、雪の街へと誘いだす。雪を踏みしめて戸外へ出ても、何処から聞えてくるのか定かではない。しかし、絶え間なく囃子の音は町中を覆ってゆくのである。屋台がみえる。赤い頬をかがやかせた女の子たちが目を大きく開けて太鼓の揆《ばち》をもっている。その華やかさに私は眼を奪われた。町中の狭い道を屋台は進む。町じるしと打ばやしに導かれて、囃子屋台は進む。屋台は時々休む。そして、人々は汗をぬぐい、ほっと息をつく。この屋台を担いでいるのは近在の農民なのだ。そう、これは町の祭りなのだ。

　火防祭は、水沢城下の火消しの祭りとして生まれた。それは、江戸時代の享保二十年（一七三五）の大火を契機として組織された火消し組の祭りだったのである。一年に一度、旧正月二十日、仕事始めの日、火消し組のまといと、士気を鼓舞するために少年によって叩きならされるトッコメアとも呼ばれる打ばやしの太鼓とともに、火消し組の隊員たちは行列して日高社へ参詣し、一年の無事を祈願したのであった。打ばやしの小さな屋台の中には、権現様が飾られているのもある。太鼓の音は、本来は、無垢《むく》な少年によって叩かれ、行列の道中を清めてゆく役割をもっていたのであろう。女の子たちの囃子屋台などはなかったのである。ある老婆は語った。「私の小さい頃、こんな華やかな祭りではなかった」と。

　華やかな囃子屋台は、明治以降急激な貨幣経済の波に襲われながらもそれをのりきって、大きく力強く育った水沢の町の商人たちの経済力の象徴なのだ。人々は、厄除けの効果もあるといわれながら、雇われて商人たちのために屋台を担いできた。そして、商人の祭りであるだけに、人を呼ぶためにも屋台はますます華やかとなっていったのである。それは、まさに観光祭りであった。

　ある若い母親が「町場の祭りです。うちの子はでませ

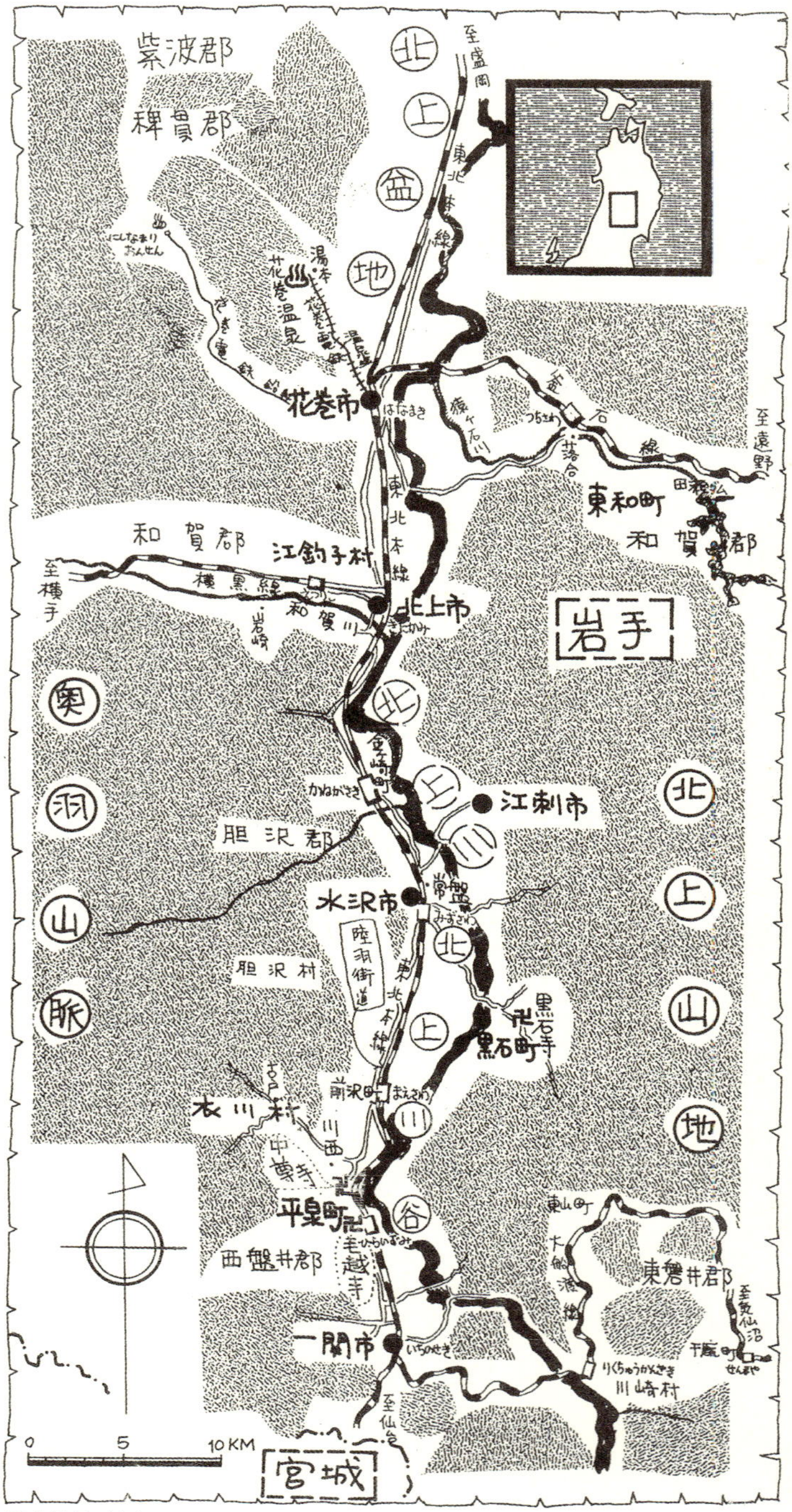

平泉地域略図

ん」といった。彼女の住んでいる町内からも囃子屋台はでていたのだが。そして、母親の手を握りしめていた少女の瞳は、誰よりも美しくかがやいていた。

　祭礼の観光化は烈しく進められている。みちのく三大夏祭りなどはその典型的例であろう。北上市は、近在の芸能を集めてみちのく郷土芸能まつりというショーを行っている。農村の崩壊がそこに生きる人々を支えてきた芸能を見せ物化しているのであろうか。農村の近代化が芸能の呪性を不必要としたのであろうか。とにかく、見せ物から祭りや芸能の本然の姿を知ることはできないのである。

　祭りは、祭る人々の心があって初めて成立する。それは、決して、人集めや金儲けの手段ではないのだ。幸せを願う人々の心、無事に生きてきた労働の日々を感謝する心、その心があって初めて成立するのだ。

　土がある。その土を耕す者がいる。汗と泥にまみれた一年がある。自分ではどうすることもできない自然の変転に総てをまかせつつ、しかし、荒れ狂う強大な自然とあくまでも戦いぬいて生きてゆく人々がいる。その人々の人生を支えていたのが、祭りにおけるあの烈しい祈りなのだ。それは、土くさく拙劣であるかもしれない。が、そこで問題なのは土に生きる人々の心なのだ。それを見

藤原まつり

藤原三代の栄華を伝える金色堂。中尊寺

失ったところに祭りは存在し得ないのである。

五月一日、平泉町をあげての観光祭・藤原まつりの幕が開く。が、この時だけは、平泉はいわゆる観光客の町ではなくなるのである。近在の人々が、一年に一度、この祭りに平泉へ集ってくるのである。それは、春の藤原まつりが中尊寺山内白山神社の四月初午の日の祭りを観光的に拡大したものだからである。人々は、中尊寺を中心としたこの観光祭に集ってくるのではないのである。秋にも十一月に藤原まつりは行われる。しかし、人々はそれには冷淡である。中尊寺だけの行事は人々の関心を呼ばないのだ。中尊寺は、近在の人々の心と結びついてはいないのだ。

人々は集ってくる。が、観光祭を前にして人々は何に心をおどらせたらよいのであろうか。白山神社前の能舞台で演ぜられる古実式三番《こじつしきさんば》は、常行堂の延年と同じく、かつては、田植開始を祝う神事芸能であったろう。「老女」は、同じように、鈴と扇をもって足拍子を踏みつつ舞台を巡る。「祝詞」では、顔をかくした狩衣《かりぎぬ》に大口《おおくち》姿の神官が、能舞台の正面をはずれて、社殿へ向かって秘文を唱える。これは、「祝詞」が能舞台とは無縁の古くからのものであることを示している。白山神社は、中尊寺の開基とともに、その鎮守として造営されたと伝えられている。が、あるいは、太古から近在の人々の信仰の対象となっていた神を自らの鎮守とすることによって、平泉政権はその支配の確立を考えたのかもしれない。そして、中尊寺のみちのくでの権力・文化の中心としての長い歴史が続いた。が、人々は、昔の祈りの場を忘れてはいないのだ。しかし、その権力の手に委ねられて久しい式三番に、人々は、その生をかけての祈りを託すことはできないのである。

力餅競争がある。この行事は、中尊寺の境内を遠く離れて行われる。人々は集り、笑い、手を叩き、囃す。力持、大きな餅、それは豊穣を祈願する人々の、その願いの具現化であった。ここにかつての祭りの面影がかろうじて残されている。

秋の藤原まつりに演じられる神楽。毛越寺

関山中尊寺

中尊寺の歴史、それは皆金色に彩られた悪徳の歴史である。前九年の役（一〇五一～六二）に続く後三年の役（一〇八三～八七）を経て陸奥・出羽両国最大の権力者となった藤原清衡《きよひら》は、現地人による現地人支配という中央の政策に沿って、平泉を本拠にみちのくの支配者として君臨していった。そして、あらゆる富を平泉に集めて、そこに都をしのぐ華麗な都邑《とゆう》を築いたのである。その中心が大治元年（一一二六）三月に落慶した関山中尊寺であった。それは、堂塔四十余、寺坊三百余の皆金色の大伽藍であった。彼は、また、陸奥・出羽両国一万余の村々毎に寺を建て、白河関以北、外が浜まで二十日余の行程のところに一町毎に金色の阿弥陀像の描かれた笠卒塔婆《かさとうば》を建てたと伝えられている。寺院を通じての支配体制が見事に完成したのである。そして、清衡は、一人誇らしげに中尊寺の黄金の山の上に立っていたのである。皆金色、それは搾取と圧政の象徴であった。中尊寺は、初めから人々の信仰とは無縁の存在だったのである。

中尊寺参道。それは庶民の幸せにはつながっていなかった。

二代基衡は、堂塔四十余、寺坊五百余もある毛越寺を建立した。基衡の妻は観自在王院、三代秀衡は無量光院と寺坊造営は続いた。平泉の富は、果てしなく金色に彩られていったのである。それらは、奥州藤原氏一門のためだけに存在する大伽藍であった。現在、その皆金色の世界の唯一の遺構である金色堂がガラスのショーケースの中に納められ、全山一の秘仏の大日如来が数百円の観覧料によってその扉を開いているのも不思議ではない。中尊寺には、本来、人々と結びついた信仰は存在しなかったのである。多量の金を都へ送り、仏師たちを呼びよせての皆金色の世界。しかし、平泉文化の底辺にあってそれらの造営を真に可能としたのは、あの一木貞観仏を作っていった人々の伝統であったにちがいない。平泉の仏像は、寄木造・檜材とそれまでの仏たちとは異なる都風の製法によって作られている。が、それらがとにかくもある美しさをもっているのは、黒石寺薬師如来の光背の化仏を作っていった人々の汗と涙がそれらの何処かに反映しているからであろう。

芭蕉は、夏草や兵《つわもの》どもが夢の跡と詠じた。義経問題に

平安時代後期の作である毛越寺庭園

5月4日に観自在王院跡の拝堂で営まれる「哭《な》きまつり」。二代藤原基衡の妻を供養するものとされる。毛越寺

からんで亡ぼされた平泉、政治的権力によって成立したものは、政治的権力によって亡ぼされてゆくのだ。中尊寺・毛越寺の堂塔が実際に失われたのは、後世の火災によってである。しかし、三代秀衡の死によって、事実上平泉は崩壊していたのである。政治的権力の空しさを芭蕉は見事に表現したのである。平泉でみるべきものは、かろうじて残った金色堂でも大日如来でもないのだ。かつて華麗な皆金色の極楽浄土を造りあげ、一大都邑を建設した権力の空しい崩壊を、茫々たる草々の裡《うち》にみるべきなのだ。そして、その都邑を水田と化してしまった人々のエネルギーをこそみるべきなのだ。

中尊寺参道から見る衣川村の秋。並んだ稲鳰は見る者の心をホッとさせる。

運慶の父が作ったといわれる一字金輪仏（大日如来）。三代藤原秀衡の護持仏だった。中尊寺

盂蘭盆会《うらぼんえ》

川西鬼剣舞。鹿踊や剣舞は盆供養の芸能である。岩手県衣川村

盆、その頃、陸中一帯は鹿踊《ししおどり》と剣舞《けんばい》でにぎわう。緑豊かな稲穂のむこうを八匹の鹿がゆく。腰の太鼓が道楽を奏している。鹿は、家々を巡って、迎え火をたよりにはるばると幽界から帰ってきた祖霊たちを慰める。どの村へいっても、盆は太鼓の音で明け暮れるのだ。それが陸中の夏であった。

東和町落合の鹿踊は、空也上人の鹿供養に発するという伝説をもっている。『元亨釈書』によると、空也は、その晩年、奥州巡化《じゅんげ》の旅にでている。十世紀中葉のことである。みちのくは空也と無関係な土地ではないのだ。また、空也の後裔たちは、遊行聖《ゆぎょうひじり》として、鹿の角をつけた杖をもって諸国を巡った。彼らは、鉢叩き・茶筅《ちゃせん》などと呼ばれる念仏芸能者となっていったのである。鹿杖・鹿皮衣は空也僧のシンボルであった。しかし、踊り狂う鹿は、はるか昔の狩猟時代の北上流域を想いおこさせるのである。荒野の人々の生活を支えていたものは何だったろう。それは動物たちではなかったか。その時、多くの鹿がいたのではないだろうか。人々は狩の豊かな成果をどのように祈願したのだろう。

牛を殺すことによって新年の豊穣を祈禱する儀式は、『日本書紀』にもみられ、また、ギリシャにもあった。神聖なる牛は殺され、直会の饗宴によって人々に食された。太陽の死を意味する日没を経過することによって、生き生きとした翌朝の再生が可能となるように、人々は神を殺すことによって力強い再生を祈ったのである。また。神を食すことで、自らの力の増大をも祈ったのである。そして、この死と復活の儀式こそ、祭りの原初の姿だったのである。北上河谷に生きる人々にとって、その生命の源ともいうべき鹿こそ神ではなかったろうか。そして、祭りの場の主役である鹿は芸能化されて、陸中の野山を駆け巡り続けていったのであろう。盆は、祖霊を迎えて慰撫するためだけにあるのではない。稔り豊かな秋を目前にして、その稔りの確かなることを祈りつつ、自然を乱す恐れのある霊たちを静かにそっと幽界へ送り帰すのである。豊穣を祈る心は常にあった。だからこそ、盆にも鹿は踊らなければならなかったのである。生贄から供養へと性質を転じていった鹿踊ではあるが、現在でも、それの真の出番は村々の秋の祭りの場である。
花巻温泉に鹿踊があり、温泉旅館でも演ぜられている。

力強く舞う川西鬼剣舞。岩手県衣川村

鹿踊は、供養に巡ってお花を受けるようになってから堕落した。それは、金銭のために演ずる単なる芸能と化し、遂に酒席にまででてきてしまったのである。そこには祈りがない。民俗芸能がそれをみる人々の心を強く打つのは、そこに土に生きる人々の真摯な祈りの心があるからに外ならない。その心を失った民俗芸能は、空しい骸《むくろ》にすぎないのである。が、たとえどれ程鹿踊が堕落しようとも、旅館の広間の舞台で演ぜられる鹿踊を酒の肴《さかな》にして、長い間の人々の祈りの心を踏みにじる権利など誰ももっていないのである。花巻の鹿踊は、九月十七日湯本の羽山神社で、一年に一度、それの真の姿をみせている。

　剣舞、烈しい踊り、大地を踏みしめる足拍子、太鼓の音、恐ろしいが美しい鬼の面、空を切る剣、それは荒れ狂う悪霊たちを鎮めてゆくものなのだ。衣川村の川西鬼剣舞は、八月二十四日の中尊寺の大施餓鬼《せがき》に参加している。が、それは、前九年の役で亡んだ安倍氏一族の霊を慰めるためであるという。剣をもった武人の亡魂を猿子《さるこ》が済度してゆく。それが川西の鬼剣舞だ。自分たちも人間だと叫んだ安倍氏一族の精神は、平泉をみあげる衣川の河畔に生きていたのである。和賀町岩崎の剣舞は、役《えん》の行者の創始と伝えられている。本来の剣舞は、修験系の芸能であったのだろう。あの足拍子や剣は、山伏たちによって行われた悪霊払いの反閇《へんばい》（邪気と祓う呪術的な足づかい）が転化したものなのだ。

　芸能に祈りをこめて幸せを願っていった人々は、どのような生活をしていたのだろうか。現在ではほとんどみられなくなったが、かつては雪の中に庭田植や田植踊を演じて豊穣を願ってきた人々だ。人々は、雪の下にひっそりと生きていった。冷害と戦い、圧政と戦い、飢えと戦いながら生きていった。南部藩内で発生した一揆の数は、江戸時代を通じて全国で一位であり、また、その冷害の度重なること、まさに苦しみの日々の連続であった。それは、伊達藩の北部、平泉の周辺でも同じであった。しかし、人々は、堪えぬいて生きていったのである。

凶作の克服

ダムができて稲田は増えた。でも生活は楽にならない。
岩手県水沢市

恐ろしい飢饉は昭和に入っても起った。昭和九年、女教師西塔幸子は、「ストーブに小石あたためふところに抱く子等あり校に来りて」とうたっている。飢えと貧しさは何時《いつ》克服されるのか。

昭和二十三、四年と北上川は荒れ狂った。一関市は濁流の下となった。北上の流れは狂暴なエネルギーを失ってはいなかったのである。昭和二十八年、北上川総合開発計画が開始された。ダムが作られ、水田の安定化が計画された。そして流域は、水田の続く農村地帯となった。

しかし、冷害発生の根本的原因である不安定な夏の気温が安定化されない限り、北上流域の安定した水稲耕作は望めないのである。北上川が安定した現在においても畑作を望む人々は多い。が、米を作らなければ生きてゆけない現在の農業政策なのだ。

濃い緑の続く野山、白い雪に覆われた冬の野山、美しい自然、点在する家々、働く人々。そこには、私達の想像を絶する苦闘の歴史があったのだ。

開田記念碑。岩手県前沢町生母

下北

―最涯の自然に生きる人々

文　姫田忠義
写真　須藤功

強風を受ける海辺の家は石置屋根が多い。佐井村矢越

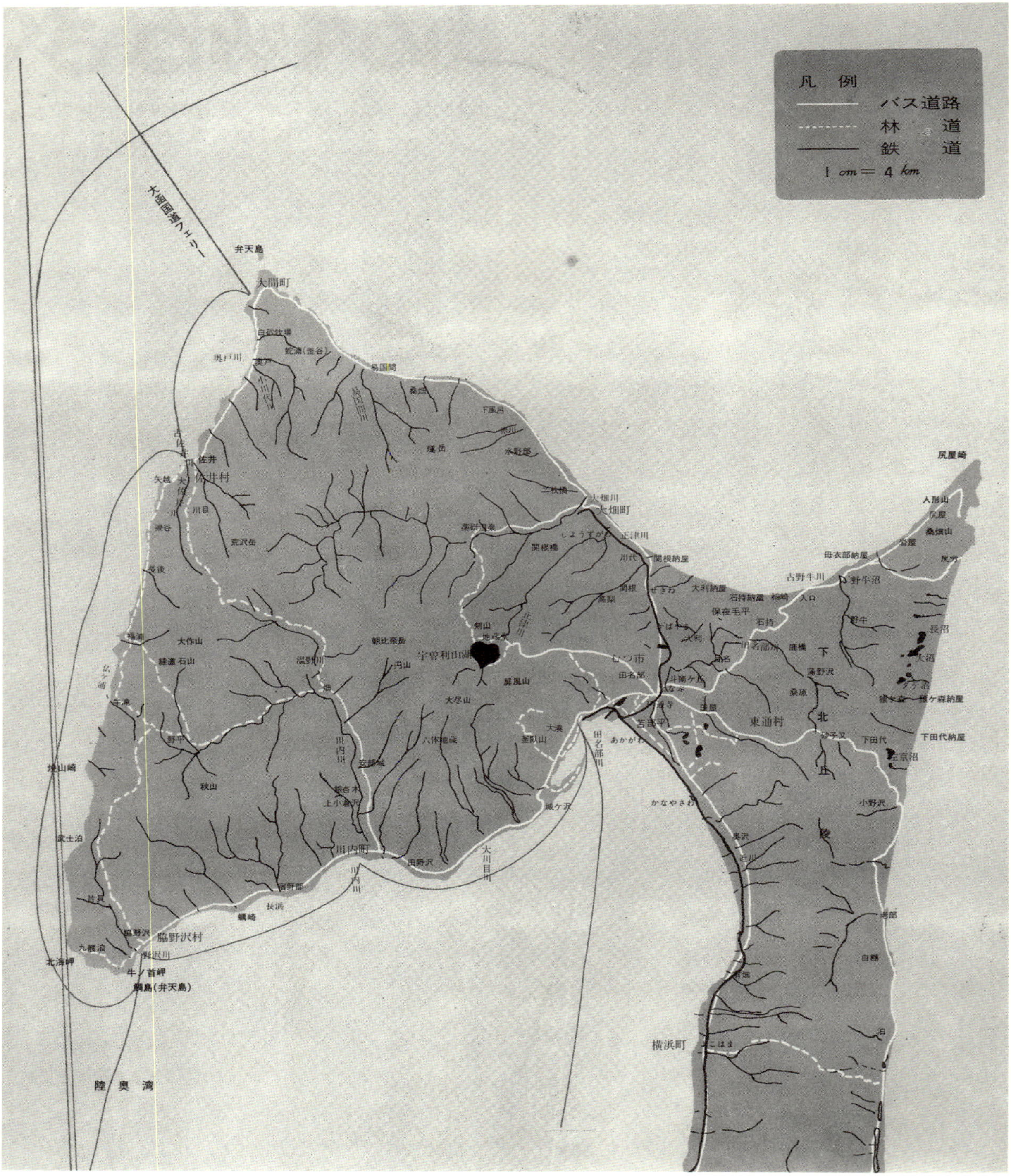

凡例
バス道路
林道
鉄道
1 cm = 4 km
弁天島
大間町
佐井村
大畑町
むつ市
東通村
下北丘陵
横浜町
川内町
脇野沢村
陸奥湾
尻屋崎
宇曽利山湖
朝比奈岳
大尽山
釜臥山
野牛沼
長沼
大沼
左京沼
大作山
縫道石山
荒沢岳
福浦
焼山崎
武士泊
九艘泊
北海岬
牛ノ首岬
鯛島(弁天島)
田野沢
城ケ沢
長浜
蛎崎
田名部川
大川目川

下北半島概略図

恐山の納骨塔。遺骨の小片を持ってきて、この塔のなかに納める。むつ市

雪は止んでいる。
けれどもう引返すわけにはいかない。
もうすぐ夜だ。
白一色の宇曾利湖《うそりこ》をかこむ恐山《おそれざん》の峰々の一角に、陽は正に沈もうとしている。

膝どころではない、腿のつけねまでもぐる雪だ。そいつをおしわけおしわけ、五時間かかってやっと上ってきた。もう引返す気力もない。

オーイ、誰かいませんかーッ、
坊ーんさまーッ。
夏。おびただしい参詣者やイタコでにぎわう霊場。恐山は、雪のなかに沈黙していた。

北に突き出たマサカリ

東北本線の野辺地《のへじ》駅から分れ出た大湊線《おおみなと》のガソリン・カーは、たえず左手に陸奥湾を見ながら、ひたすら北に向って走る。下北半島のかたちをマサカリにたとえると、その柄の部分を、柄と頭のつけ根の方に向って走っているわけである。車窓右手には、柄の骨ともいえる低い山々がつづき、左手はるか前方には、柄と頭のつけ根にある釜臥山《かまぶせ》などの山々が陸奥湾ごしに見えてくる。

「下北というのはね、とにかく風物ががらっとちがうんだ。エゾノギクとか、エゾハナショウブとかいう北海道産のものが強い。太古からの下北と北海道のつながりの深さをしみじみ感じさせられる。」

野辺地にくる前、途中下車して三沢の小川原湖博物館に立寄った。そのとき館長の中道さんがそう言った。

下北というのは、下北半島全体のことではない。マサカリの柄のずっと北寄りの一番くびれたあたりを境にして、それから北が下北、南が上北。そして下北の奥の方に、より強く北海道的なものがあるというわけである。それまで、下北をひどく隔絶した袋小路のような辺地と思いえがいていたわたしには、大事な話であった。

釜臥山が、いよいよ近くなってきた。標高八七九メートル。富士山を思わせる美しい山だ。しかもその足元に、

下北半島を訪れる人は釜臥山（879メートル）に迎えられる。むつ市田名部

海辺に並ぶ板造りの舟小屋。自然の厳しさを感じさせる。佐井村磯谷

静かな陸奥湾がひらけている。おおらかな、実におおらかな風景である。列車は、そのなかを、終着駅めざして走る。終着駅大湊は、釜臥山の麓にある陸奥湾ぞいの港町である。

下北は広い。海岸線だけで六〇里、二四〇キロもある。しかも西海岸南部の断崖地帯や、東海岸北部の一部などには車道がひらけていないため、海岸線を車でグルリと一周というわけにもいかない。

マサカリの頭の部分は釜臥山や朝比奈岳（八七四メートル）、大尽山《おおづくし》（八二八）など五〇〇メートルから八〇〇メートル級の山が重なり、マサカリの柄に当たる東部は、一〇〇メートルから二〇〇メートルの丘陵状の山がうねうねとつづいている。そしてその両者の間の頸部が、下北で一番広い平坦部なのだが、それも完全に平坦なのではなく、うねうねと台地状の起伏があり、しかもその低いところはいまだに手つかずの湿地が多い。

釜臥山頂にはレーダー基地があって、自動車道路が通じているため、それを上って展望すれば、下北の地形やそれを包む海のようすが一目である。北は津軽海峡、南は陸奥湾、東は茫々たる太平洋である。霊場恐山はすぐ目の下。そして津軽海峡の向うに北海道が見えている。

「田名部はタンネ・ヌプタです」

釜臥山麓の大湊から北海岸の大畑まで、下北の頸部を走る国鉄大畑線がある。最近しきりに赤字路線廃止論の俎上に上っているが、大湊、田名部《たなぶ》、大畑という下北でも最も有力な町をつなぐものだし、殊に一番北の大畑にとっては死活問題ということで、現在のところは無事運行している。

はじめて下北を訪れたときは、大湊から大畑へ、すぐに乗りついでいった。大畑におられる笹沢善八老に会うためであった。下北の郷土史に最も詳しい方である。

大畑は、本州最北端の国鉄駅である。駅前に、そのことを書いた標示と、恐山登山口の掲示板が立っている。恐山登山のバスは田名部から出るが、ここはもう一つの登山口なのである。駅のプラット・フォームからは、なだらかなスロープをひく恐山の姿がはるかに見える。釜臥山のある南側から西側にかけての山容は厳しいが、この大畑側から見る姿は優しい。

町のなかのあちこちに、材木商が目につく。表が事務所で、奥が旅館というのもある。大畑は、古くから下北特産のヒバ材の積出しで栄えてきた港町である。寒さの厳しい下北で育ったヒバは、肥る速度はおそいが、ビッシリと年輪の目のつんだ密度の高い材質のものになる。船材や屋根葺きの材料として絶好の材木であり、かっては南部藩最大の収入源であった。恐山をはじめ下北西部の山々には、今でもその密生林がある。ヒバやブナ、杉、その他の雑木を伐り出し、積上げた土場が、特に陸奥湾ぞいの村々の海岸に多く見られる。

「下北は、本州のなかで一番最後までアイヌが生活していたところです。わたしも血が混っているかもしれませんよ。」八五歳の今も黙々と下北の歴史を研究しておられる笹沢老は、そう言って笑った。

旅館の床の間にあった山の神像。大畑町

——大阪夏の陣のとき、南部藩がつれていった田名部エゾ（アイヌ）が、伏見の茨木ではじめて大筒の音を聞いて驚き、隊列を乱した。

北海岸の易国間《いこくま》部落には、足高《あしたか》という下北のエゾの酋長がいた。その末裔は長兵衛といい、後も奥戸《おこっぺ》に移った。陸奥湾ぞいの脇野沢には、ハッピラという頭領がいて、田名部西通《にしどおり》を統べていた。今でもその末裔がいる。

今から二五〇年前まで、アイヌが集団的に下北に住んでいたことはちゃんと記録にのこっている。そのころから、集団としてのアイヌは、北海道に移っていったが、アイヌゆかりの地名が下北じゅうにのこっている。江戸時代には、南部藩の代官所があり、今でも下北の中心地である田名部は、タンネベツ（長い川）またはタンネ・ヌプタ（長い川の湾曲した中の地）。大湊駅がある場所を大平《おおだい》というが、その古い名は大鍋平でオ・ナム・ペ・タイ（川尻の冷たい水のある木原）。陸奥湾ぞいの宿野辺はシュクノッペ（鮭を産する川）。脇野辺はワ・キサル（岸が耳のように突き出ているところ）。等々数えればきりがない。——

若いころは陸奥日報の記者をやり、大畑町長をやったこともあるという笹沢老は、下北を知りたいものにとっては非常に大事な人である。

延々とつづく段丘、自然のままの川

大畑からバスに乗り、はじめて下北の北海岸へ出たとき、わたしはひどく感激した。ながながとつづく海岸段丘の下に点々と部落がちらばる北海岸の風景は、まるで北海道的であり、また事実北海道が、目の前に近々と見えているのである。

大畑の港のそばをすぎると、道はすぐ山へ上る。そしてそれが二枚橋という峠の辺りから下りになり、海辺に下り、延々三〇キロ近い海辺の道になるのだが、その峠を下りはじめた途端に突然、目の前の海の向うに、北海道の恵山《えざん》岬が浮んでいた。鮮やかな、また劇的な北海道の登場。北海道の道は、それからずーっと、北海道渡島《おしま》半島の島影を見ながら走るのである。はじめてのわたしには、予想もしなかった北海道の近さである。

この北海岸には、高さ二、三〇メートルの海岸段丘が延々とつづいている。そして西北の端に近づけば近づくほどその姿がはっきりしてくる。大畑をでてしばらくはそれがグーッと海に迫り、海辺の高い崖になっているところが多いのだが、それから少し入り込んでいくと、まばらにかん木がしがみついた段丘の崖の下は、岩礁を前にした細長い浜になっている。そこにひっそりと石をのせた板や杉皮屋根の小さな漁村がある。その崖のようすといい、浜や部落のようすといい、何かひどく寂しく、

下北半島で出会った人はみな明るかった。風間浦村下風呂

たとえば北海道の渡島半島や十勝辺りの海岸線を思い出してしまうのである。

西北端大間崎《おおまさき》への途中、海辺に温泉がある。下風呂《しもふろ》温泉。この名前もまた、スマ・フラ（臭い岩石）というアイヌ語である。下北には、この他に薬研《やげん》、湯ノ川、恐山の三つの温泉があるが、それらはみんな山のなかにあって、海辺にあるのはここだけである。道路ぞいに妻入り造りの落着いた民家がならび、温泉はやや山へ上ったところにある。海辺の岩礁を前に幾艘かの漁船が見える。ここはむしろ漁村なのである。

川が流れだしている。山が海に迫っているため、海辺に突然躍り出したような感じで、小さな川なのにその沢のようすなどひどく荒々しい。人里を流れる川には見えない。そんな感じは、何も下風呂だけではなく、北海岸のどの川や沢からも受けるのである。

「まてよ。どうも何かが足りない」そんな川や沢を見て歩きながら、わたしはフッと考えた。「そうだ。たとえば伊那なら、こういうところには水神さまなんかがまつってあるんだが……」

はじめて下北を訪れる直前、わたしは信州の伊那地方を歩いた。そしてそこには、およそ人里遠い山のなかの小さな水の流れにも、水神と彫った小さな石の碑や、小さな御幣が立っていた。もちろんここは伊那のような山のなかではない。けれど、たとえ山のなかでなくても、川や水のほとりに碑や御幣が立っているところはざらである。それなのにここでは、そういうものは一切ない。ただ荒っぽい自然のままの川や沢、水の流れがあるだけ

下北半島では磯に祀られた弁天様をよく見る。風間浦村

である。ずいぶんおそくまでアイヌが住んでいたからだろうか。そのあとに移り住んできたのが陸に執着せぬ漁師たちであったからだろうか。そんなことをふと思った。

もっとも下風呂にも、温泉の横に墓地があり、それぞれおもしろい様子をした小さな六体地蔵が並んでいたりする。また、各部落の磯には、必ずといってよいほど弁天さまの祠があって、漁祈願などをするという。けれど、そういうものを除けば、たとえば水神さまのような自然に対する土地の人の心があらわれているものがないのである。いやにスッキリしているなあ、自然は裸のまんまだ。そういう感じである。

作っていたミソ玉をつまめという

北海岸の道は、長い単調な道だ。山にはブナ、海辺にはカヤやヤチダモのくさむらが荒涼とつづく。そして海辺には、黒々とした熔岩の岩場と岩礁である。

その点、南海岸はちがう。静かな陸奥湾を見ながら、白い砂丘（ほんとうは白い小さなごろた石の浜）と松林がつづく純日本的な海辺の風景である。

陽が照れば照ったで、雪が降れば降ったで、北海岸は、いつも寂しい。お天気のかげんで、北海道が見えなかったりしたら、もうそれこそ寂しい。

が、寂しい道も、人の住む部落が近づけばやはり活気がある。

材木を積んだ土場がある。岩礁をきりひらいたり、コンクリートの防波堤をきずいた海岸に漁船があり、浜で子どもたちがはしゃいでいる。引きあげた船のそばに大きな薪運び用のソリが置いてあって、この辺りの人の生活が、海と山との両方に強く結びついていることを教えてくれる。

春近い三月末である。桑畑の部落の浜で、女たちがミソ玉をつくっていた。石でカマドをつくり、カマをかけ、大豆を煮る。煮たところで大きな木舟にうつし、手で玉につくる。暖かい豆のにおいが、女たちの笑い声とともに浜から道へひろがる。

下北の女は明るい。物珍しそうに寄っていったら、笑いながら「あがさまい」と言う。ホカホカしたミソ玉をつまめというのである。こだわりのない笑顔であった。そして彼女たちのしゃべる下北の言葉はひどく優しく美しい。食べろということをあがさまい、たべさまい、いらっしゃいということをかさまい、きゃあさまい。ごめんなさいをごめなさまい。古風な優しさと美しさをもった言葉である。「それは最上等の言葉だよ。ふだんはもっと荒っぽい」とのちにある人が教えてくれた。

下風呂、桑畑、易国間、蛇浦《へびうら》と北海岸の部落がつづく。いずれも漁村で、道路ぎわや家の軒下に、ズラリと干ダラが乾してあったり、コンブが浜一面に乾してあったり

石ころの多い浜でミソ作りをする。風間浦村桑畑

する。桑畑から東はイカ、西はコンブを主にした漁をしているという。同じ海岸線なのに、そんなちがいがあるというのはおもしろい。そしてイカ漁の浦も平等意識は強いのだが、コンブの浦はいっそうそれが強く、まとまりがかたいという。

風と寒さと霧

下北の西北端、大間崎は、北海道の函館を近々と前にした内海のようなひろがりのなかにある。海に沿って広々とした湿原があり、その後方に低い海岸段丘がひらけている。灯台をすぐそばに見ながら、腰に小さな竹カゴを下げた人たちが、寄りコンブをひろっている。函館へ通う連絡船の出る港では、小さな遊び用の船にのって、子どもたちがはしゃいでいた。

かってここは、大間の四八タテ（館）といわれ、アイヌの大集落がひろがっていたところといわれている。また南部藩が領内に設けた九つの牧の一つで、下北ではこのこと、ここと地つづきの奥戸だけであった。名高い南部馬の放牧場の一つだったわけである。しかも下北の馬は、短躯、四肢は強く蹄は固く、寒さと粗食に強いということで、非常に高く評価されたという。

この大間から西海岸の佐井村一帯にかけては、冬の西北風がとくに強いところである。その風が、どれだけこの辺りの人たちを苦しめてきたか。笹沢老の『下北半島史』に、こういう一節がある。「大間野、奥戸野は半島北端の出崎で、東西南北何れの風も烈しく、冬季間は特に西北の風一段と強く吹き募り、寒気も厳しいので、斃

奇岩が林立する仏ヶ浦。佐井村

死する馬も出て、また山奥より出ずる餓狼のために喰殺されることもあって……云々」すさまじい情景である。

ブウウーッ……、ブウウーッ……、ブウウーッ……、暗く、重く、霧が海をおおっていた。そしてその霧をきり裂くように、頭上で霧笛が鳴りつづけていた。下北の東北端尻屋《しりや》崎。

ひょうびょうとはてしなくひろがる太平洋につきだしたこの最涯《さいはて》の崎は、函館を前にした大間崎にはない広大な海と空のひろがりのなかにある。が、一度霧が立ちはじめると、たちまちその世界は閉じられ、岬の表情は一変する。それまではひっそりと眠ったようにおとなしかった岬の先端附近の暗礁群が、がぜん色めきたち、凶暴なその牙をむきながら、行く船を招き寄せるのである。

古来、どれだけ多くの船が、不運ないけにえの道をたどったことだろう。そしてその難破船からの漂着物によって助けられる村がつい最近まであったのである。

とても近づける崖ではなかった

下北の西南端に近い脇野沢《わきのさわ》から船が出る。西海岸南部の数十キロにわたるけわしい海食崖を見せる定期観光船である。

船は脇野沢の前面に浮ぶ鯛島を過ぎ、断崖のかげの九《く》艘泊《そうどまり》という部落の前を過ぎると、舳先を北方に転じる。アモ十太岬、大崎、焼山《やきやま》崎、新山崎、仏ヶ浦……。断崖のなかでも殊に人の目を奪うのは、焼山崎と仏ヶ浦である。

焼山崎、あるいはただ焼山とよばれているその断崖は、

開拓地から去る人を見送る。ひとりの男の人が「とうとう行ってしまいやがった」とつぶやいた。佐井村牛滝

下北半島そのものを生み出した太古の火山活動のエネルギーのすさまじさを、その崩れおちる岩肌にまざまざとみせている。焼けただれた赤褐色の熔岩の断崖が、不気味に海からそそり立っている。

ある日、わたしは船の上からでなく、この断崖の北の方にある牛滝という部落の方から断崖の中腹伝いに出てみようとした。が、とても近づけるものではなかった。少し行っただけで、足がすくんでしまったのである。はるか前方に焼山がうそぶいていた。

仏ヶ浦は、焼山とは全く対照的だ。約二キロにわたる長い弦月状の湾入があり、奇怪なかたちの巨大な白い凝灰岩の群れが、あっちに一塊こっちに一塊とニョキニョキつっ立っているのである。ただ一塊の岩壁にすぎない焼山が無限の動を感じさせるのに、この凝灰岩の群れは、その数や形の異様さにもかかわらず、逆にシーンとして静寂を感じさせる。そしておそらく数万年の年月の間に少しずつ侵蝕され、風化してできたその一つ一つの像は、なぜか沈思させる力をもっているのである。だがこの静かな岩の群れは一旦そこに手をふれ、変型しようとするものに対しては、猛然と反撃する。彼らの頭の上に道をつけようとする長年の下北の人の夢は、まだ実現のメドをもたないのである。

この西海岸南部の一帯には、野性の日本猿が群棲している。野性のものとしては日本の北限である。

仏ヶ浦に近い断崖のかげにある牛滝部落の人の話によると、焼山とその南の武士泊《ぶしどまり》との間の海岸では、凪のない日には、いつでも猿たちが下りてきているそうである。岩場のノリやカニをとって食べるのである。また山では、冬は木の実を、夏はアザミやフキなどの山菜を探して食べるという。

南端の九艘泊部落では、最近これらの猿への餌つけに成功し、猿たちは毎日、餌場に姿を現わすようになっている。つい最近あるテレビでその猿たちの冬の生活が紹介された。体じゅう雪をかぶって、一匹一匹まるでボールのようにまん丸く体をまるめて木の枝につかまっている姿があった。

砂丘はただの砂浜ではない

西に断崖、東に砂丘。下北の東海岸にのびる砂丘もまた、人々の生活にとっては大きな障害物であった。

砂丘は、尻屋崎の南方にある尻労《しつかり》から、ちょうど下北と上北の境まで延々二十数キロ。その間に長沼、大沼、タテ沼、左京沼などがある。また尻屋崎から西南に向ってのびる十数キロの海岸線も、東海岸ほどではないにしても砂丘である。

わたしがはじめてこの東海岸の砂丘を歩いたのは、三月下旬の風の強い日であった。田名部から、東海岸に出て上北地方まで走るバスに乗り、砂子又《すなごまた》部落の田代分《たしろわけ》バス停でおり、上田代《かみたしろ》部落を歩いて砂丘に出た。砂丘の背後につらなる松林をぬけると、砂丘のきれ目に海が見える。そこまでたどりつくのにずいぶん時間がかかった。大した距離ではないのに、一歩一歩足が砂にめりこんではかどらないのである。しかも海から、砂まじりの風が、息もつかせず吹きあげてくる。どこか底なしの砂だまりがあって動けなくなるのではないか、そんな不安がフッと頭をかすめたりする。海ぎわにたどりついたときには、もうそれだけでヘトヘトになった感じである。まるでスローモーションフィルムでも見るようにゆっくりとまいあがり、とびちる水しぶきと風のために、波うちぎわに近づくことも、そのあたりでジッと立止まっていることもできない。ただやみくもに足を運んでいる以外に手がないのである。砂丘というのは、ただの砂浜ではないのだ、そんな当り前のことが、大へんな発見のように頭に浮んでくる。海に背を向け、まるで帆一ぱいにはらませた舟のように、いや一枚の木ッ葉のように、風に吹きあおられながらわたしは砂丘を去った。

射撃演習が休みの日、砂丘を歩く。東通村

　この東海岸の砂丘地帯は、現在自衛隊の射爆場になっている。無残な弾痕をのこした標的が立ち、砲爆弾の破片が散乱していた。その日は日曜日であった。そして日曜日は演習が休みで立入りは自由である。週にたった一日の自由。

　鳥取砂丘を思いだした。ごく一部だけを観光用にのこし、あとは見事に畑や住宅地にしてしまった鳥取砂丘。あそこには、すべての日の自由がある。そしてそれは、江戸時代以降、営々と砂丘をひらきつづけた人たちの努力のたまものであった。

　下北の人が、砂丘と無縁だったわけではない。東通りの丘陵のあいだの村々は、農牧のかたわら納屋と呼ぶ草屋根の小屋を砂丘に建てて、イワシなどの漁をしていた。今でもその納屋があちこちにのこっているが、それは開

砂丘に散らばる砲弾の残骸。東通村

茅葺屋根の大きな家が並ぶ上田代部落。東通村

発とはいい難い、素朴な砂丘の利用の仕方であった。

しかしまた、この丘陵地帯の砂丘は砂鉄を含んでいる。それが南部鉄をつくりだし、その開発の歴史は古い。今も野牛《のうし》などで掘っており、かってはこのあたり一帯は、精錬のためにさかんに松炭を焼いたのである。

尻屋崎の西南の海岸線では、今計画的な防風林づくりが行なわれていて、それが尻屋崎へのバスの車窓から美しく見える。だが東海岸の方は、それがない。幼い松の苗木ではなく、荒々しい砲弾の破片が、砂につきささり、裸同様にこわれた納屋が一つ、なかば砂に埋もれてあった。砂まじりの海からの風が容赦なくそれを叩いていた。

ヤマセ

夏、七月から八月にかけて、この下北東部にヤマセと呼ばれる強い東風が吹く。ヤマセは、低くたれこめる雨雲を海から吹きつけ、砂丘から六キロくらい奥までの山野に、小糠のような雨を降らせる。雨は大地を冷やし、真夏というのに火がたやせない冷たさで山野をふるえあがらせる。そしてそこには、砂丘に納屋をもつ部落が点々とある。上田代もそういう部落の一つである。

わたしは、そこでヤマセの話を聞いた。「夏、西（風）が吹けばいいんだがねえ」部落内の道で行きあったおじさんが言った。そして水田での米の収量は、反当り五、六俵。「ヤマセのためだ」とポツンと言った。ここでは、家々は平均一戸当り一町から一町五反の田をつくっている。それで反当り五、六俵というとどうなるか。しかもこの辺りで、田に米をつくるようになったのは昭和一二、三年ごろからで、それまでは田でヒエをつくっていた。そして畑では、ソバや大豆。どれも人を養なう力は、米よりはるかに弱いものであった。人々の生活は、慢性的な冷害や飢餓におびやかされていたのである。それがまた農民たちに漁をさせたのである。

　同じようなことは、上田代部落から二、三キロ海寄りにある下田代《しもたしろ》部落でも聞いた。ここは、どっしりとそろった草屋根の家の感じといい、牛を入れないためにまわりに柵をめぐらせた畑や、田のある部落のたたずまいといい、上田代と同じように全く農村的である。だがおもしろいことにその生活は上田代よりはるかに漁村的であった。納屋をもち、盛んにイワシの地引網をやった。上田代部落は、それを牛につけて田名部へ売りに出たという。下田代部落から海まで、三キロはあろうか。砂丘ががんばっているため、家を海辺につくることができなかったのである。そしてここでも、江戸時代後期の天明の大飢饉の後の一時期、それまで九戸あった家の数が六戸にへっている。今はもとの九戸になっているが、飢饉のためであろうか、三分の一が死にたえてしまったのである。蒲野沢《がまのさわ》という部落から分村した桑原部落は、そのとき完全に廃村になってしまって、今のものは、その後復活したものだという。いずれもヤマセのためという記録はないが、この地帯では、ヤマセが大きな原因となっていたのであろう。

見はるかす牧草畑とやぶれた情熱

田名部の東、三キロほどのところに斗南《となみ》ヶ丘がある。なだらかな起伏の台地が伐りひらかれ、防風林にかこまれたすばらしく広い飼料畑がつづく。昭和一七年、北海道から入植してきた富樫鉄之助の指導によって誕生した酪農開拓地である。総面積四一五ヘクタール、戸数二〇戸、一戸当り農地面積一三ヘクタール、乳牛四〇〇頭。近くには、この二〇戸からの原乳にたよる雪印乳業の工場もある。昭和三四年、八四歳で亡くなった富樫翁ら二〇戸の開拓者の苦心は実を結び、今では、全く立ちおくれている下北酪農開発の大きなけん引力になっている。が、実はこの戸南ヶ丘は維新直後、二八〇〇人の会津藩士とその家族が悲運の涙を流したところなのである。

　明治維新戦争に敗れた会津藩は、明治三年下北に転封された。四〇〇〇人の藩士のうち二八〇〇人とその家族が下北へ渡り、田名部の町に仮の宿を借りながら、斗南ヶ丘に新しい町の建設をはじめた。斗南藩庁を中心にした一戸建三〇棟、二戸建八〇棟の屋敷が建ち、主要藩士二四〇戸がまず新市街に移った。恐山山麓や斗南ヶ丘南方丘陵などの開墾計画がたてられた。農業以外に砂丘の砂鉄を利用する砂鉄製錬場や煉瓦工場、漆器など手工業、大湊の開港とシナ貿易の計画など新天地開拓に対するすさまじい情熱と夢がみなぎっていた。が、その翌明治四年七月一四日、突如廃藩置県が発令され、斗南藩そのものが瓦解してしまった。わずか三歳の藩主、松平容大《まつだいらかたはる》は東京に引上げ、藩士たちは下北に置き去りにされた。会津へ帰ったもの、北海道へ渡ったもの。だが、家を構えたものはのこり、開拓をはじめようとした。しかし当座の食糧がない。ワラビの根を掘り、コンブをひろい、野山に茂るもので食料になるものは何でも食べた。そして冬。下北の寒さと絶望が彼らをさいなんだにちがいない。下北の人は彼等をたすけ、彼等も下北にすべてを捧げた。しかし、今は野に戻った屋敷割の跡や、数基の墓が斗南ヶ丘にのこっているだけである。

いつごろから人が住みついたのだろう

下北を歩くと、いたるところに、捨てさられ、忘れさられようとする下北の人の努力の跡がある。

北海岸のカヤやヤチダモのなかにあった枯れた桐や、捨てられた大根畑がそうであった。またその山ぎわにのこる大畑、大間崎間の鉄道工事の跡も、東海岸や東北海岸にのこる納屋の廃墟も、さらにはまた大湊の海岸線に残骸をさらす旧海軍工廠跡の鉄骨も、西通り川内町の奥にある安倍城《あべしろ》銅山跡の鉱滓の山もそうであった。安倍城銅山は大同年間（八〇六～八〇九年）に発掘されはじめたという歴史をもっている。

かつては最涯の地といわれた下北に、人々が住みはじめたのはいつごろだろうか。下北のあちこちに、縄文時代の遺跡がのこっていて、なかには日本種の稲の籾あとがついている土器まで出てきている。もっとも、下北で本格的に米がつくられはじめたのはつい最近

ウニの卵巣をとる尻屋部落の女の人。東通村

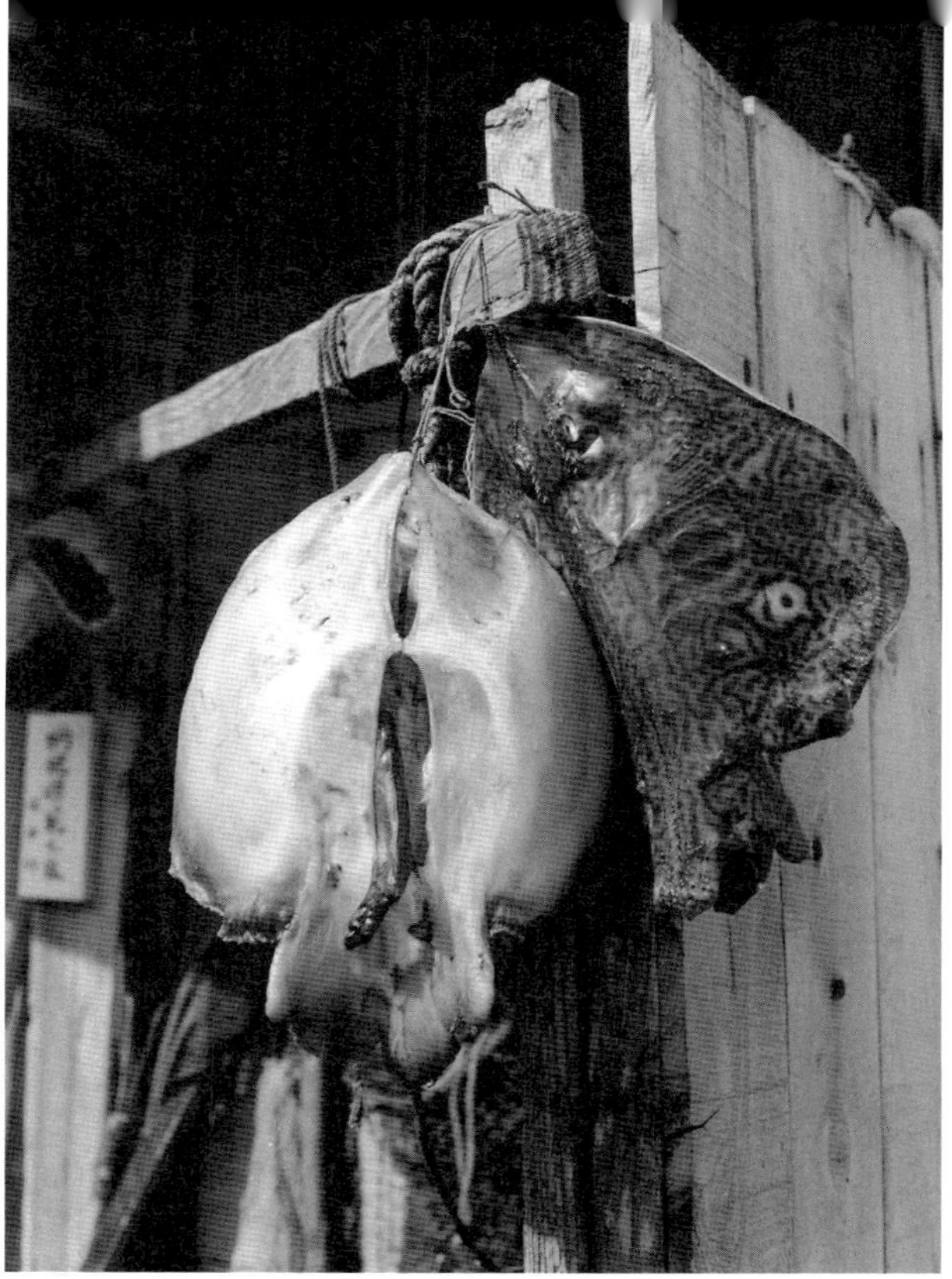

矢越部落で見た干し魚。佐井村

のことで、それまでは山を焼いてソバやダイズをつくる焼畑か、田はあってもヒエをつくるヒエ田であった。縄文時代からみると何千年か経っているわけだが、そのあいだの下北の農耕の歴史は、ずーっと同じところに停滞していたのであろうか。それともわたしたちには知ることのできない成功や失敗を繰返していたのだろうか。

下北の川には、かつては北海道と同じようにサケやマスが大挙して遡《さかのぼ》ってきていたという。また山には、熊、鹿、アオジシ（ニホンカモシカ）などの野生動物が駆けまわり、野性の草木の実が豊かにみのっていた。ワラビやクリなど実に豊富であったという。それに、大ツヅラフジ、ミツバオオレン、ブクリュウなど十何種かの薬草も繁茂していて、人々の病を癒やしていた。中道さんの話によると、下北の人のなかには、それらの薬草を「常陸坊海尊《ひたちぼうかいそん》のなげ薬」といって、海尊が下北の人のために与えてくれたものだと信じている人もいるという。海尊といえば義経ゆかりの人である。その伝説が、今も生き生きと生きているというのは、一体どういうことであろうか。

アイヌは、サケやマス、熊や鹿を生活の糧にしていた。彼らが、いつごろから下北に住んでいたのか、また彼らと縄文時代とはどんな関係があるのか。それらのことは、未だにはっきりわからないが、非常に古くから下北には人が住み、また奈良や京都を中心にしたかつての日本の中央の勢力が、早くから下北におよんでいたことは事実である。斎明天皇五年（六五九年）、阿倍比羅夫《あべのひらふ》は、秋田、能代、津軽の蝦夷《えぞ》を再征して、津軽の有間浜（深浦）で蝦夷の帰順式を行ない、この三ヶ所の蝦夷三五〇人、降虜三五人、および胆振鉏《イブリサイ》の蝦夷二〇人を饗応したという。胆振鉏は、下北の西海岸、佐井の蝦夷だといわれている。笹沢老によると、彼らは、おそらく丸木舟を操って有間浜まで行ったのであろうという。また比羅夫の活躍したころから一五〇年ほど後には、坂上田村麻呂の活動があり、彼にまつわる伝説が下北にのこっている。脇野沢の海にある鯛島の弁天さまは、田村麻呂を恋して狂死した下北の女をまつるといわれている。

比羅夫や田村麻呂を、日本の中央からの下北開発の先駆者といえるかどうかはともかくとして、そういう古い時代から、海を通じて、人々が下北へやってきていたらしいことはうかがえる。西海岸の佐井や、南海岸の脇野

海苔と林檎の物々交換。佐井村長後

沢などがその門戸であった。

老いた念仏僧

足を再び西海岸へ戻して、佐井村を訪ねてみた。田名部からのバスが、佐井本村まで行く。

東北に海岸段丘、西に山麓がはりだして浜をかこんでいる佐井本村の港は、いわば天然の良港である。江戸時代には、北海道の函館へ渡る港として幕府から公認されていたが、その函館をひらいたのもこの佐井の人だという。しっとりと落着いた板づくりの家並みの裏に、大きな共同のはねつるべ井戸があったりして、港町というよりむしろ農村風なにおいも感じられたりする。特にわたしが心をひかれたのは、この町にある五つの寺の一つである長福寺に円空仏があったことだ。円空は江戸時代の初期に、北海道南部の海岸地帯まで足をのばし、人間救済の悲願を托して独得の木彫仏をつくりつづけた僧だが、その一つがここにもある。金も権力もない一人の修行者の姿が、そこにありありとのこっていた。

またこの町には、今は青森県に一つしかない時宗のお寺があり、今年七六歳の老僧がいる。昭和一一年ごろ、年四一歳で上北の七戸から佐井へやってきた人だが、そのとき「下北の開発を志し」て来たのだという。そしてまず恐山に籠り、佐井へ下って住みついた。彼の言う下北開発とは、仏ヶ浦を中心にした下北のことを広く世に知らせたいということなのだが、そのために彼は、時宗の開祖一遍上人がはじめたという踊り念仏を町の辻々でやった。はじめは、人々に気狂い坊主といわれたが、そ

病みながら念仏をつづける時宗の僧。佐井村

れでも止めなかった。一〇年ほど前に直腸ガンで直腸全部を切りとり、人工排便せざるをえなくなってからは、踊り念仏ができなくなったというが、今でも辻々での念仏は止めない。「下北が広く世に知られるために」それを止めないというのである。病みおとろえたこの僧と話しながら、わたしはつくづく人間の執念の強さを想った。

たくましい結束力で漁師が山に木を植える

佐井村の南端の牛滝部落は、厳しい断崖のかげの小さな部落で、かつては下北西南端の九艘泊とともに、南部藩の遠追放の地であったほど陸上からの交通の不便なところである。が、ここもまた、佐井港と同じように、古くからの港であり、酒井源八など盛んに日本海岸で活躍した人の屋敷跡などもある。そしてここには、明らかに西日本の系統と思われる行事や芸能がのこっている。おもしろいのは、死神様《しにがみさま》のまつりとお盆にはカグラ組がでて、三番叟《さんばそう》をはじめ十何番もの歌や劇をやるという。牛滝の人は、それをゲエジュツというが、明らかに歌舞伎の系統をひくものだと思われ、しかもそれをお盆にもやるというのである。お盆といえば、念仏、盆踊りと思いがちなのに、にぎやかなゲエジュツをやる。下北を暗い最涯の地だと思いこんでいるものには、意外な明るさが感じられるのである。そしてそれは、海を通じて、広く日本中につながっていたことから生れた明るさであり楽天性であったように思われる。実際かって田名部、大畑、佐井、牛滝、脇野沢、川内などはほとんど全国の港と直接つながっていたのである。

ごく最近まで佐井の各部落をはじめ、下北の海岸地帯では、家族数二〇人、三〇人という大家族の部落が多かった。それは津軽地方などからどんどん労働力をうけいれながら、サケ、マス、ニシン、コンブ、ノリなどの海の資源を開発していった結果であり、そこから生れた結束力の強さや活動力の旺盛さは目を見張るほどである。佐井村の磯谷《いそや》部落では、漁師でありながらすごい勢いで国有林をかりて植林しているが、それなども海の民独特の結束力と活動力をよくあらわしているようである。

恐山西方の山のなかには、畑《はた》という部落がある。木を伐り、山を植え、山中の平に田畑をひらいている。その人たちの先祖は、下北の山野を熊や鹿を追って駆けまわったマタギであったという。これもまた下北開発者の一つの姿であった。

その畑部落から約一キロ西の山中に野平《のだい》という開拓部落があり、雪深い下北の山を懸命にひらこうとしているし、田名部を中心にしたむつ市では、釜臥山をはじめその周辺の山野を新しい放牧地としてひらこうと懸命であ

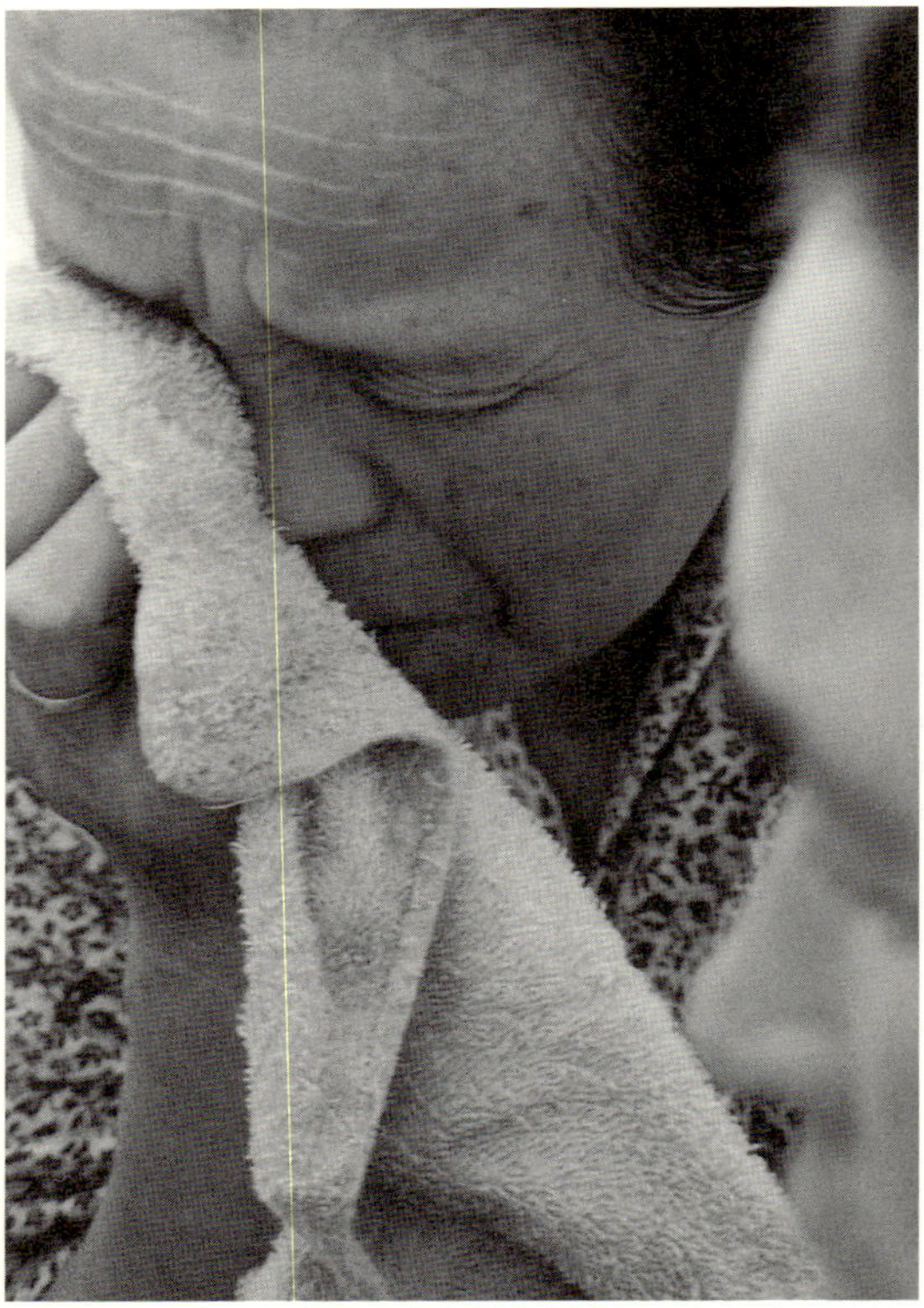

イタコの口寄せで息子の声を聞き涙する。むつ市

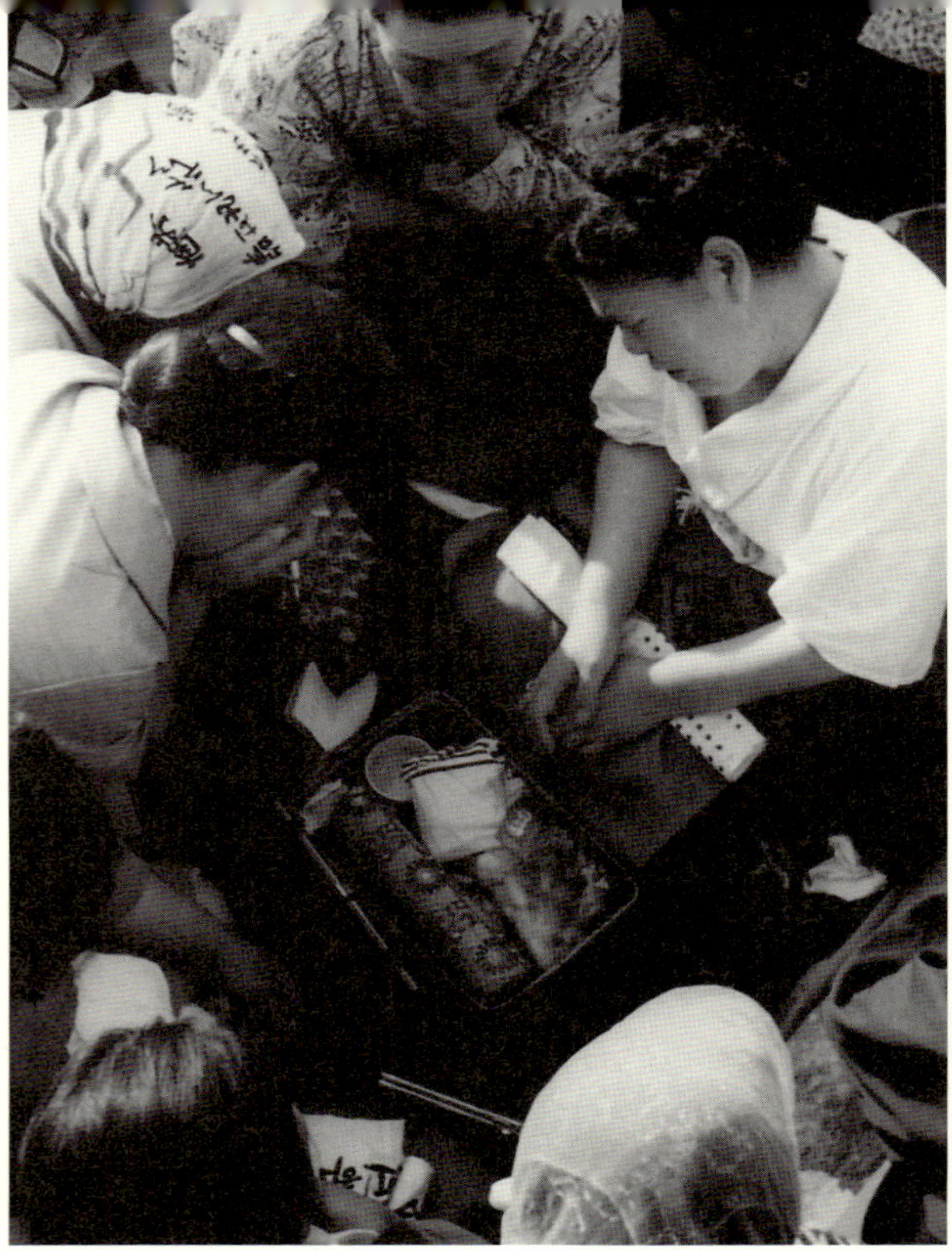

恐山のイタコと、口寄せに聞き入る人。むつ市

る。優れた南部馬放牧の歴史を、新しい酪農地建設によみがえらせようとしているのである。

今、下北を歩くと、それらの生きた下北開発の姿を、すでに捨てられ、忘れさられようとしている姿とともに見ることができるのである。

恐山

毎年七月二十～二十四日の間恐山は、おびただしい数の参詣者とイタコでにぎわう。恐山の地蔵会《じぞうえ》である。太古の火山湖である宇曾利山湖（恐山湖）のほとりにある恐山菩提寺は、奈良時代に活躍した慈覚大師円仁が開祖と伝えられ、恐山全体は、死んだ祖先の霊が集中する山と信じられ、あがめられてきた。そういう祖霊の山は、日本中にあり、恐山はその一つであったのだが、北海道をのぞいた日本の最北の霊山として、古来注目を集めていたことは確かであろう。慈覚大師開基の伝えも、はるかな時代の下北と奈良とのつながりを想わせる。盲目の巫女イタコが恐山に登場するのは、ごく新しいことであった。

地蔵会に集まる人々、殊に女たちは、イタコを囲み、イタコが口寄せする祖霊の声に泣く。ふだんは明るく、たくましい彼女たちが、なぜあのようになくのか。

今年の二月、ひとりで雪のなかを恐山へ上ったわたしは、人気のない白一色の宇曾利山湖のほとりにたたずみながら、しみじみと思った。下北の自然は厳しい。そしてやはり遠い。人々は、それに泣くのだ、と。

オシラサマ

加藤千代

東北地方には、仏教の伝来以前からあった民間信仰が今も生きている。オシラサマは、岩手のザシキワラシやカマガミサマ、青森の甘酒ババサマなどと同じく、他の地方ではとっくに忘れられてしまった神様の一つである。

百四十余年前の遊覧記に、「世にオシラ神又はオシラサマと申す。養蚕の神なり。谷を隔てて生ひ立てる桑の木の枝を採り、東の枝を雄神、西の方を雌神とし、八寸あまりの木の末に人の頭を作り、陰陽二柱の御神になぞらふ。絹綿を以って包み秘め隠し、巫女それを左右の手に執りて、祭文祝詞、祓を唱へ、祈り加持して祭る。此オシラ神をオコナヒガミ（行神）と謂ふ処あり」（菅江真澄『月の出羽路』）とあるように、オシラという名はカイコの異名で、今でもそのご神体をカノギジンジョウ（桑の木人形）と呼ぶ。ジンジョウが地蔵《じんじょう》と同音であることから、桑の木地蔵とも考えられた。しかし桑以外でつくるところも多く名称もまちまちで、津軽ではオシメサマ、北上山中ではカバカワ、庄内ではオクナイサマ、福島では神明様といっている。

オシラサマが蚕業の繁栄を祈る夫婦神となり、職業的なイタコによって蚕の由来譚を唱えて祭られるようになったのは、養蚕の普及した近世のことであろう。本来は農神、さらには家の神である。

青森・岩手などは、福島県以南とちがってもともと蚕業の盛んな土地ではなく、オシラサマは今も農神様として信仰されている。オシラサマを遊ばせる（祭るとは言わない）日は正、三、九月の十六日と定まっていて、これらの日は東北一帯の農神の祭日である。

オシラサマは写真のようにオセンダク（布切れの着物）を実にたくさんつけているが、裸にすると、ただの棒切れになる。この木の棒は今ではご神体そのものと考えられているが、福島で神明といっているごとく、もとは幣束や玉串・榊の枝と同じように、これに神を宿らせて、祭の場所へお迎えもうすための祭具であった。家々に幸福をもたらす神は、別にましましたのに、いつのまにか、この木の棒が人形のようにされて、家の守り神になってしまった。

恐山には、家のオシラサマを持って来

馬頭、姫頭などがあるオシラサマ。岩手県陸前高田市

て、喜捨をうける主婦《あっぱ》を見うけるが、オシラサマは乞食《ほいと》をして歩かないとたたるというわれも、古い家の神信仰によるものであろう。つまり、本家筋の主婦が祭具の木の棒を背負って乞食をしてあることが、家の神を喜ばせる大切な作法であったから。

アッパたちが家の神として祭ったころには、オクナイサマ、マイリノホトケ、カバカワなどといろいろによんでいたが、近世のある時代に当時流行の物語（蚕の由来譚）を神いさめの歌詞として採り入れて蚕神オシラサマの名を得た。司祭者も多くは家の主婦から、物語を語り歩く巫女にうつった。木の棒にお姫様と馬の頭を描き又は彫ってご神体とするのは、その蚕の由来を語る『オシラ遊びの祭文』による。

「十六善のしらの神、御本地読み上げ奉る。手にとればこそ、手になついて遊んだ神かんな。昔より、まんのふ長者とてある。かの長者こそ、姫君一人持せ給ふ……」と唱えられるのは、祭文の一つ『満能長者物語』である。オシラ祭文は十種類ほどもあるが、あらすじは大同小異で、だいたい次のようにまとまる。「昔、ある長者の家に、千段栗毛の名馬が飼われていた。ところが、この馬が姫様に思いをよせて、姫以外の誰が餌をやっても食べなくなってしまった。長者は怒って、馬を殺し皮をはいで河原にほしておいた。そこへ姫が供養にいくと、馬の皮は姫をくるんで天へ舞い上った。つぎの年の三月十六日、天から白い虫と黒い虫がふってきて、山クワの枝にとまり、その葉をたべた。いまのカイコは、この馬と姫の生まれかわりで、オシラ神はその桑の木で作った神様だ」

この馬と娘の悲恋物語は、奇しくも、千七百年もの昔に中国で書かれた説話集『捜神記』の一説話によく似ており、それに由来するものと考えられる。つまり中国から海を越えて日本の西国に伝わり、そこから東国へ、さらに奥州へと伝えられたものであろう。オシラサマあそびをともなわない伝承だけのものなら、西の方にもところどころに語りつたえられている。

馬と娘の結婚話など、都会人には珍奇な、卑猥な昔話に聞こえようが、かつての農山村では、とりわけ、一つ屋根の下に馬と共に起き伏しする東北の人々にとっては、まじめに聞き語られる話である。今日まで広く伝承されてきたのも、その生活に根付いているからであろう。

オシラサマは、また芸能史の上でも注目をあつめている。イタコが、祭文の中で姫のことを唱える時、女神のご神体を少し傾けて動かし、馬の文句の時には男神（あるいは馬頭神）を持ち上げたりすることから、人形まわし、あやつり芝居のもっとも原始的な姿をとどめているものとして、北上山中では昔イタコをクグツ（人形まわし）ともいった。昨年（昭和四十三年）、国立劇場の民俗芸能の舞台にも上った。

また、オシラサマは芸能史ばかりか染織史の上でも貴重な資料になっている。オセンダク（布片の着物）は、時には二百枚近くも重ねてあり、土地によっては毎年一枚ずつ着せたりするので、それらの布地の時代も推定できて、染め方・染料などの歴史をさぐることができる。

このようにオシラサマは幾種類もの神格をあわせ持ちながらも、神社や寺に属することなく、素朴な民間信仰として生きてきた。もっとも、末期的現象として、弘前市近在の久渡寺などは、オシラ神の総本山と称して祭を催し、位階をさずけてはいる。ともあれ、オシラサマは、日本の固有信仰を保持するばかりか、芸能史・染織史の上でも重視されるので、重要民俗資料に指定された。しかし、このことは、オシラ神が神でなくなってゆく日の墓標となるのかもしれない。

三陸海岸

文　姫田忠義
写真　須藤功

自分の家で食べ
ワカメを取りこ
三陸町千歳

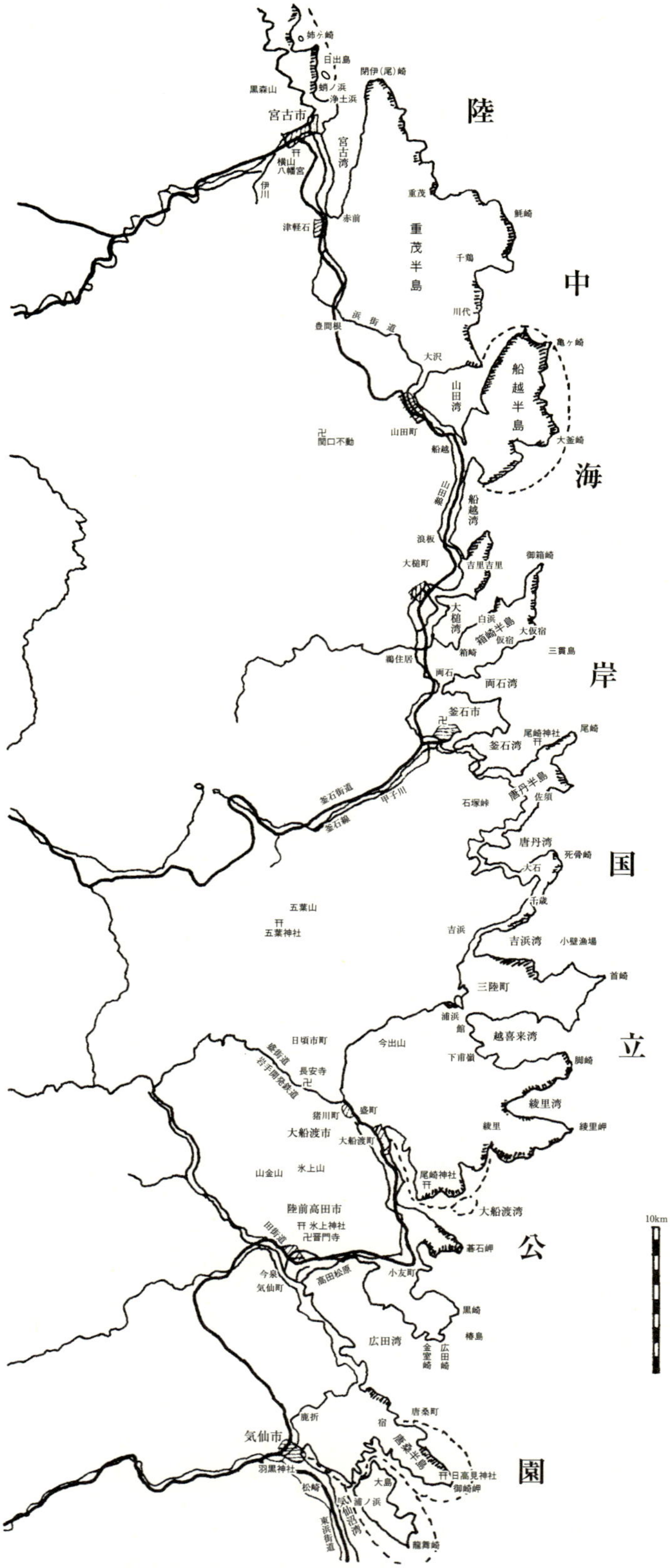

陸中海岸国立公園
姉ヶ崎
日出島
閉伊(尾)崎
蛸ノ浜
浄土浜
黒森山
宮古市
宮古湾
横山八幡宮
伊川
重茂
鮭崎
津軽石
赤前
重茂半島
千鶏
川代
浜街道
豊間根
大沢
亀ヶ崎
船越半島
山田湾
山田町
関口不動
船越
大釜崎
山田線
船越湾
浪板
大槌町
吉里吉里
御箱崎
大槌湾
白浜
箱崎半島
大仮宿
仮宿
箱崎
三貫島
鵜住居
両石
両石湾
釜石市
尾崎神社
尾崎
釜石湾
唐丹半島
佐須
石塚峠
釜石街道
甲子川
釜石線
唐丹湾
死骨崎
大石
千歳
五葉山
五葉神社
吉浜
吉浜湾
小壁漁場
首崎
三陸町
浦浜
館
越喜来湾
今出山
下甫嶺
脚崎
日頃市町
長安寺
岩手開発鉄道
綾里湾
盛町
猪川町
大船渡市
大船渡町
綾里
綾里岬
山金山
氷上山
尾崎神社
大船渡湾
陸前高田市
氷上神社
普門寺
碁石岬
今泉
気仙町
高田松原
小友町
黒崎
椿島
広田湾
金室崎
広田崎
10km
唐桑町
鹿折
宿
気仙市
唐桑半島
日高見神社
御崎岬
羽黒神社
松崎
大島
浦ノ浜
気仙沼湾
東浜街道
龍舞崎

霧

秋から冬にかけての三陸海岸の朝は、実に壮大なものだといいます。はるかな太平洋に上る巨大な太陽が、空も、海も、岬も、すべてを真赤に染めるというのです。けれど、今は夏。いや、わたしが三陸海岸の南部を、通して歩いたのは今年（昭和四十四年）の六月上旬でした。太陽の代りに、わたしは霧に魅かれました。多分この三陸沖でぶっつかりあっている黒潮と親潮、つまり暖流と寒流のせいなのでしょう。三陸海岸の半島や岬には、しきりに霧がかかります。そしてそのようすは、まるで深山幽谷です。

霧につつまれ、墨絵のようになった浄土ヶ浜。宮古市

海辺なのに深山幽谷というのはおかしいかもしれません。けれど、そもそもこの三陸海岸というのは、岩手県の東半分をおおっている北上山地が、突然海に落っこちてできたのですから、半島だ岬だといってもつまりは山です。高さはみんな何十メートルか何百メートルで、その山裾は、いたるところ断崖です。しかもわたしの歩いた宮古から南の中・南部三陸海岸は、日本最大のリアス式海岸で、小さな半島や岬が一ぱいです。その半島や岬の裾や尾根に、海からわき上った霧がまつわりつき、流れる。海はかくれ、半島や岬の尾根や山腹が霧に見えかくれするようすは、正に深山幽谷です。

もちろんこれらの半島や岬に、スギなどの木が見事に茂っていることが、その感じを強めています。なぜそんなに木が茂っているのか。たとえば、この旅のはじめにちょっと寄り道した北上山地北部の山のなかでは、山に生えているものといえば、赤松などヤセ地に育つものばかりで、なぜ三陸海岸南部には、こんなにスギなどのいい木が育つのか、ふしぎにさえ思いました。

不思議といえば、夢のような話もあります。この三陸海岸の沖に、少くとも明治二十年代には、オットセイの大群が回泳してきていたということです。そのオットセイを追って、遠くカムチャッカからオホーツク海にのりだしていった三陸海岸出身の或る海の男の話を聞いていたときに知ったことです。

ところでこの三陸海岸の旅では、いつもわたしの心のなかに、或る一つの意識というか欲望というか、そういう何かがひっかかり、流れていました。音楽でいうモチーフ（主題）のようなもので、それは、三陸海岸の海と山とを開発してきた人たちの姿と心を知りたいということでした。そしてそれは、何も三陸海岸の旅にかぎったことではなく、常にわたしの心のなかにあるものですが、それをここでは特にはっきりと意識していました。日本は、山国であるとともに海国です。そして三陸海岸は、海と山とが最も強くつながり合い、融け合っているところです。だからここで生き、ここを開発してきた人たちは、ウムも言わされず山と海の両方にかかわりをもってきたのではないか。そしてそういう人たちの心には、ふだんわたしたちの気づかない人生観や自然観があるはずだ。そう思っていたのです。

　旅は、そういうわたし以外の人の人生観や自然観を知り、それを知ることによって、わたし自身のそれを確かめ、ひろげ、深めることができる、いいかえればわたし自身の内面の可能性を無限におしひろげていくための或る体験だと、わたしは思っています。

古く新しい宮古

　わたしが、北上山地の北部から宮古に着いたのは、夜もだいぶおそくでした。細かい雨が降っていて、もう六月というのに身ぶるいがでる寒さでした。盛岡をまわり、国鉄山田線にのりかえてきたのですが、ちょうど盛岡駅では「風鈴まつり」とかで、プラットフォームのあちこちに一ぱい南部鉄の風鈴が下って盛んに鳴っていました。暑ければとても気持ちがいいのでしょうが、寒い日だったのでどうも……。よけい寒くなる感じでした。進むにつれ汽車はガタガタにすいてきました。

　宮古は、わたしにとってははじめての土地でした。一体どういうようすの町なのか見当がつきません。同じ列車にのってきた人たちは、暗い、雨の駅前広場の向うへ、あっという間に散っていきました。改札口の前で、たった一人、旅館の旗をひろげていた番頭さんも、肩をすぼめるようにして雨のなかに消えました。声をかければよかったのですが、とにかく新しい土地では、気のむくままにブラブラ町のようすなどを見て歩いて、しかる後に気のむくままに宿をとるのがわたしのくせです。ヨイショ。リュックを背負いなおして、最後に雨のなかにでました。

　思ったより大きい町です。一筋、二筋、長い商店街があります。銀行、バー、飲食店、映画館……。

　はてな？　宮古は、三陸海岸でも指折りの漁港だということだったけれど、ちっとも海や魚の気配やにおいがない。十分、二十分……、とうとうあきらめて駅前へ引返しました。

　翌朝は快晴。そして宮古は、ガラッとその表情を変えました。昨夜、あんなに寂しかった駅前には、びっくりするほど大ぜい人がでて、右往左往しているんです。そしてその大ぜいの人が、バス・ターミナルになっている駅前から次々にバスでどこかへ行く。宮古の海岸部にある浄土ヶ浜や蛸ノ浜、魹《とど》ヶ崎灯台、あるいは月山などの行楽地や、遠くの岩泉町の竜泉洞などに遊びに行くくらし

大小の漁船が並ぶ宮古漁港。宮古市

いのです。

それにしてもこんなに大ぜいの人はどこからでてきたんだろう。そうだ、役場へ行って聞いてみようと思ったとたんに、今日は日曜日だということに気がつきました。

役場はあきらめて、魹ヶ崎灯台のある重茂《おもえ》半島の重茂という部落におられるという阿部開次郎さんに電話をしたら、ぜんぜん電話口に人がでない。阿部さんのことは、北上山地北部の人から聞いてぜひお逢いしたいと思っていたのです。その人の話では、宮古から南の海岸部には、漁業協同組合の指導者であるとともに森林組合の指導者である人が多い。海と山の両方で活躍しているサムライが多いというのです。阿部さんもその一人でした。

阿部開次郎氏

阿部さんがダメ、役場がダメ。わたしは少々がっかりしました。それで浄土ヶ浜へ行くバスにのりました。

折れまがった町なかの道をぬけて海辺にでました。海辺といってもまだ宮古湾内なのですが、ここでやっと漁港らしい宮古の姿が見られました。大きな魚市場の建物や、へさきを並べた漁船の群れが見えるからです。ああ、後であそこへ行ってみようなど思っているうちに、予想しなかったものにぶっつかりました。大きな工場と、そこへ入る引込線の長い貨車の列です。まさかそんなものがあるとは、わたしは予想していませんでした。

宮古に、第二次大戦前から、耐火レンガ、肥料、金属工業の工場があることを知ったのは後になってからです。三陸海岸の工業というと、すぐ釜石製鉄所のある釜石市が頭に浮びますが、それ以外は一般にほとんど知られていないように思いますし、わたしが、大船渡《おおふなと》に大きなセメント工場があるのを、実感をもって知ったのも、実際に大船渡へ行ってからです。事前にあまり資料も見ず、行き当りばったりに歩いているので、こんなことがよくあります。

ノロノロと動く長い貨車の列の通りすぎるのをながめながら、わたしは、今朝駅前で最初に感じた宮古の活気の理由が、何かわかったような気がしました。宮古は、江戸時代には代官所のあった町。古く、また新しい町なのです。深い湾入と、三陸海岸の中央部という位置的重要さが、そうさせているのでしょう。

岩

駅前をでて約二十分で、バスは浄土ヶ浜につきます。バスを下り、わたしはしばらくぼんやりとつっ立っていました。美しい真白な砂浜が、赤松の茂る山を背負いながらゆるやかな弧をえがき、その向って左端から前面の海にかけて、大小さまざまな白い三角形の岩がつらなりそびえています。そのかたちといい、まばゆい陽光を照りかえした岩肌といい、何とも異様な岩の群れなのです。太平洋の荒波に削られた石英粗面岩。

この奇怪な岩の群れと白砂の浜の間に、そう広くはないが静かな、深いあおさをたたえた水面がひろがっています。水が透きとおっていて、浜に立っていても、だいぶ先まで底の白砂が見えます。浜のうしろに並んでいる売店の人の話では、夏はこの白浜と水面が大ぜいの海水浴客でにぎわうそうですが、とにかく下北の仏ヶ浦にはない優しさと親しさを備えた世界なのです。

浄土ヶ浜から船がでます。北方の田老《たろう》、真崎へ向うものと、浄土ヶ浜附近の無人島めぐりのものです。

船にのるか、引返して重茂半島の方へ行くか迷いました。重茂半島は、三陸海岸にあるたくさんの半島や岬のなかでも一番大きいものです。おそらく重茂半島は重茂半島独自の風物や歴史があるはずです。でも、逢いたい人と連絡がつかなかったショックは、わたしの足を鈍らせました。旅先の神経なんて、案外もろいものです。

北の真崎行きの船にのりました。今回の予定ではない北部三陸海岸に少しでも近づいてみたくなったからです。

真崎までは約一時間十分。浄土ヶ浜の次の湾入である蛸ノ浜の小さな白砂の浜をのぞいては、ずっと断崖地帯です。途中の崎山海岸では、それまでの

三陸海岸ではさまざまな形の岩が見られる。

断崖とは異質な岩脈があらわれ、その足元にいくつもの海食洞を見せながら海中にそびえています。またその前には、こつ然とあらわれた数十、百のウミネコの群れが、船の後尾にまつわり飛び、いつまでも見あきさせません。

三陸海岸には、この宮古附近以外にも、それぞれの特徴やニュアンスをもった断崖がいたるところにあります。ところが、おかしなことに三陸海岸でそれを年中海から見せてくれるのは、宮古と、宮古の南の山田町から船越への船便だけです。

海の村

真崎の船付場で、漁師の人たちと立ち話をしました。ほんの一時間半かそこらの立ち話が、どれだけわたしを興奮させたことか。

北海道の海から宮古湾の奥の津軽石の川や、釜石の少し北にある大槌《おおづち》川辺りをめざして下ってくるサケの大群を、ここら辺りの人は海でとること。昔は長さ二間ぐらいの小さい松の丸木造りの磯舟があったことを今の五十代の人が記憶していること。足元が断崖になっている小さな海岸段丘の上に、戸数わずか四、五戸から十数戸の小さな六つの部落があり、それぞれが愛宕神社、沼野大明神、厳島神社、というような異ったお宮さんをもっていること。一軒一軒の家が、小石を集めて土を少し高くしただけのふるい墓地をもっていること。あるいは尾張といい、あるいは紀州という先祖出身地のこと。義経伝説、海賊伝説。漁師でありながら、きちんと地割りをした山をもち、盛んに杉を植えていること。等々、次から次から話がでてくる。そしてそれが、まるで意地悪いクモの糸のように、何とかすじみち立ててここの人たちの歴史を理解しようとねがうわたしの頭をこんぐらがらせてしまうのです。

あまり話がはずむので、小さな雑魚を釣って遊んでいた子供たちまで集まってくる始末でした。海からぼんやり見ていた断崖の上の、人が住んでいるともみえない場所にも、小さな部落がいくつもあり、それぞれがそれぞれの長い歴史をもち、からみあい息づいている……。これからたどる三陸海岸のおびただしい湾入や半島が、途方もない化け物のように思えてくるのです。

トンネルと入江

真崎から宮古へバスで引き返したわたしは、すぐに山田線の列車にのりこみ、一気に釜石まで走りました。時間にして一時間半。車窓からの眺めが実におもしろい一時間半です。

宮古湾の奥、津軽石のあたりでまずハッとしました。屋根に石を置き並べた板屋根の民家が、忽然とあらわれてきたのです。それが一つや二つではありません。宮古はもちろん真崎でも、真崎から帰途の田老でも見かけなかったので、何かふしぎな感じです。津軽石は、南部鼻まがりの名で知られたサケの産地だといいます。その津軽石に、かつてはうんと一般にあったはずの、漁村風の石屋根の家がのこっているのはなぜでしょうか。

心ののこる重茂半島の山裾あたりから、トンネルがでてきて、釜石まで次々とあらわれます。そしてトンネルを出れば湾が見え、トンネルに入り、また湾が見えるという風に、トンネルと湾との交替がつづきます。

大小の島を浮かべた山田湾には、養殖ノリの竹が林立し、養殖カキの筏が黒々と浮かんでいます。海の十和田湖といわれるだけあって、実に優しく美しいながめです。

海に注ぐ川の川口附近では石を置いた小さな浜小屋が並び、おもしろい感じです。吉里吉里《きりきり》、大槌、鵜住居《うのすまい》、両石《りょういし》、釜石。それぞれの駅が、それぞれのたたずまいと眺めをもちながら、次々にトンネルの向うにあらわれてきます。

変った名前

釜石の駅につくと、わたしは早速駅前の電話ボックスにとびこみました。重茂の阿部さんと同じように、海と山とで活躍しているという佐々木末松さんのところへです。ところがこの人は御病気でダメ。つづいて水上輝久という人のところへかけたが旅行中とかでダメ。

いやもううんざりして、しばらく駅前にぼんやりしていました。目の前には釜石製鉄所の巨大な六本煙突がつったっています。その赤茶けたような先端部を眺めながら、いよいよ気が沈んできました。煙突の彼方の空も暮れようとしています。いっそのこと釜石を飛ばして、南へ行くか。遠野に行くか。民俗学のふるさとといわれる遠野に決めました。ただし一晩とまるだけ。遠野はまたいずれの機会に、ゆっくりと見聞することにしよう。そう思いながら、遠野方面への山田線の列車にのりこんだことでした。

翌朝午前七時少し前の列車で釜石へ引返してきました。遠野から陸前高田へ、山のなかをぬけるバス便もあったのですが、それでは釜石から三陸町、大船渡という海岸線のバス路線をとばすことになります。それがどれだけ長い、くたびれるバス路かということも何も知らないままに、とにかくそれをたどることにしました。

釜石の役場から図書館へ。そこで昆《こん》さんという変った名の人に逢いました。

三陸地方には金《きん》とか昆、金野《きんの》、金野《こんの》という名前の人がたくさんいます。そしてこれらの名は、日本ではじめて金が発見されたのが東北地方で、それにちなんでつけられたものだといわれています。金という姓になるまでは阿部であったということが大船渡の長安寺の伝えなどでいわれています。阿部氏は東北の古い豪族です。

ついでに姓のことでいうと、葛西、三浦、千葉などという鎌倉時代に東北へ派遣された関東の武士団の姓もずいぶんのこっています。

さて、その昆さんから、製鉄所の町だけではない釜石の姿を、いろいろ教えてもらいました。

ことに私が興味をひかれたのは、現在の市街地の南につきでている唐丹《とうに》半島のほぼ東西に走る分水領が、旧南部藩と仙台藩の藩境だったということです。半島のつけ根あたりにある石塚峠には、その標式がある。ははあ、じゃあ写真にでも撮りたいですね。いや、字も何も書いてない小さな木杭と、それをかこむように幾つかの小さな浜石が草の中にあるだけで、写真に撮っても何だかわ

マスを箱詰めにする。宮古市・魚市場

からないだろう。第一そこまで行く時間があるかい。が、そこまで上るつもりでした。環境、雰囲気を知りたかったのです。そしてできれば、話に聞く三閉伊《さんへい》地方の大百姓一揆当時のことを想いえがいてみたかったのです。

一揆

　嘉永六年（一八五三）五月、南部領の三閉伊地方の領民ら一万六千余人、大挙して仙台領へ越訴、逃散を開始。宮古の北方にある北閉伊郡田野畑（現下閉伊郡田野畑村）を出発点にして、仙台領の唐丹村を目指した。そして石塚峠の西方に当る篠倉山の間道づたいに、約半数の八千五百余人が仙台領へ越えた。うちつづく凶作、飢饉と、南部藩の圧政に耐えかねた百姓、漁師たちが、仙台藩へ逃げこんだ上で、新税や増税廃止など何項目かのわれわれの要求がうけいれられないようだったら、三閉伊地方一帯を幕府領ないしは仙台領にしてもらいたい。さもないと帰らないと訴えた。南部藩の足元を根底からゆさぶったこの大事件は、結局一揆側が見事に勝ったが、その成功の基礎には、一人の先駆者の非常な努力があった。田野畑村の弥五兵衛という人で、彼は十七年かかって、南部領の全域を遊説してまわったのだった……。

　この弥五兵衛に応じて立上った指導者の一人に南閉伊郡栗林村の三浦命助という人がいるのですが、栗林村は現在の釜石市北部の山のなかで、そこに命助の碑があるそうです。

　東北の歴史はまた飢饉や冷害とのたたかいの歴史でした。ただ三陸の海岸部は山地部とちがって、ワカメ、アワビあるいはサケなど海のものの豊庫だったために、比較的くらしがたてやすかったようです。だからこそ古くからいろいろな経路で人が住みつき、おびただしい半島や岬のかげで、ひそかな暮しをつづけてきていました。山地部のように悲惨な話は伝わっていません。その海岸部のものをも山地部の人と一緒に一揆に立ち上がらせたというのは、よほど南部藩のやり方が苛酷だったのではないでしょうか。

元禄一四年（一七〇一）宮古と釜石に、海産物と海防の監視役として海辺大奉行所が設けられていますし、釜石には海産物の徴税事務所である拾分一役所も設けられています。これらが中心になって漁民たちから厳しく年貢をとりたてたのです。三陸海岸のアワビは長崎俵物として支那に輸出され、南部藩の重要な財源でした。

海神と山神

石塚峠へ上りたいというわたしの気持ちは、昆さんと話しているうちに変ってきました。釜石市街の東北地方にある箱崎半島の仮宿《かりやど》部落へ行こうという気持ちになってきたのです。きっかけは祭りの話でした。

現在釜石市では、十月十六日の前後一週間、「釜石まつり」をやっています。これは釜石製鉄所の氏神といっている山神《さんじん》さんの祭り（十月十六日）と、漁師の人たちの信仰を受けている釜石港東南の尾崎《おさき》岬にある尾崎神社の祭り（十月二十七、八、九日）とを一緒にした新しい祭りで、十月十八日には、満艦飾の漁船数十艘をつらねた神輿《みこし》の船渡御《ふなとぎょ》（曳船祭り）があります。

山の神と海の神を一緒にするなんて、まるで海彦山彦のでてくる神話時代の話のようでおもしろい。それはともかく、三陸海岸にはここの他にいくつか「おさき神社」があって大船渡のものも尾崎、他は御崎と書かれています。みんな海に関係のある神さまです。

一体誰が、いつごろまつるようになったのか。多分、金とか葛西とかという姓のある人たちとはちがった無名の海の民たちでしょう。それも非常に古い時代からであったことは、尾崎神社には源為朝の三男閉伊三郎頼基がまつってあるという伝えがあったり、それよりも気仙沼の東の唐桑《からくわ》半島にある御崎さん（御崎明神、現在の日高見神社）の祭神が、日本武尊《やまとたけるのみこと》、素戔嗚尊《すさのおのみこと》、そして大海《おおわた》津見神《つみのかみ》だということにはっきりでています。大海津見神は古代の海の民が奉じて活動していた神さまです。

山の神と海の神が一緒になった新しい釜石まつりはどんなようすか見たいな、などと思っていると、どこかですぐにでも祭りを見たくなりました。

すると昆さんが、それなら今日、仮宿部落で、三貫島《さんがんじま》神社の祭りをやっているという。じゃあ早速行こうということで仮宿へ出かけました。昆さんにはまだいろいろ聞いたのですが、それはまたいつかお話しします。

見のがした海の祭り

釜石市街からタクシーで約四、五十分。地図ではほんのちょっとした出っぱりのような箱崎半島のひどい山道を走りました。「ほんとに部落まで行けますかね」釜石市内の運転手さんがそんな調子のところでした。

断崖のかげにひっそりたたずむ、戸数16戸の仮宿部落。祭りの日で浜にあげた小さな漁船の大漁旗がはためいている。
撮影・姫田忠義

仮宿は戸数十六戸。山が海に落ちこむ傾斜面に、家が肩をよせあい、やや高いところに小さな神社があります。仮宿の人は弁天さまと呼んでいて、奥宮が三貫島にあります。三貫島は、仮宿から半島の先端の方へ一峠越えた大仮宿という定置網の番屋だけしかない浜の目の前にある無人島です。タブの木などが繁茂し、天然記念物のオオミズナギドリ、ヒメクロウミツバメのほか何十種類かの野鳥が繁殖しているといいます。そしてこの島附近は、三陸海岸の中でも指折りの漁場として、特に釜石、両石、箱崎辺りの漁民の昔からの稼ぎ場所になっています。おそらくその人たちが建てたのでしょう。天明五年（一七八七）四月建立《こんりゅう》の弁天《べんてん》さまの祠があるそうです。

ところでわたしが仮宿の弁天さまにかけつけたときは、もう祭りは終っていました。後片付けのおばさんがいたので声をかけたら、三貫島へは朝早く男たちが船で詣ってきて、ここでの行事も終ったという返事です。また行事といっても、鵜住《うのすま》居《い》から神主ならぬ信徒さんがきて祈祷してくれ、男たちが酒を飲むだけだといいます。

専門の神主がいないのはどうしてだろう。大昔はどこでもそんな人はいなかったのだから、その古風さが残っているのかな。ところでここはどんな海の稼ぎがありますかと聞いたら、養殖ワカメ、天然ワカメ、ウニ、天然コンブ、アワビその他岩ノリ、マツボ、フノリ、テングサ、ツノマタ、イカなどで稼いでいるといいます。その他いろいろ聞いていると、あんた何しにきたといぶかしげです。祭りを見にきたことと、昆さんの弟嫁がここの「おおや」という屋号の家の娘さんで、今日は夫婦そろって帰ってきているそうだから、その人たちに挨拶してから旅館のある箱崎白浜へ山越えしたい。そう答えたら、ああ、「おおや」はわしの家だ、おいで、ということになりました。

そのまま家までついていって、「おおや」の若主人や、昆さんの弟さん夫婦、村の若衆などと、この家におしらさまがある、この部落には三つあるなどとワイワイやっていたら、明日はワカメの口明けだという話。そりゃあ見たいなあ、というと即座に、今夜はここに泊まれ、明日は朝三時起きだからという。お言葉に甘えて泊めてもらうことにしました。

なお、仮宿には一月十六日の小正月に、部落の人総出の「ものまね」行事があるそうです。これは栗の木と紙でつくったスルメ（イカの一種）の模型を本物のスルメ竿につけ、それを家々の主人がもって、船上げ場のそれぞれの家の船の上で、かけ声勇ましくスルメ釣りのマネをするのだといいます。その年の豊漁を祈る予祝行事ですが、これは、釜石市の海岸部一帯にあるようで、三陸海岸一帯にもあるのかもしれません。「ものまね」がおわると、一同そろって三貫島の前で「御祝《ごゆわい》」を謡うのだそうです。

ワカメ採り

翌朝。遠いかん高い女の呼び声で目をさましたら、もうみんな前の海へ舟を出してしまっていました。

浜から見たり、舟を見下す断崖の上まで行ったりしながらたっぷり四時間みんなの作業を見ました。「おおや」さんの船は、お母さんと、若主人と、妹さん。女二人は前後で櫓櫂を操り、若主人は箱目鏡で海中をのぞいては、長さ六メートルぐらいの柄のついた鎌でワカメを刈る。昨夜祝い酒でシタタカ酔ったはずの若主人が、猛烈な勢いで刈る。いくら波が静かで、熟練した刈り手でも、四時間も箱眼鏡をのぞきつづけると軽い船酔いになるというのに、まったくすごい勢いです。「なあに。酔っていても何しても、生活がかかっているからな」昨夜若主人の言った言葉が、何度も思いだされたことでした。

湾入が小さく、浜の狭い仮宿では、刈上げたワカメの干し場が少ない。そこで、湾入のなかの岩場でも断崖の上でも、ワカメをひろげられるところは余さず利用します。それでも足りなくて、「おおや」さんをふくめた七、八軒の人たちは、大仮宿の浜まで干しに行きました。三陸海岸のワカメは細型でやわらかく、抜群にかおりがいいと言います。

「おおや」さんを追って大仮宿まで行き、その足で山

海岸の岩に並べ干したワカメを取りこむ。三陸町千歳

をこえて箱崎白浜へでました。仮宿とは比較にならないほど広い湾があり、半分は白砂の浜、半分は比較的大きいイカ釣り船などが並んだ漁港になっていました。ここも口明けで、百人以上の人が盛んにワカメの水上げをしていました。ひっそりとやっていた仮宿とちがって、そのにぎやかなこと。アイスキャンデーなど食べ食べやっています。またここではすぐに塩にして漁協の冷蔵庫に運んでいます。それだけの設備はもちろん仮宿にはありません。山一つ越えただけの同じ半島のなかの二つの部落が、こんなにもちがうものかとびっくりします。

ただ、家々の屋根は破風をつけた瓦葺きで、構えが立派なものが多いのは仮宿も同じでした。三陸海岸の漁師の家は大体そうです。その点海は平等に人をうるおしてくれているのがわかります。

三陸町

白浜から大槌へ船で渡って釜石へもどり、釜石から三陸町そして大船渡へとバスで走りました。国立公園に指定されている釜石以南の三陸海岸で、現在この間だけが鉄道が切れていて、海岸ぞいに国道四五号線が走ります。曲りくねったひどい道で、釜石から約二時間半、三陸町についたときは、胸がムカムカしていました。ただし、三陸海岸の霧のすばらしさを知ったのはこのコースでした。

三陸町には宮古や釜石のように、歴史的にも町の軸になってきたような中心地がありません。昭和三十一年、旧吉浜村と越喜来《おきらい》村、綾里《りょうり》村、とほぼ同じ力をもった三つの村が合併してできたのですから仕方がありません。だからどこでバスを下りようかと迷いました。水上《みずがみ》助三郎という傑出した海の男が出た旧吉浜村の千歳《せんざい》部落にしようかとも思いましたが、やはりまず現在の町役場の所在地である浦浜で下りました。

わたしはここではじめて海に流れる川の高い河岸段丘の上に人家や畑があるのを見ました。今でこそ河岸段丘を見上げるかたちで海辺からだいぶ奥まで平地があり、水田や人家が展開していますが、おそらく昔はこんな平地はなかったでしょう。河岸段丘上の家並みや畑のようすでそのことがわかります。

三陸町役場に向ったときのわたしは、まず水上助三郎のことだけ見聞きできればいいぐらいに思っていました。助三郎の名は、宮古の阿部さんや釜石の佐々木さんと同じように、北上山地北部の人から聞いていたのです。ただし助三郎は故人ですので、遺影をたずねるだけしかできないが、それでもいいと思っていました。ところが予想外なことが起りました。役場の産業課長さんが、ものすごく喜んでくれたのです。近ごろ助三郎のことを訪ねに来てくれた人はない。よく来てくれたというわけです。その人やまわりの人の口ぶりから察すると、どうやら助三郎は過去の人になってしまっていました。

オットセイと海の男

助三郎は元治元年（一八六四）に、吉浜湾に面した戸数わずか二十余戸の千歳部落に生れ、大正十一年に五十九歳で亡くなった人です。彼の生涯については、「水上助三郎伝」（大日本水産会）に詳しく書かれています。明治二十八年から四十四年まで、わずか七十トン、八十トンの木造帆船で千島、カムチャッカ、ベーリング海へのりだし、当時世界中の強国（イギリス、アメリカ、ロシアなど）からのりだしてきた優秀な猟船をむこうにまわして、猛烈にラッコやオットセイ猟をやった人です。そして明治四十四年に日英米露ラッコ、オットセイ保護条約ができると、すぐにそれを止め、今度はメキシコ沿岸の貝漁業にのりだしました。ラッコ、オットセイ猟で稼いだ金をメキシコ漁業開発につぎこんだのです。

今では夢のような話ですが、当時は房総沖から三陸、北海道沖にかけて、毎年オットセイの大群が回泳してきていたといいます。が、当時の人は、ラッコやオットセイを獲ることなど思ってもみません。その代り太平洋を越えてきたイギリスの猟船が、たとえば千歳部落のすぐ目の下の海まで入ってきて盛んに射ちまくっていたといいます。助三郎はそのようすを見て、「日本の国益が荒らされる」と痛憤し、自らはるかな北洋までのりだしていったということです。そしてそれができなくなると、今度はメキシコまでのりだしました。大へんな冒険家であり、事業家だったわけです。

助三郎の活動は、実に幅広く行なわれました。三陸海岸の大きな資源であるアワビの乱獲を憂え、大金を投じて保護にのりだしたり、宮城県の松島湾にカキの養殖場をつくって、今日の三陸海岸養殖事業の先鞭をつけたり、とにかく大へんな活躍です。

が、これらのこととともに、わたしが強く魅かれたの

海を開発した水上助三郎氏

は、彼がそういうスケールの大きい海の男であるとともに、熱烈な山への植林の奨励者でもあったということです。村有林や国有林を解放させ、それを旧吉浜村の各戸にもたせて植林をさせ、必要な金はどんどん自分で出すという具合でした。おかげで同じ三陸町でも、旧吉浜村だけが、それぞれに山をもち、古い杉などが茂っているといいます。

なぜ助三郎は、そんなに植林に熱心だったのか。それは、下北半島の佐井村でも聞いたように、「漁師は、よい木の茂った山をもたなければだめだ」という考えです。事実、助三郎の活動を、たえず後から支えていたのは、水上家のもっていた山の木でした。

米がたくさんできるところであれば、米の力を背景にして発展することができます。たとえば南部藩よりも仙台藩の方が力をもっていた背景には、仙台平野の米がありました。けれど、山が海に落ちこんだ三陸海岸では、米をつくれるところがほとんどありません。

畑がせいぜい。その畑も、千歳部落の近くで見ましたが、まるで岩場のなかに麦が生えているような岩だらけの畑が多い。それに、ワカメやアワビなどをとる磯漁業とちがって、魚相手の漁業は、漁不漁の波がはげしい。三陸町には、日本三大ブリ漁場といわれる小壁《こかべ》漁場など三つの漁場がありますし、ブリ、サンマ、サバ、マグロなどの漁の多いところです。それでもやはり同じなのです。そういう生活の不安を安定させるのは山の木だ。そういう考え方が、いつのころからか、三陸海岸や下北半島のような厳しい海岸地帯の漁師たちの心に、のっぴきならない体験として積み重ねられてきたのでしょう。

千歳部落には、今も助三郎の生家があり、彼の活躍を偲ばせる当時の船の写真や、メキシコから記念に持ちかえった巨大なアワビなどの遺品があります。助三郎が苦しいときにはよく行ったという部落の突端の明神社にも行ってみました。足元は断崖。霧がわいていました。

無菌地帯

昭和四十一年三陸町は、吉浜湾と越喜来湾にはさまれた半島のほとんど根元から先までの約六四〇ヘクタールを、北里大学に六〇〇〇万円で売りました。北里大学は、海洋生物研究所をつくるというのです。三方海にかこまれた無菌地帯だからということでした。

無菌地帯といえば、三陸海岸全体がそうです。ただし

小壁漁場に仕掛けた定置網を曳きあげに行く漁船。三陸町吉浜

漁場に一緒に行ったとして、須藤にも魚の配分があった。三陸町吉浜

俗塵に汚されないという程度の意味ですが、ふだん人の近づかない半島や岬が一ぱいあります。海岸につながる山地帯の方もそうです。それらの地帯全体を総合した広大な無菌地帯を、三陸海岸の人たちの生活の場であるとともに、日本じゅうの人間の清潔ないこいの場にできないものだろうか。どうも今は岩と海を見るだけの観光が多いが、そんなけちなものでない、壮大なスケールを三陸海岸とその山地はもっているはずです。現に、この地方の人たちは、そのように生きているし、生き

てきました。三陸町の隣の大船渡で、今でもつづけられている五の日の市などそのいい例です。

市

大船渡は、漁港であるとともに、大きなセメント工場もある町です。以前は大船渡湾の奥にある盛《さかり》町の方が栄えていて、昔の代官所の所在地でもあり、現在も市役所はこっちの方にあります。毎月五、十、十五、二十、二十五、三十日の市はこの盛町でやっています。

わたしが、この市のことを知ったのは、一晩だけ泊った遠野の旅館で目にした、ここの「市」が、場所の移転を迫られているという新聞記事によってでした。市場の責任者である鈴木さんに逢いに行きました。盛町の大通りに面した鈴木さんの家は、公民館をも兼ね、古風な民家の名残りがあり、たくさんの道具や民具などものこっています。

盛町の市は、もともとは木町ではなく、少し山の方に入った日頃市《ひころいち》というところでやっていたのですが、明治二十九年、三陸海岸一帯が未曾有の津波のために大損害をうけたとき、その救援物資が木町に集められ、それ以来「市」がこっちへ移ってきたということです。三陸海岸における津波被害の歴史は、それはそれだけで語らねばならないほどすさまじいものだったようです。真崎でも、仮宿でもいたるところで聞きました。とにかくふつう時の水位より二十メートルもの高い波がくるというのです。湾口が広く、奥が狭いリアス海岸の地形が特に大きな原因のようです。

それから日頃市には、東北随一といわれる山門や、桃山風の太鼓堂をもつ長安寺など、この辺りの歴史を考えるのに見逃せないもののあるところですが、とにかくその名からして、はるかな時代の山と海の交換交渉をうかがわせます。おそらく昔もそうだったでしょうが、現在の木町の市には、山地帯の遠野から米、その手前の有住《ありす》（住田町）からはカゴ、ウス、陸前高田の竹駒から馬で野菜、米崎から米糀《こうじ》などが集まり、大船渡市や三陸町などの海岸部から魚など海産物が集まります。現在では、お金による売買が主流になってきていますが、昔ながらの物々交換もやっています。

有住は、例の三閉伊大一揆のときに、南部領民たちの逃げこみ場所だったということや、カゴ、ウスなどの製品の供給地であるということ。それから竹駒は、有名な玉山《たまやま》金山のあるところだということなど、ひどく心にひかれます。わたしは、有住へ行きたいと思いました。けれど旅のはじめに日数をかけたので、とうとう行けませんでした。

大船渡は、そのまわりを、五葉山《ごようざん》、今出山、氷上山《ひかみさん》などの山に囲まれています。五葉山（一三五一メートル）は三陸沿岸随一の高山で、サル、シカ、カモシカ、クマなどが棲息し、コメツガの原生林などにおおわれたすぐれた山です。漁師たちは、この山を目当てに操漁し、昔は「五葉かくし」といって、この山が見えなくなる沖まででるのをおそれていたそうです。この山が見えなくなれば、あとは早池峰山《はやちねさん》（一九一七メートル）がのこり、それが消えると、あとは茫々たる太平洋だけです。それ

日東捕鯨の缶詰工場で、三陸の海で獲れた鯨の解体が始まる。山田町大沢

三陸の海で獲った鯨の供養碑。宮城県唐桑町

だけ漁師は大事に思った山ですが、同時に周辺の山中にいる人たちにも大事でした。動物や木が人々の生活の糧になったのです。マタギ、木地屋、あるいは山伏たちの往来が目に見えるようです。

金

　玉山金山のある大船渡の隣の陸前高田は、おそらく三陸海岸のなかでも最も田園的な風景をもったところです。大船渡から通じる有料道路を走ってくると、その沿道に、ビワなどの果樹がよく育っています。そしてこの高田の山地帯に、平泉中尊寺の金色堂をつくる金を産出したという玉山金山跡があります。

盛の市では畑と海の産物の物々交換も行なわれていた。
大船渡市盛

　北上山地特有のなだらかな山のうねりの奥に、その跡地一帯がある。検問所跡、製錬所跡、千人坑、尺八堀坑などの遺跡が、玉山神社を中心に展開している。金売り吉次の屋敷跡だとか、金山下代という役職をもっていた松坂家の屋敷跡などにまじって、木町跡というところがあった。木町というからおそらく金山で必要な木の関係を受け持っていた人たちの故地なのだろうが、伝えによるとこの木町の人たちが金山が衰微した後に、大船渡の盛町に移っていったというのです。現在海辺に住んでいても、もとは山にいた人たちは、この他にも多いはずです。

　奈良の大仏をはじめ、平泉の中尊寺金色堂など、日本における金文化については、今ここで語る余裕はありません。けれどそれらの金文化、殊に江戸時代以前のものを産みだしたのは、現在の気仙沼から陸前高田、大船渡にかけての旧気仙郡の山地帯だったのです。そしてその産金開発の力を背景にして、大船渡の長安寺や、陸前高田の普門寺などすぐれた寺々もうまれてきています。

　現在この旧気仙郡一帯の金山跡は、玉山金山跡をのぞいては、ほとんどおとずれる人もなく、草むし、眠っています。わたしが、山の無菌地帯といったのは、一つにはこういうところなのです。たとえば、現在一般登山者などでにぎわっている五葉山をはじめ、氷上山、今出山など金産出の焦点にもなった山々と、金山遺跡、そしてそれと平泉をつなぐ山の中の村々など、一度はゆっくり

海の方を向いて立つ墓標。宮城県唐桑町

訪ね歩きたいものです。

もちろん北上山中には、金だけではなく、釜石を焦点にした鉄や硫黄などの鉱物資源があります。それらを含め、竹カゴ、ウスなどの生産者の故郷をたずねることなど、思いがけない旅のたのしみを与えてくれるでしょう。

海を見つめる墓標

玉山金山跡へ上る路傍に、一本の木標がありました。「天明飢饉のわらびの根採集跡」。たった一本のこの木標が、今もわたしの胸に焼きついています。

またそれから後、気仙沼を訪れ、その沖にある大島の光明寺に立ちよったとき、もっと生々しいものを見ました。幕末からの過去帳なのですが、そこには明らかに飢饉で死んだ人、或いは海での遭難、津波など、かつて三陸海岸の人を繰返し繰返し襲った災害で死んだ人達の名が見え、そのおびただしさに息をのみました。

また大島のそばの唐桑半島など三陸海岸では、海をみつめて立っているおびただしい墓石の列をよく見ます。大島や唐桑半島は、日本の遠洋漁業の船長や機関長など高級漁船員を輩出しているところですが、それらの墓石の列には三陸海岸の人たちの、海への限りない想いがこめられているようです。

五葉山から大船渡辺りへの海岸線、さらにははるか南方の金華山まで見わたせる大島の亀山山頂で、島内の神社や祠をまわっているお婆さんと中年の女の人に逢いました。その人たちは月に二回ですが、毎日おまいりしている女たちもいます。遠い海へでている男たちの無事を祈っているのです。

津浪・高潮

宮本常一

　三陸の海岸はほぼ中央にある宮古を境にして北と南では景観がずっとかわって来る。南は鋸の歯をおもわせる屈曲の多い海岸、北は段丘のつづくさびしい海岸である。津浪の被害の多い村々はこのさびしい海岸ではなく、南の屈曲の多いリアス式海岸である。

　三陸の津浪のもっとも古い記録は「三代実録」貞観一一（八六九）年五月二六日の項に見えた「陸奥国大地震、家屋倒潰、圧死者多く、津浪は城下にせまって溺死者一〇〇〇人余、資産、苗稼流失す」とあるものだとされている。ここにいう城下は多賀城下のことであろう。その後長い間記録はないが、しかし津浪がなかったと言いきることはできない。

　記録に見える次の大きな被害は慶長一六年（一六一一）年一〇月二八日のもので、『御三代御書上』によると「陸奥国地震後大津浪あり、伊達領内にて男女一七八三人、牛馬八五疋溺死す」とあり、それは伊達藩にかぎらず、その北の南部藩でも相当な被害があったと考えられるが、記録はのこっていない。一つは文字を理解するものがほとんどいなかったことが原因しているかもわからない。しかし、近世に入ってからは次第に記録も多くなり、三〇〇年間に二二回の津浪のあったことを知る。

　そのうち主なものは明治二九（一八九六）年六月一五日、昭和八（一九三三）年三月三日、昭和二七（一九五二）年三月四日、昭和三五（一九六〇）年五月二四日のものであろう。とくに明治二九年と昭和八年の津浪の惨害は大きかった。

　もとより津浪は三陸だけに見られるものではなく、海に面したところではしばしば見られるものであり、その原因は海底地震によるものと、暴風雨によるものとがある。そして一般に津浪という場合には地震によるものを指し、暴風雨による場合は高潮といっている。そして津浪の場合は波長が数百キロもあるものが、海をつたわって押しよせて来る。波高はどれ位であるかわからないが、大洋の中では精々数メートルくらいのものであるから肉眼で見わけのつく程度のものではないと思われる。それが海岸へ近づくにつれて波長が短くなり、浪の高さが大きくなって来る。さらにそこが深い入海になっている場合は波高がより高くせりあげられることになる。明治二九年の三陸津浪のとき綾里《りょうり》湾の奥は大きな被害をうけたが、これは湾がV字形になっていたためで、湾口付近では七〜八メートルであった波高が、湾奥では二〇〜二五メートルに達していたといわれる。しかもこの浪が平水の上におおいかぶさるようになってくるので、海岸へ近づくと磯波がくずれるように迫って来る。

　この津浪のあったのは旧暦五月五日で節句の日であった。夕方から数回地震があった。地震があると津浪が来ると昔からいわれているので、それをおそれて山の方へにげ出していったものもあったが、ちょうど夕飯時分だったので家にいたものが多かった。そしてノーンノーンという不気味な音を海の方にきいたかと思うと、津浪がおしよせて来たのである。地震があって一時間たらずしてからのことであった。人びとが家の中にいたということで被害は言語に絶するほど甚大なものになった。流失戸数六〇四九戸、全潰戸数五三七戸、半潰戸数七七一戸、非住家屋の流失二四七七棟、半潰二九七棟、合計一〇一三一戸に対して、人の方は死者二万一九五三人、負傷者四三九八人という多数にのぼっている。それが全く一瞬のできごとだったのである。海岸にある集落のほとんどが大きな被害を受けたことになる。

　そのことによって村人たちは海岸への居住をできるだけさけて、高いところへ家をつくるようになっていった。また海岸へは松を植えて波を防ぐようにしたところも多い。しかし根本的な対策のたてられたところは少なかった。漁業にしたがうような者はまた次第に海岸近くへ家をたてるようになっていったのである。

　ところが、昭和八年三月三日にこの海岸にまたまた大きな津浪がおそいかかって来た。その真夜中の午前二時一三分に地震があって、三〇分後には津浪が北海道から三陸の海岸一帯をあらっていった。流失倒壊した家屋六五四三戸、浸水四九三三戸で、家屋の被害から見れば明治二九年程度であったが、人の被害の方は死者行方不明が二九五五人、負傷者一〇〇八人で、前回よりもはるかに少なかった。これは前回の教訓がかなりつよく生かされていたためであった。津浪の危険の多いところにたてられた家が比較的少なかったこと、もう一つは地震と同時に高地へ避難したものが多かった。このときもノーンノーンという津浪の押し寄せて来る音をきいた者が多かった。

　昭和八年の津浪によって、人びとは三たびおなじような惨劇をくりかえさないために海岸居住を断念して集落の集団移住をおこなったところがきわめて多かった。海へ出ていくのは不便になるが、危険からのがれるためにはそうするよりほかに方法がなかった。村によっては防潮堤をつくったものも少くない。しかしもっとも多かったのは分散移住である。この海岸をあるいてみると海岸に近い傾斜地に点々として民家の散在しているのを見る。しかしそれがはじめからの姿ではなかった。この地方の海岸の松原も一つの風景をなしており、ことに陸前高田

先端部にまで家や畑のある三陸の入江。これが津浪や高潮の被害を大きくした原因のひとつになった。唐桑半島

津浪や高潮の恐れがあるときにも乱打された鐘。三陸町千歳

市の海岸の松原は見ごとであるが、それらも明治二九年以来津浪対策のために植えられたのである。

昭和八年から二七年を経た三五年五月二四日にはチリ地震の津浪が三陸海岸をおそった。チリ地震は大きなものであるが海の向う側なので、それが大きなえいきょうを与えるものとは誰も信じていなかった。ところが地震があって二〇時間もして、海水が異常なほどひいていった。それがただごとでないことはすぐわかる。津浪が来るのではないかとすぐ高いところへのぼって海を見たものが多かった。その人たちは海の向うから白い波頭のおしよせて来るのを見た。そして避難をいそいで効果をあげたところが多かったが、松島湾や気仙沼湾のようなカキ筏の多く浮んでいるところではいずれもその綱がきれて海岸にうち寄せられたところが多かった。このときは白い波頭ばかりでなく、潮が海底からもりあがるようになっていったという。

三陸のほかに津浪の話をきくのは和歌山、高知県などである。紀伊水道では昭和二三年の南海地震が津浪をともなった。しかしその被害は三陸津浪に比してずっと僅少なものであったが、南海地震は瀬戸内海中東部の地盤沈降をひきおこした。淡路由良の町など満潮時になると、町の半ばは浸水してしまう有様となり、尼崎市なども浸水地区がひろくなり、そのため海岸に防潮堤の築造を必要とするにいたった。

瀬戸内海の防潮堤は室戸台風にともなう高潮の教訓によって生れはじめた。この台風は昭和九年九月一四日室戸岬から大阪湾に入り、京都、福井を経て日本海にぬけたが、その被害のもっとも大きかったのは大阪府であり、その被害は高潮によるものを主とし、学校、工場、家屋、船舶の被災は空前の数字を示した。

昭和三四年九月二六日の伊勢湾台風も高潮をともない、湾奥の新開地を守るための防潮堤はいずれもずたずたに破壊され、人命を失うもの四七二八人、負傷者三万八千人、全壊流出家屋四万余戸をかぞえた。

このような惨害をひきおこすのは海岸居住者の増加と無縁ではあり得ない。しかしこの場合三陸のようにその被害をさけるために高地へ疎開するというわけにはゆかぬ。むしろ海面を埋めたてつゝ海への進出をいよいよ盛にせざるを得ない状況のもとにある。そこでそのためには防潮堤をいよいよ強固なものにせざるを得なくなる。それが三陸における津浪対策と根本からちがうところであり、海岸工業地帯の津浪、高潮のおそれあるところではそれを防ぎ得る防潮堤の築造がはじめられた。

瀬戸内海の島々にはもともと工場の見られないものも多いが、そういう島でも防潮堤の築造がすすんで来て、白砂青松的な風景がいちじるしく姿を消して来た。同時にそういうところでは海水浴も不能になりつつある。

このように津浪、高潮の対策にも地域によって大きな差が見られるとともに、それは地域文化の差を示すものであると考えられる。

東北の春

文・写真　須藤　功

梨の花が咲くころ、堆肥をモッコで運んで畑に入れる。岩手県大迫町大償

雪道をつけるフミダワラで遊ぶ子。秋田県横手市

冬のおとずれ

　まず雪の中の話からはじめよう。東北も山形・秋田・津軽など日本海側は雪がふかい。私が生れ育って十五歳までをすごした横手などはもとは雪の深いところで、一晩の内に一メートル近くも積もることがあった。そんな朝はフミダワラで雪をふむのだが、そのフミダワラの上から雪がはいって来るほどであった。フミダワラというのは米俵を半分に切ったようなもので、これを足にはいて雪をふみかためて道をつける。中にヘトロというわら靴がはいっていて、それに足をかけて雪を小きざみにふみつけてゆくと、そのあとはちょうど象の足あとのようであり、また花模様のようでもある。朝早く雪踏みをすると、学校へゆくころにはまた雪がつもっていることもあった。しかも、そういう朝を毎日のようにくりかえした。そしてその冬が長かった。

　東北の日本海側に本格的に雪が降りはじめるのは十二月になってからである。シベリアからはり出してくる季節風が日本海の湿気を運び、奥羽山脈にぶつかって雪を降らせる。降りはじめはボタボタした雨まじりの重い雪で、傘を持つ手がきつくなる。その雪が細い雪になってとけることのない根雪ができると、雪国の寒い冬のおとずれである。それから三月末まで、野も山も白一色にぬりつぶされる。家の中からは外を行く人も見えず、外に出ないと何日も他人にはあわない。雪穴の中にこもっているような生活になる。

　横手の西にある大森町木の根坂の波宇志別《はうしわけ》神社では、十一月七日に霜月神楽がおこなわれる。巫女《みこ》を中心にして形式化された神楽で、数番の舞が神主の家で夜通しまわれる。その夜、部落の人々は思い思いの供物を持ってきて納め、座敷で一夜をすごす。神楽が終るのは丁度朝日が窓からさしこむころで、夜を明かした人々の目にはまぶしい。神楽のあとかたづけをすますとその場で祝言がはじまる。神主夫婦が上座にすわり、神楽にたずさわった神職が両側の膳につく。村人や見学者なども下の膳につくと、三三九度がおこなわれ、やがてはりのある声で高砂などのめでたい唄がうたわれる。神主夫婦が新たな契を結ぶもので、毎年繰返される。それはまつりの一つの式で、現実の生活とは別のものだが、部落の人達には、めでたい式とはうらはらに、何か心がさみしい。まつり

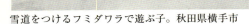

がおわると男たちは出稼ぎに出る。正月に一度帰る人もあれば、そのまま三月まで帰らない人もいる。かといって悲壮ではない。「今度一緒にのむのは正月だナ」「んだナ」といいながら、とにかく宴はにぎやかになる。

男たちが出稼ぎに行くため、この部落ではまつりまで

雪に埋もれた須藤の生家。秋田県横手市

に雪囲いをする。家を雪害から防ぐために囲いをするのである。秋の取入が済んで雪囲いができると、もう冬はいつきてもいい。薪は春から夏にかけて準備されてしまう。土間にはつけ物の桶が幾本か並ぶ。

つけ物を秋田あたりでは〝ガッコ〟という。雪国といわず、東北の人ならつけ物は大好物である。一冬をすご

茅束《かやたば》で雪囲いをした家。秋田県西木村

すためにその種類も多い。そしていずれも塩からくつける。たべて歯ごたえのあるのはナタヅケだろうか。大根をナタでぶつ切りにして、こうじやなんばんなどでつけるのである。冬の朝、だされたナタヅケは氷のようにつめたく、あたたかなメシとはちあわせでは歯にしみる。だがうまい。

戦後もなお二、三年つづいた横手の若勢《わかぜ》市は、十二月二十五日が交替の日であった。市に立つのは横手の東の山内《さんない》地方の若者たちで、二男三男が多かった。秋の彼岸からその日までやとう短期間の若勢を〝秋しずく〟あるいはただ〝若勢〟といった。決して身を売るなどといったようなものではなく、いわゆる他人のメシを食うというような修養の意味があった。やとった家のアンツァ（主人）が若勢の家に御礼に行ったら、家が大きく立派なので、ほうほうの体で帰ったという話も残っている。

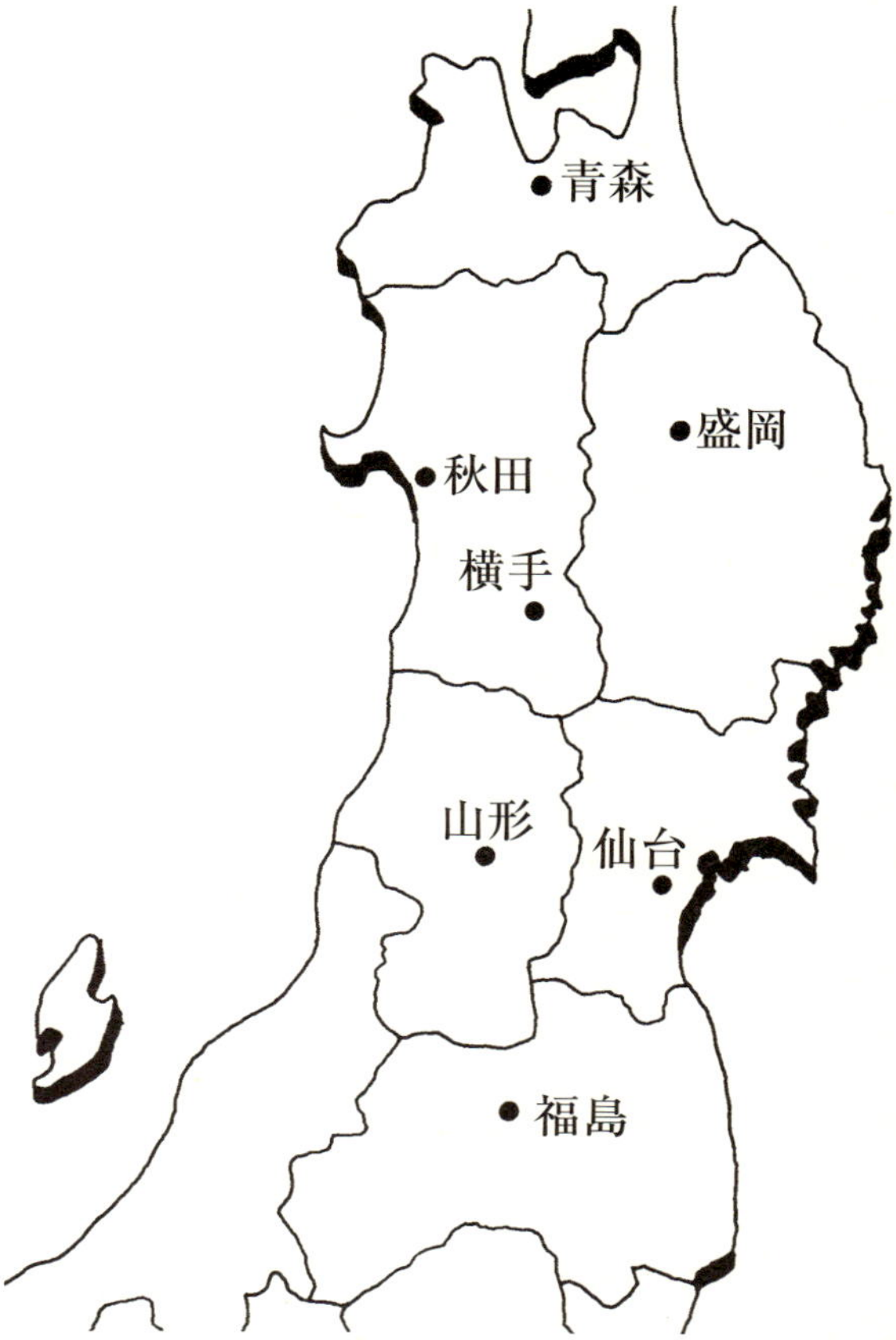

東北地方略図

冬の子ども

雪国が一番寒いのは雪の降りはじめのころである。つもってしまうとさして寒さも感じなくなる。からだが気候になれるからだろう。もっとも吹雪の日はかなわない。一寸先が見えないどころか、道さえなくなってしまう。学校から帰る子どもたちが後向きに進んでくる。前向きで歩くと、顔中雪だらけになって目をあけていられないどころか、呼吸さえ苦しくなる。時には木の上の雪がドサドサッと落ちてくる。

吹雪の日とはうって変って、晴れた日の新雪は美しい。結晶まで見えそうな新雪に陽があたると、きらきらと光ってまばゆい。そんな日は子どもの天国である。スキーをはいて滑りまわるのである。今のように上等なスキー靴や金具のなかったころには、長靴でスキー

初雪のころに降る大きな雪。黒いマントを着て買物。秋田県横手市

をはいた。長靴だと転ぶと雪がはいってしまうため、ズボンを長靴の上にする。すると、ズボンのすそに雪がついていて少しずつ溶け、夕方家に帰るころにはシガッコ（ツララ）になっていた。遊んでいるときには夢中で寒さも感じなかったのに、家に帰りつくと急に手がこごえ、スキーをぬぐのももどかしい。

今はあまり見かけなくなっているが、スキーのほかに竹すべり、下駄スケート、竹スケートなどがあった。竹スケートは、太い竹を二つに割って先をけずり、焼火箸で穴をあけて鼻緒をつける。足袋をはいて竹スケートをはく子もいたが、濡れるとかえって冷たいといって、素足ではく子もいた。雪になれてしまうと、さして冷たさも感じなくなるのである。横手裁判所の坂はそうして滑り遊ぶ格好の場所であった。ひところ町じゅうの子どもたちがきたのではないかと思うほど、にぎわいを見せたことがある。やがてスキー場ができ、車の往来がひんぱんになるにつれて、そこで滑る子どもはいなくなった。二年ほど前、その坂道はけずられて、もう滑れなくなった。両側をうめていた桜の古木も半分ほど伐り倒された。道を広げるためにやむをえなかったのだという。

雪国の生活の中で、なんといっても楽しいのはまつり

木枝にのった雪がときおりドサッと落ちる。秋田県横手市

裁判所の坂は遊び場だった。提供・横手市役所

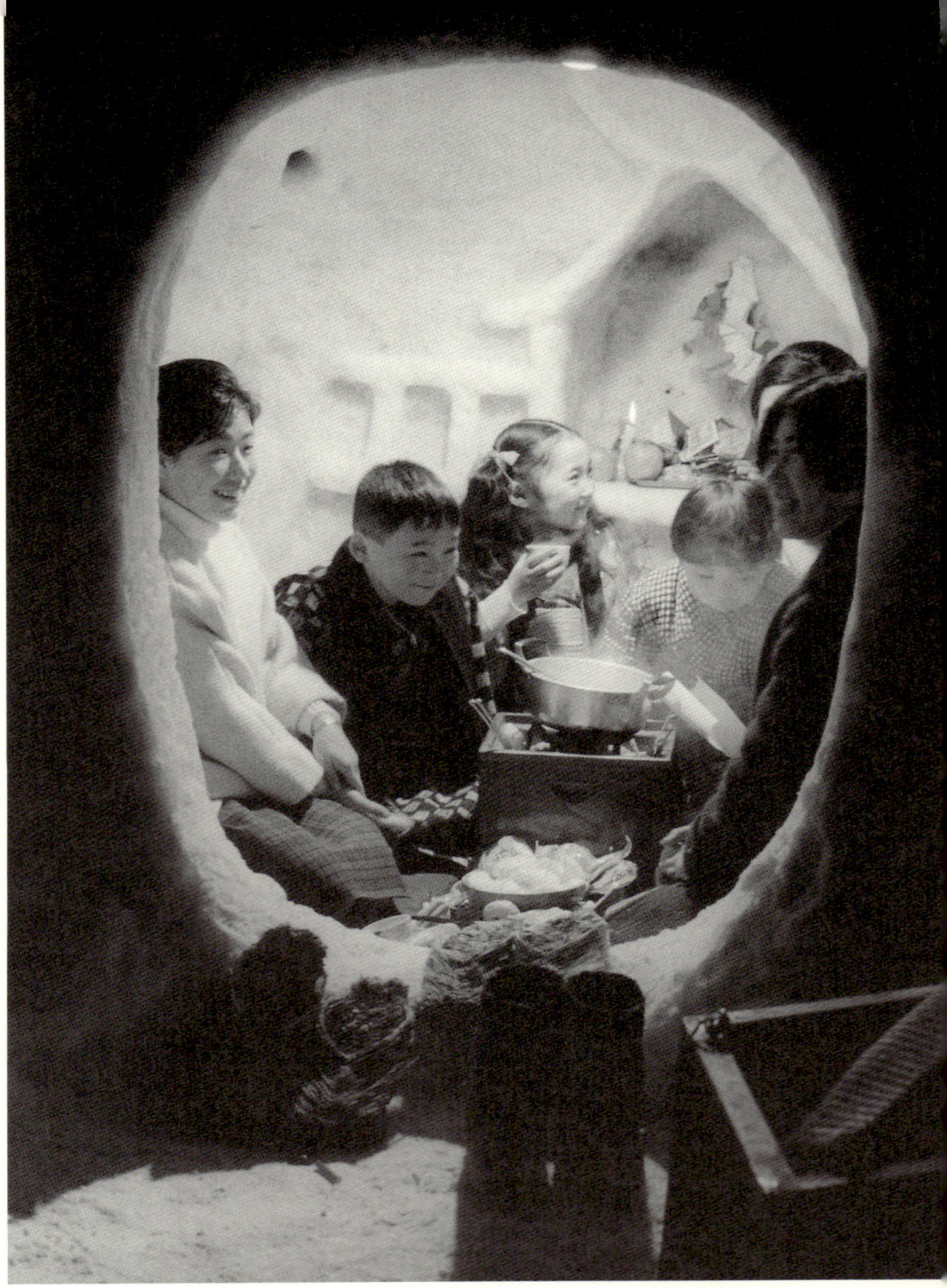

子どもたちが、水神を祀った雪洞で過ごすかまくら。秋田県横手市

のときである。横手のかまくらなどもう観光行事の一つで、間違っても子どもの行事などとはいえなくなってしまった。そうなる以前は楽しいものであった。昔は旧一月十五日の夜にかまくらをやった。晴れた夜ならまん丸の月がこうこうと照り、雪女が出そうな青白い雪原の向こうに、かなり遠くの山がハッキリと見えた。そして、雪明りの道を行きかうはなやいだ子どもたちの足音がきこえた。あちこちのかまくらを遊びまわるのである。その夜ばかりは子どもが主役で、かまくらの中にまつってある水神様を拝みにくる親たちに、生意気な口をきいて苦笑させる。もっとも、さいせんをもっと上げよとねだるあたりは、常と少しも変らぬ子どもであった。なによりも楽しかったのは、水神様に上がったさいせんを分けるときである。大抵、仲の良い友達と組んで一つのかまくらをつくるのであるが、互いの妹や弟に兄貴づらをふかせ、お前は小さいからこれだけ、お前はこれでがまんしろなどといって分けてやるのである。

　最近のかまくらでは、もうそんなこともあるまい。すっかり見世物になってしまった。その見せる方法が気にくわないのである。なによりも大きな変化は、観光用以外のかまくらをやらなくなってしまったことである。しかも観光用のかまくらを見に行く人はふえた。土地のかなりの有識者でさえ、雪をうまく利用していることをほこっているが、そのために失われた子どもの世界のことは考えようともしない。

春をまつ心

　最近は降る雪が少なくなっているらしい。立小便をすると、黄色い穴がすぐ土にとどくという。気候の変化なのだろうか。

雪のノンノン降る大雪の年は、五、六回も屋根の雪おろしをした。雪が軒下までつもるというのは、降ってつもるのではなく、屋根からおろされた雪がつみあげられるのである。一階がふさがり、二階の窓から出入りしたという年もあったのである。

雪のシンシン降る夜は実に静かである。それこそ、針がつきささる音まで聞えそうである。ときには屋根に雪がつもりすぎて、ギーギーと家がきしむことがある。雪国の古い家は太い柱を使っているから、つぶれることはないと思っても、何か気味が悪い。雪国の家が大きいのは、大家族あるいは作業場ということも含め、雪の重さに耐えるだけの大きさを必要としたからではないだろうか。それは茅葺《かやぶき》屋根の茅の重量とも関係あることで、当然柱も太くなったのではないだろうか。そして、そんな大きな家を建てるだけの、村人同士の助け合いがあったのだろう。

少し前まで、農家は冬の仕事が多かった。おもにワラ仕事であった。ミノやワラジ、またブドウ皮の籠などで、いずれも田畑の仕事に使うものである。一つ一つ丹念に、そして頑丈に編んだ。いたみやすいところにはボロ布などを使うのであるが、無意識のうちに使った色とりどりの布が、単調なミノに美しい模様をそえることになった。民芸品などという売るために作られたものと違って、実用品はガッチリとしていてずっと良い。

戦時中の雪像「鬼畜米英」。戦後の「出稼ぎ」。秋田県横手市

ワラ仕事をする男たちのそばで、女たちは野良着などのつくろいをした。三沢の小川原湖民俗博物館に集められている〈さしこ〉を見ると、もくもくと布に糸を刺しつづけた女の気持が伝わってくる。糸刺しをするそ

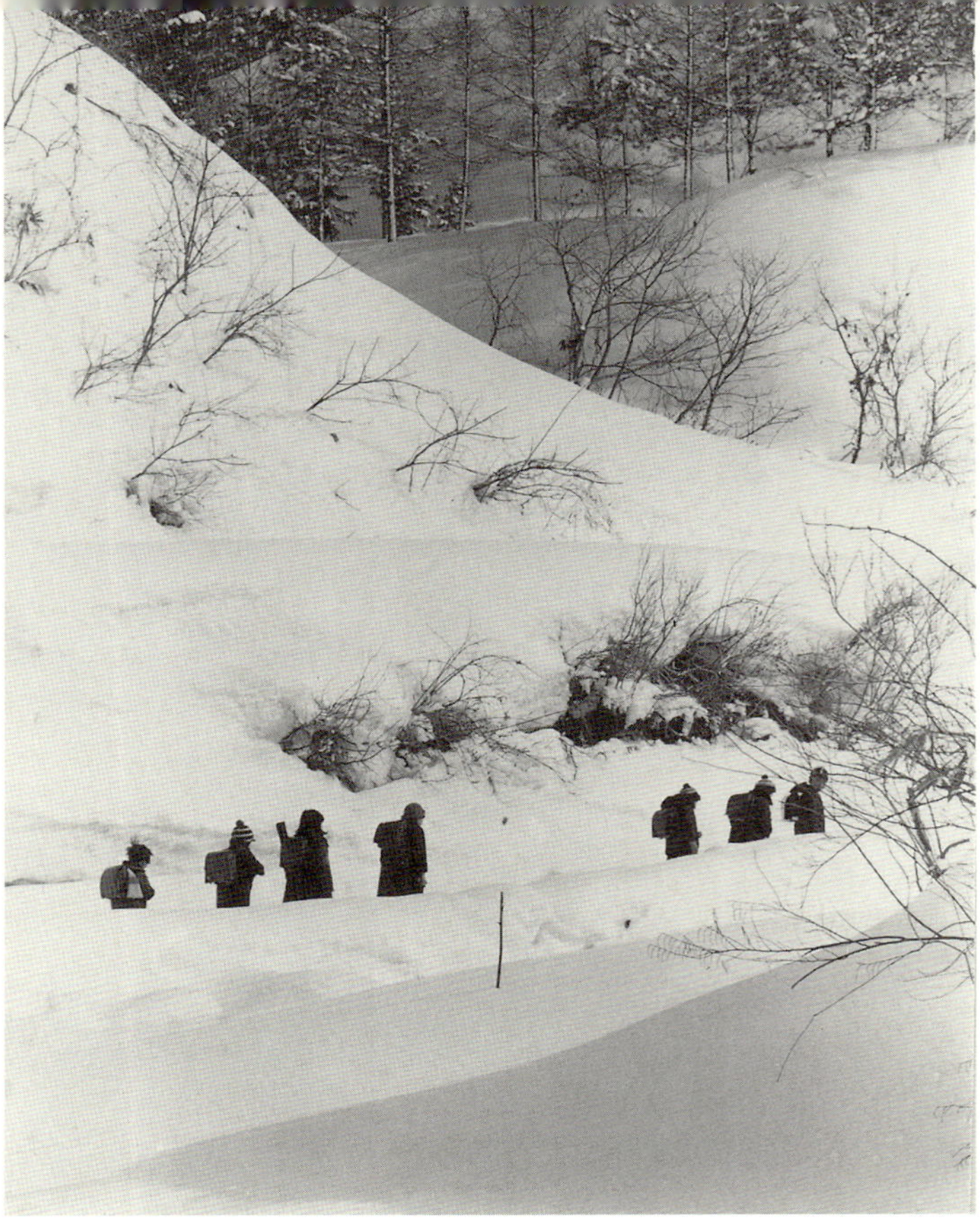

雪の山道を行く小学生。秋田県山内村

雪道で活躍した箱ゾリ。秋田県横手市

薪割り。福島県下郷町大内

山兎の毛皮を伸ばし干す。秋田県西木村

の手は決して美しい手ではなく、土にまみれた赤ぎれだらけの手であったろうが、その色あざやかな模様の中に、やがてくる春への気持がこめられ、また着物への愛情が秘められている。それはまた、東北人のねばりの強さをも語っているのかもしれない。長い冬をじっとこらえて春を待つ。それはただ待つより仕方ないのである。東北人が鈍重に見えるのは、あせってはいけない長い冬があったからだろう。無口、無表情なのは、表情を表わすのさえおっくうな寒さ、というと飛躍になるが、それは多分に東北人の心の問題も含まれている。

農家の冬仕事は今ではほとんどなくなってしまった。そのため男たちは秋の刈入れがすむと出稼ぎにでてゆく。その方が収入も多くなる。西南日本では江戸時代から盛んであった出稼ぎが、東北ではワラ仕事の少なくなった昭和三十年すぎから盛んになって来る。女たちも、トッツァ（主人）がゼンコ（お金）をイッペ（沢山）もってくるからといって、つくろいよりも新しいものを買うようになってしまった。

肥出し

近頃、東北――とくに秋田の平野で、黒い肥塚が雪の田の上に行儀よくならんでいる風景を見なくなった。もとはどの田にも見たものである。

日の光があたたかくなりはじめて、時に一日中青い空が頭の上にあるようになると、男も女もソリに厩肥をつんで肥出しをした。馬に引かせることもある。人が引くこともある。雪はすべりがよいし、雪の上をまっすぐに目ざす田へ引いてゆけばよい。一軒の家で肥出しをはじめると、他の家もじっとしてはいられなくなる。真白な雪の上に黒い人影と黒いソリが無数に動く。それは心をときめかすような風景である。肥塚は田の面に等間隔におかれている。時にはその上にまた雪の降ることもあるが、肥塚の上の雪はすぐとける。その肥が味のよい米をつくり出した。

春の足音

にわとりの鳴き声が良く聞えるようになると雪国は春が近い。軒下まで積っていた雪が減りだして、鳴き声が一直線に家の中までとびこんでくるのである。農家では肥出しをはじめ、町の人々は家の前の雪割りをはじめる。といってもすぐ春が来るわけではない。また大雪が降って人々をこごえあがらせる。それでも、人々の心にはぽっかりと穴があいて、一筋の光がとびこんでくる気持がする。とにかく春が近いのである。

毎日のように降りつづいていた雪が止んで、暖かな陽が雪国に

春近くに始まる肥出し。秋田県横手市。撮影・佐藤久太郎

雪どけのころ。こぶ白鳥のいる小川も心なし暖かそう。秋田県西木村

ふりそそぐようになるのは三月になってからであろうか。その暖かさが雪をとかしはじめる。とけた雪は、夜中の冷込みでまたかたくなって、朝、カタユキになる。カタユキになると雪のないときには通れなかったたんぼの上や山の中が縦横に渡れるようになる。

カタユキわたれ
カタユキわたれ

歌ともいえない言葉を口づさみながら、学校に行く子どもたちがカタユキの上を渡る。ときには日陰だったところの落穴に落ちて、下半身がスッポリとうまることもある。抜け出ようとふちに手をかけるとそこがまた崩れる。二、三度それを繰返すと、子どもはもう泣きべそである。手助けしてもらってどうにかはいあがっても、長靴の中は雪がいっぱいで冷たい。

カタユキのころにはもうマントなどいらなくなる。学校の軒下にうず高く積まれていたストーブの薪もわずかになる。もうストーブを真赤にする日も少なくなるのだ。木の香の強い、太い薪が教室からなくなるころ、学童はそろって一学年進級するのである。

もう一つ春の足音を感じさせるのは、軒下から落ちる雪どけ水であろうか。トタン屋根の家などはまさに交響である。とけた水が雨どいからあふれて上の屋根から落ち、トントントンと下の屋根を間断なくたたくのである。さらにもう一段落ちて軒下の雪に穴をあける。その穴の一番下に黒い土がちょっぴり顔を出す。その穴の中に水がたまって、またポトンポトンと軽やかなリズムをかなでる。その音を聞き、雪の下に黒い春を最初に見つけだすのは子どもたちであろう。子どもたちにとって、冬はそれなりに楽しいことがあっても、半年近くも雪にとざされていると、やはり桜の咲く春が待遠しい。雪の多い年や、いつまでも雪が降り止まないとなおさらである。そして、冬が長ければ長いほど春の喜びが大きい。それは大人だとてかわりはない。

昭和三十年以前はこの春の気配の見えはじめたころに北海道からニシン場への人夫をやといに来たものである。山形・秋田・青森などの海岸に近い村の若者たちは川崎船に乗って北海道へ出かけていった。後には青函連絡船や汽車を利用するようになったが、ずっと後々まで、川崎船に櫓をたてて北の海を目ざして出かけたものも多かった。ニシンは春告魚とも書く。春になると北の方からやって来たもので、若い男たちは田植えごろまでの間をニシン場へかせぎにいった。この若者たちのことをヤン衆といった。

しかし昭和三十年を境にしてニシンはめっきりとれな

くなった。そしてヤン衆の仕事もなくなった。それにかわって北海道での道路その他の土木工事がふえて、その仕事に出かけるものがふえたが、この方は田植え時期になっても帰らぬものが多くなった。ニシンは三月から六月初までの漁であるが、土木工事は雪の降るまでつづくからである。

雪どけのころ

朝カタユキになるような晴天がしばらくつづくと、今度は絹糸のような雨が二、三日降りつづく。そして雪が急速に減りはじめる。山の柴木の上におおいかぶさっていた雪が落ちて、ピシッと音をたて起き上がる。小川の水が雪どけ水であふれ、大きな音をたてて流れる。ときにはゴーという雪崩の音が聞えてくる。

雪どけのはじまるころ、山から木出しがおこなわれる。冬に伐採しておいた杉の木を、ソリで山の下までおろすのである。一つのソリに二、三本の木をつみ、雪の上を上手に滑らせる。少しの上り坂でも力がいるし、下り坂でもコツがいる。スピードが出過ぎないように、足で制動しながらソリをあやつる。出稼ぎのないころには、これも男の仕事で、まだ雪の深いころから始めていたが、今では女の仕事になっているようだ。青森の畑《はた》でも、秋田の檜木内《ひのきない》でも、滑りすぎないように雪の上におがくずを敷き、長靴に縄を結んでの力仕事であった。そこには男のたくましさとは別の、東北の女の力強さが感ぜられた。

雪国のひな節供のころというと、花はネコヤナギしかない。根元にはまだ雪が何十センチも積もっているのに、あのふっくらとした花だけは、春を待ちわびていたかのように咲く。雪どけ水で水かさの増した小川のほとりに、そのネコヤナギを採りにゆくのは男の子の役であった。そして、妹たちのひな飾りの菓子をせしめるのである。

雪ゾリで木材を山からおろす木出し。女の仕事になっていた。
秋田県西木村

雪どけのころには、八戸の蕪島《かぶしま》にウミネコが産卵のために渡ってくる。数万羽のウミネコが島をうめつくし、人が近づいても驚かない。遠慮なくフンを落すから、驚くのはむしろ人の方である。鳴き声は丁度ネコに似ていて、島は騒々しい。卵は六月にひなにかえり、九月ころには親鳥と一緒にとびまわるようになる。

蕪島のまつりは旧三月三日である。太平洋に面するそのあたりでは、もう雪のない年もあれば、まだちぢみあがるような寒さの年もある。島に通ずる沿道には出店がずらりと並び、家族連れでにぎわう。

以前はその日に〈しぼみ〉を買った。しぼみは田植え前に田に入れる草で、田植えのときに入れる草を〈かっちき〉といった。しぼみを買うと、蕪島の熊野神社に詣で、ウミネコを見てそれから磯におりて遊んだ。海はまだ冬、打ちよせる波も冷たいが、吹上げる風に春を感じるのかもしれない。磯で遊ぶのは今も変りない。

同じころ、下北や南部のあたりでは、イタコがオシラサマをあそばせにやって来る。オシラサマは山形、秋田、岩手、青森などの農家に多くまつられている。福島の東南部にも見られるが、そこではシンメイサマといっており、山形ではオコナイサマ、岩手ではカバカワ、オクナイサマなどともいっている。二体から成っていて、長さ三十センチほどの棒のはしに立烏帽子《たてえぼし》、馬、姫、ニワトリその他男女の顔を刻んだものもある。青森や岩手では桑の木でつくったものも多いが、杉の木やカバの木で作ったものもある。家の神として女たちが中心にまつっているものが多いが、青森、岩手などでは、三月十六日までは家にいて家を守るが、それから田に出て田の神として働き、秋九月十六日には田から帰ってきて家の神になるといわれている。

そのオシラサマは一年に一度はあそばせなければならないといわれているが、それをあそばせるのはイタコである。イタコはオシラサマのある家にまねかれると、棚からオシラサマをおろして、仏壇のまえにおき、米・塩などをそなえ、イタコはイラタカの数珠という狼の牙や、鷹の爪のついた数珠をすりならし、御大事という経文の入った筒などふりつつ、日本全国の神々の名をよびあげて神おろしをおこない、神々がおりて来ると、二体のオシラサマを両手に持って、「まんのう長者の物語」「きんまん長者の物語」「しまん長者の物語」などをとなえながら、オシラサマを舞わせる。これをあそばせるという。オシラサマにははなやかな模様の布がかぶらせてあるが、毎年一枚ずつ付け加えていくところもあれば布を毎年取り変えるところもある。オシラサマの古いものには天正という年号の入ったものもあるから、いまから四百年くらい前にはこのような信仰が東北にひろがっていたと見られる。イタコは盲目の女で、資格を得るためにはある期間の修練がいる。オシラ遊びがすむとそのあと、その家の一年の出来事を占ってくれる。その中に作物の出来具合もはいっている。かっては、それを農作業の目安にしていたのである。

花ごよみ

野山の雪が消えて、黒い土が多くなりだすと、雪にう

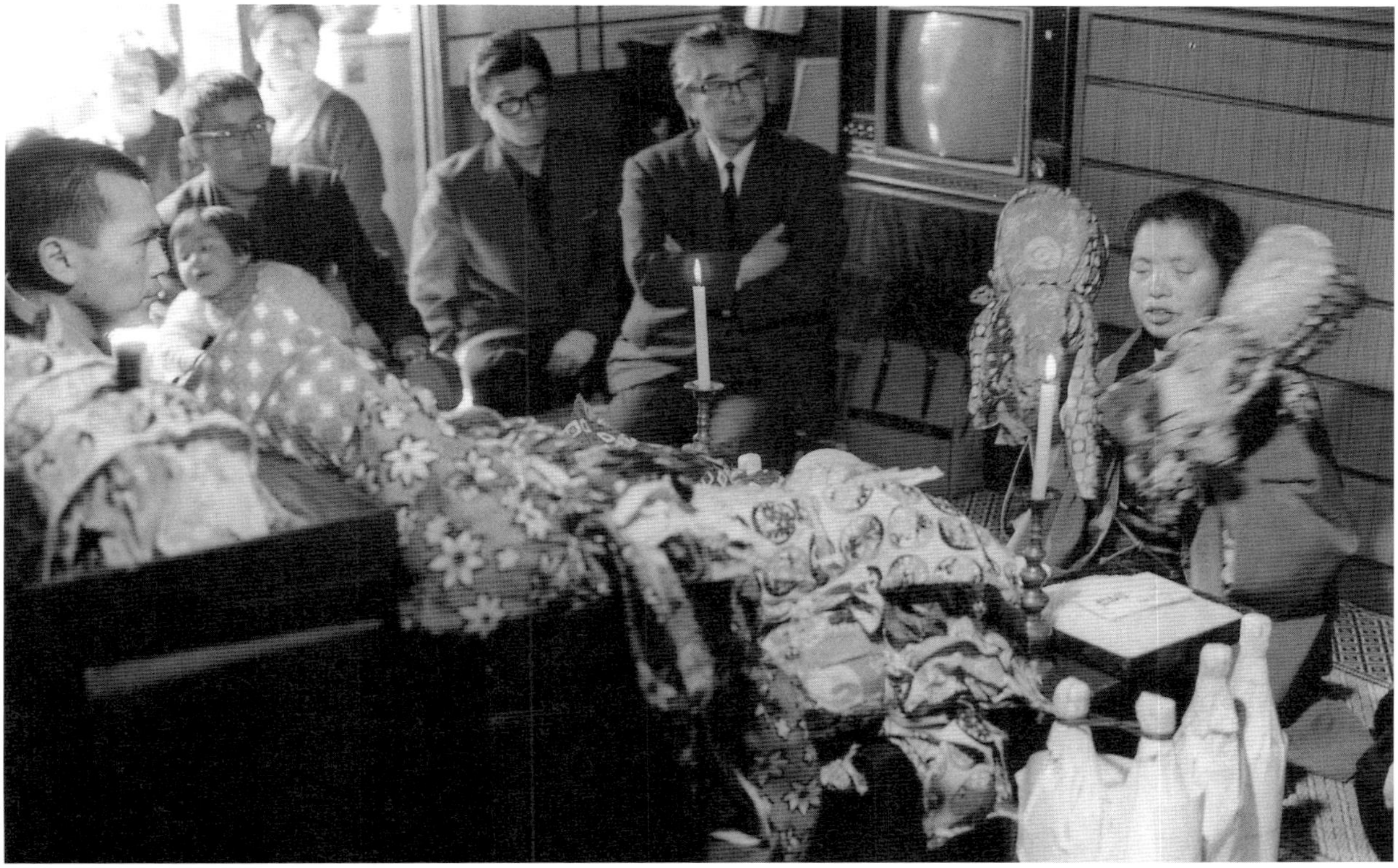

イタコが祭文を唱えながら家の守り神でもあるオシラサマを遊ばせる。春先の家ごとの行事になっている。青森県八戸市

もれていた草木が活動をはじめる。雪をおしのけて最初に春のかおりを運ぶのはヒルッコ（野蒜《のびる》）だろうか。ニラのような味がして寄せ鍋などで食べる。バッキャ（蕗《ふき》のとう）もうまい。さっと湯を通してミソをつけて食べる。ほろにがい味がする。

東北の春の山は、豊かな山菜を育てる。三河国に生まれ、東北を旅して歩いた菅江真澄《すがえますみ》は深い薬草の知識をもっていた。その遊覧記の中にも沢山の草木の名がでてくる。天明五年（一七八五）、湯沢あたりを旅したときの『小野のふるさと』の四月二日には、山菜のみやげをもらったことがでてくる。ほな、いはだら、あいぐさ、こごみ、しほで、しどけ、小すべ、もちぐさなどをあげ、知らぬ名も多いと記している。

東北では冷害などのために作物がほとんど取れないことがしばしばあった。そんな年に大飢饉になった。天明三年（一七八三）の凶作は全国的なもので、米沢藩では藩医に命じて、食える草木の名とその調理法を印刷して領民にくばっている。そこにあげられた名は約八十種で、クズの葉、コウズの葉、ササの葉などの草木の葉も多い。飢饉によって人々の心は荒れ、当然、放火とか打ちこわしとか、いろいろな事件がおきたのであるが、春になって山野の草木が芽吹くようになると、その事件も次第に減った。山の幸が人々の飢えを救ったのだろう。遠野にある五百羅漢は天明の飢饉で死んだ人を供養したものである。山のガレ場の石に刻んだもので、夏は青草にうずもれてしまうが、春まだ浅いころには一つ一つを見ることができる。

野面の雪がとけてゆくにつれて山の雪もとけてゆく。東北には野からはるかに仰いで心にのこるような山が多い。しかもその山に消えのこる雪がいろいろの動物の形に見えた。その雪ののこり具合でその年の豊凶をうらなったものである。

たねまき仙人だの駒の形になったとかいって、それぞれ農作業をしたのである。栗駒山、鳥海山、太平山、駒ヶ岳など、東北の多くの山にそれが見られ、その麓の人々の暦になっていた。

親達が田畑で働いているとき、子どもたちは山をかけめぐる。子どもには子どもの山の幸があった。ドガランポというのはイタドリのことで、雪の消えた山腹などにはえる。中は空洞で、折るとポンと音がする。中に白いものがついていると、ヘビがはいっていたといった。実際にははいれるはずがないのにそんなのはたべなかった。一寸すっぱく塩をつけてたべた。トヂラゴというのは、他の地方で聞いても分らなかったから、横手付近の方言だったかもしれない。ネズミのフンを少し大きくしたような黒っぽい実で、たべると口の中が黒くなった。わりと山深いところにあって、子ども同士それぞれ秘密の場所があった。誘われてごちそうになると、今度は自分の木にこっそりと連れて行ってごちそうするのである。

花がすみ

南から北上してきた花前線が、東北に達するのは四月の下旬である。桜の咲くのが四国や九州とくらべて一ヶ月ほどずれているのである。こずえを吹きあらしていた冬の風が、暖かい南の風に変わると、つぼみが少しずつ開きはじめる。南の桜が一日ごと少しずつ開いてゆく感じなのに、東北の桜はそれこそいっせいに開く感じである。朝、目をさますと、昨日までの枯木が咲きにおう桜花にうずもれているのである。

遠野の春は遅い。東北本線の車窓からも見える白石川堰堤（宮城県大河原町）の桜並木が散りおわるころ、遠野の桜はようやくひらきはじめるのである。遠野は柳田國男翁の『遠野物語』の地である。そして土淵《つちぶち》はその舞台の中心地である。そこまで行くと、山桜を見ることができる。桜色というのであろうか、薄紅色の花が、出そろった苗代の水にうつる。その土淵から貞任《さだとう》牧場までおよそ八キロある。その近くにミズバショウの群落地があって、そこまで行く間に、やはり山桜が幾本もある。牧場にはまだ放牧されてなく、遠くかすんで早池峰山《はやちねさん》が見える。その山も信仰の山であった。

牧場近くの峠を界木峠といい、三陸海岸の大槌に通じる。かつては駄賃付の馬が鈴を鳴らして幾頭も通った。遠野の米や炭を大槌に運び、帰りは干魚などをつんでくる。ひとり三頭の馬を引き、馬一頭に二斗俵を四俵つんだ。遠野から大槌まで約十里。朝二時に起きて準備をし、日の出前に出発して大槌には夕方に着く。

土淵の瀬川マサエさんは若い時に女馬子としてならした。男まさりの人で、武勇伝も数あるらしい。八十歳近いのに昔の話もよく知っていて、その馬子唄にこんなのがあった。

若いころ女馬子として男まさりの働きをした瀬川マサエさん。岩手県遠野市土淵

〽ハー　ばくろうさんェー
今日の泊りはどこかときけば
秋田横手の一丸屋

遠野から北上に出て、さらに県境の白木峠を越えて横手に行ったのだろう。白木峠は南部領と秋田領の物資の行きかうところであった。

秋田の土崎港に北前船によって運ばれた物資は、雄物川を船運で角間川まで運ばれる。そこから馬や人の背で横手、小松川を経て白木峠を越えたのである。南部領へ運ばれた主な物資は、木綿、塩、魚類（生物《なまもの》、干物）、漆器、菅笠《すげがさ》などで、秋田領へは、鉄、根花（わらび根の澱粉）、灰、麻糸、砥石、藍などがはいっている。その交易で一番栄えたのは、秋田領では角間川であった。横手盆地の米がそこに集積され、土崎を経て京に運ばれた。そして、京、大阪の文化もはいってきた。かつての村はずれに立っている台座を入れると三メートルを超える地蔵様は、大阪城の石と同じものを使っている。その角間川も、明治以後の交通の変革でさびれてしまった。

さびれるというと、下北では春を待たずに部落を離れる人を見た。

下北の野平《のだい》は開拓部落である。地図の上では津軽海峡に近いが、まったくの山の中である。海岸沿いの部落にはもう雪もなく、あたたかい日ざしが海を照らしているのに、野平はまだ二メートル近くの雪にうずもれていた。雪どけが遅いと田畑の仕事も遅れ、秋の収穫も少なくなる。当然のようにそれにともなう収入も少なくなる。部落から一番近い畑部落、また海岸部にある牛滝部落へ行くにも、一寸行ってくるというような近い距離ではない。孤立された部落である。苦しさに耐えられなくなった家が一軒、また一軒と部落を離れるという。牛滝で見たのもその一軒であった。一日一回まわってくる定期船にわずかの荷をつんで、津軽に向った。船に乗った人よりも、部落からついてきた見送りの人の方がつらかったに違いない。ヒゲヅラの男の人が、「とうとう行っちまった」とつぶやいた。出て行った人は、もう二度と遅い野平の春を見ることはあるまい。野山をつつむ花がすみをも。

花ふぶき

桜の咲くころが、雪国の人々のつかのまの休息日であろうか。長い冬がおわり、これからはじまる農作業を前に心をときほぐすときである。公園に舞台を設け、観桜会というのも古風である。テレビのないころには、毎晩舞台の前は身動きのできないほどの人だかりであった。今晩はノド自慢、明晩は漫才と一週間近くもつづいたのである。日曜日あたりには、桜の下のいたるところで酒宴がはられ、タコ入道のような顔をしたトッツァンが、ろれつのまわらない口で秋田おばこなどを唄うのである。

　公園から流れるレコードの音が、学校の窓からとびこんでくるころ、運動会の準備がはじまる。秋は目のまわるほど忙しい雪国では、運動会も遠足も春である。しかも、桜の花と前後してやってくる。遠足が子どもたち同士の楽しみとするなら、運動会は大人も子どもも一緒に楽しむときであった。桜の酒宴が男たちの楽しみとするなら、運動会は女たちの楽しみといえるかもしれない。重箱に料理をつめ、ハレ着を着て応援席に陣どり、口をもぐもぐさせながらわが子の活躍に見入るのである。

　下北半島の恐山は近ごろは死者の山のようなことを言ってしきりに宣伝しているが、それは昭和に入ってからのことである。恐山はもと農神の山であった。旧四月も末の頃になると、麓の人々はこの山へのぼった。一日で帰って来られない村々では、宇曽利湖《うそりこ》のほとりに小屋をたててそこで一泊したものであるという。そして菩提寺へまいって僧に祈祷してもらい、お札をいただいた。一村のもの全部がまいることは容易でなかったから、たいていは代表の者がのぼっていったのである。もらった札はもって帰って、家々に配った。家々ではそれを棒の先を割ってはさみ、田や畑のほとりにたてた。こうしておけば作物に虫もつかず、豊作であるとも信じられていた。下北では春の恐山まいりはもとは夏の恐山大祭よりも大事とされていたのである。このような山まいりは秋九月にもおこなわれている。

　そのほか東北には春の祭りが多い。たとえば、山形県では二月一、二日に黒川能がおこなわれる。仙台市の白山神社祭は三月三日、塩釜市塩竈神社の帆手《ほて》祭りは三月十日におこなわれる。四月も五月も宮城、山形は一年中

茅葺屋根に梨の花がよくにあう。岩手県大迫町大償

でもっとも祭りの多い月であった。五月七日は青森岩木山の花祭り、秋田古四王祭《こしおうさい》がある。津軽久渡寺《くどじ》のオシラ祭りも旧四月十六日であった。このとき津軽の野の家々のオシラサマはみな久渡寺に集まって、寺からそれぞれ位をもらったものである。多いときは千体のオシラサマが集まったといわれている。神々の集まるのは出雲ばかりでなく、津軽の野にもあったが、その集まる場が寺であるのは面白い。

山形県吹浦《ふくら》は日本海に面した小さな町で、鳥海山の裾野にある。そのあたりは密航者が漂着するのに良いところらしく、監視所があって、変な人を見たらとどけでるよう掲示されている。それは現在だけではなく、潮流と季節風の関係で、古代からつづいているらしい。

その吹浦の大物忌《おおものいち》神社の祭礼は五月八日である。くわしいことは聞きもらしてしまったが、当日の午後、花を持った親子が町を練る。造花であるが、着飾った上に持った花は色あざやかである。親に手を引かれて一緒に歩く子もいれば、親の背でねむっている子もある。行列が神社に帰ると、今度は舞台では花笠をかぶった少年の舞がある。ササラをすりながら舞い、その動きにつれて花笠が大きくゆれる。花笠の花は舞台からおりると町の人々が一本ずつもらってゆく。その花は、おそらく豊作と結びついたものだろう。花が散りはじめると同時に、東北は田畑の仕事が忙しくなるのである。

花台を手に、背で眠る子とともに練りの列に加わる母。山形県遊佐町

父の背の晴れ着の子もスヤスヤと気持ちよさそう。山形県遊佐町

花と苗代

宮本常一

北国ではコブシと桜が一緒に咲くところもある。青森県弘前市
昭和53年（1978）5月　撮影・須藤　功

上野の山の桜がポツポツ散りはじめたころ、その上野をたって東北を旅したことがあった。霞が浦から水戸、日立のあたりは満開で勿来《なこそ》付近の桜は特に美しかった。小学生たちの行列が、先生につれられて、その下を足早に歩いていた。

　仙台も松島付近も桜が咲いて花を楽しむ人たちが木の下の道を歩いていた。しかし北上平野をさかのぼるにつれて、やがて花は見かけなくなった。そして青森県野辺地《のへじ》はまだ冬であった。下北半島の田名部《たなぶ》までゆき恐山へのぼろうと思ったら、まだ雪がふかくてバスもタクシーも通っていませんとのことであった。そこではすべてのものが冬枯れたままであった。

　日本海側へまわって弘前の桜もまだ蕾は固かった。津軽の野は荒涼として、ところどころに雪があった。リンゴの木は骸骨のように畑にわだかまっていた。五能線を能代《のしろ》へ出て、奥羽線を秋田まで来ると、田のあぜの草がわずかに青味をおび、茨《いばら》の芽が青く吹きはじめていた。そこにはかすかに春の目ざめがあった。

　大曲《おおまがり》から角館《かくのだて》へゆく途中、まっ白なコブシの花のさきほこっているのを見た。コブシは春をよぶ花であるといわれる。コブシの花は角館から大曲にひきかえし、奥羽線を横手、増田と南にすすむ沿線のいたるところに見かけた。それは落葉林の灰色の木立の中に咲いていた。

　山形県に入って山形まで来ると、城址の桜は満開であった。山形の東の山寺も満開で多くの人でにぎわっていた。板谷峠を越えて福島に入ると、そこもまた桜が咲きほこっていた。

　東北の春はまずコブシの花、そして桜の花の開くことによってやって来る。日本人は桜好きといわれるが、実はこれが季節の花だからである。冬枯れの日がすぎて、この花が咲くと人は春の来たことをしみじみ感ずるのである。

　菅江《すがえ》真澄《ますみ》の秋田、青森の紀行文を読むといたるところに桜の花を楽しむ人びとの姿が描かれている。そのうち『すみかの山』は寛政八年（一七九六）四月ごろの青森、弘前付近の紀行文にまず桜花の記事が多い。十四日有名な青森市三内の桜を見にいっているが、途中の石神村あたりは桜の花が多く、遠近のどこの山も村里も紅の雲がたなびくようにうすい色の桜花が咲きわたっていた。三内には稲荷と八幡の社があるが、その境内の桜の大木が見ごとに花をつけていた。ここの桜は普通の桜とちがって、一本の木に二枝か三枝、小さい枝が密生して花に花の寄生木があるようになっているものがあり、それに小さい花がびっしりついている。どの桜にもみなおなじような枝が出ている。これを三内の千本桜といった。この桜は天明三年（一七八三）の大凶作のときまではさらに木も多く見ごとで、大和の吉野は別として、日本にこれほどたくさん花のあるところはなかろうと土地の人は自慢にしていたが、凶作を境にして薪に切ってしまって木の数も少なくなったという。

三内にかぎらず、このあたり一帯は桜が多く細越《ほそごえ》、高田の村々もいまを盛りと花が咲きほこっていた。入内《にゅうない》というところでは花ばかりでなく桃も満開であった。しかし、それから十日あまりすぎたころには桜は散り、桐と藤が紫の花を開いていた。

それから六年をへた享和二年（一八〇二）四月には真澄は米代川の流域をあるいていた。その九日、太良《だいら》鉱山を下って藤里の方へゆく途中、遠近の桜が紅色の濃いもの、うすいものなどとりどりに咲きみだれているのを見ている。山吹も垣根に道もせましと咲きみだれていた。

文化三年（一八〇六）の春は能代付近を歩いていた。そして三月八日檜山というところでようやく桜が咲きはじめるのを見たが、梅が盛りであった。このあたりの桜は吉野系のものが多かったという。しかも桜はいたるところにあって、土地の人たちが「世間にこのように桜の多いところがあろうか」とほこらしげに話して眺めていた。桜の多いのは檜山ばかりでなく、そのあたり一帯に多かった。そして桜をひぐらしといった。それは桜が多くて、それを眺めて歌をつくり詩をつくりつつ日を暮したからであるという。

八郎潟東岸も桜の多いところであったが、ここは桃・桜・梨・李《すもも》が一斉に咲いていた。ただ、あちらこちらの岩根、岩群、松杉の中に雪がかかっているように見えるのはすべて桜であったし、神社の森のあるところにはかならず桜があった。

三月二十一日、真澄は能代の丑首頭《うしのくびと》の桜を見ようと出かけていったが、そこには数千本の桜が植えられていた。八重桜であったが紅色の濃いもの、うすいものが交りあって実に見ごとで、京都の伏見にはるかにまさっていると人々はいっていた。

文化四年（一八〇七）の春は能代の北の方を歩いている。三月二十一日八森町では田打桜はすでに散り、花肉桂が満開で、つぼみの桜の立っている崖にカタコユリの花がさき、タチボスミレの花が咲いていた。田打桜というのはコブシのことで、彼岸桜にやや似て紅色の濃い山桜

伸び始めた稲苗と桜。岩手県遠野市土淵
昭和44年（1969）5月　撮影・須藤　功

をこのあたりでは種蒔桜といったという。その田打桜の散ったころ、人家の垣根のうちでは梅が咲いていた。

八森の北のあたりにも桜は実に多かった。深く茂る木の中に紅色が濃く、あわく、あるいは白雪か雲かと見まがうほど花の咲きほこっているところがある。いずれも桜なのである。

文化三年（一八一〇）の春、真澄は男鹿半島を歩いているが、ここにも桜は実に多かった。そして真山のあたりには朝日八重という花房の大きな紅の八重桜が咲いていた。

特に真澄が桜を心にとめて見たのではなく、それが目につくほど桜が多かったのである。そしてそれらの桜の中には能代付近のもののように植えたものもあり、その中には吉野系のものもあったと見られるのであるが、山にあるものの多くは野生であり在来のものであった。単に日本人が桜好きであるというばかりでなく、日本には桜が多かったのであり、特に東北に多かった。そして真澄の記事に見られるように、青森では旧暦四月に咲き、秋田では三月に咲き、青森の方がかなりおくれている。そして真澄のころにくらべると桜は今日の方が減っているといえるようである。減ったとはいっても秋田の山間を歩いていると、冬枯の山のそこここにうす紅色の山桜の咲いているのを見かけることがある。土地の人はカバ桜などともいっているが実に美しい。人びとはその皮をとって桜カンバの細工をする。角館は桜カンバ細工の名産地であった。

この花よりやや早くコブシは咲く。コブシの花びらは桜よりずっと大きく真白であるが、この花が咲きはじめると百姓たちは苗代に籾まきをはじめ、田のうち起しをはじめる。だからこの花を田打桜といっているところが多い。コブシも桜も実は人をいそがしさに追いたてる花なのである。この花が咲くと霜もおりることが少なくなり氷もあまり張らなくなる。そこで籾まきをはじめるのである。昭和三十年ごろまでは東北地方には通《とお》し苗代が多かった。通し苗代というのは水の十分にあるところへ設けてある一枚三十平方メートルくらいの小さい田で、そこが一枚だけではなく、時には何十枚というほどつらなっているところもある。コブシの花の咲くころ、そこへ籾をまく。少し水をふかくしておけば氷のために苗をいためられることはない。昼は水をおとして苗に光と熱を十分に当てて成長をうながす。苗が成長すると、それを田へ植えるわけだが、苗代は苗を取ったあとはそのままにしておいて、肥料を入れたり、草を取ったりして土を十分こやしておく。このような水苗代は昭和三十年以前、東北地方にのみ見られ、他の地方で見かけることはほとんどなかった。苗の成長をうながし、しかも苗を冷害から守るために工夫されたものであるといえる。

そして苗代に籾をまいておいて田うちにかかったものである。東北地方は明治三十年頃まで田の耕起に犂《すき》を使うことはなかった。わずかに津軽地方へ熊本県から馬耕の技術が伝わっておこなわれていた。すべて人力によってうちおこしていたのである。その頃の水田の一枚一枚は小さかった。それを耕地整理を取入れつつ馬耕を取入れたのである。馬耕の教師は福岡県から多くやって来た。福岡地方は乾田が多く、そこでは無床の抱持立犂《かかえもったてすき》という形式の犂が多く用いられていた。その犂がまず取入れられたのであるが、湿田ではこの犂は使い勝手がわるかった。そこで後に改良せられた短床犂《たんしょうすき》が用いられることになる。

このようにして東北の農業は近代化の道を歩みはじめるのであるが、桜が咲いて籾をまいたのでは、その苗が育って田植えをするのは六月の末、すると稲刈は十一月になる。早い年なら時雨が来はじめている。十分に日干もできないで取入れもしなければならなくなる。その稲をひいてしまうとたいてい一月半ばになる。それでは新正月をゆっくり楽しむこともできず、また冷害に苦しむことも多かった。そして昭和になっても依然として旧暦の正月がおこなわれていた。

ところが昭和二十年以降、苗代の改良がはじめられた。水苗代をやめ、畑苗代にし、苗代の上を油紙でおおいをすると、少々の寒さが来ても、障子紙一枚がこれをふせいでくれ、日中は紙の下に熱がこもって苗の成長をうながす。苗の成長も早い。四月初めに籾をまけば五月の半ばには田植えができ、早いところでは九月、おそくとも十月には稲刈りができる。東北では天気のいちばん良いときである。作業能率もあがり、十二月には農作業は終ってしまっている。そして新の正月をゆっくり迎えることができる。

この温床苗代の出現は東北地方の稲作を根本的にかえてしまったといっていい。何よりも大きな効果は冷害をなくしたことである。年々豊作があたりまえのことになったのである。

東北への旅のとき、利根川をわたって茨城県に入ると、いたるところで苗代づくりや籾まきをしていた。苗代といっても水を入れたものではない。乾田の土をこまかくくだき、ならし、籾をまいて、その上に焼いた籾がらなどを散らす。そしてもう油紙時代はすぎて、ビニールのおおいをしているところが多い。そういう風景を北上川中流あたりまで見ることができた。

それから北は湿田が多い。湿田の多いところでは畑に苗代をもうけている。そして八戸付近ではまだ冬そのままの風景の中で籾まきだけはおこなわれているのである。昭和三十年頃までは桜の花と籾まきが並行していたのであるが、ビニール温床苗代が出現してからは気温はそれほど問題ではなくて、暦日の方が大切で、暦日に応じて籾まきがおこなわれる。下北半島の尻屋岬付近では雪のチラホラする中で、畑苗代に籾をまいていた。しかも苗代の作り方はどこもみな同じようであった。ただ、ビニールのかけ方が、関東や東北南部では地面にべったりと張るのが多いのに北の方ではトンネル状に張るものが多かった。

津軽平野でも春はまだ遠いのに畑地に苗代が作られていた。その白いビニールのおおいが、秋田県能代から秋田までの間には山すその緩傾斜地いたるところに見えるのである。そしてそれが一つの風景を作り出している。

角館近くのコブシの花の咲く村々でもちょうど苗代作りの最中であった。家屋敷の中の畑を苗代にしていた。何人もの男や女が、畑に短冊状の畝をしたてて、それをならし、そこへ籾をまいていく。その種を板に柄をつけたようなもので鎮圧し、その上に焼籾殻などをかけて、次に竹か針金のようなもので屋根形の支えをする。その上にビニールを張ってゆく。ところどころに杭を打って、このビニールハウスが容易にたおれないようにする。

籾はそのハウスの中で芽吹き成長してゆく。そして霜害、凍害のおそれのなくなったとき、ビニールをとりはらう。大曲から山形県新庄までの間はもう籾まきはほとんど終っていた。

気温によるのでなく暦日によって農業がおこなわれるようになったことは農業の革命といってよい。ところがそれによって冬の仕事がずっと少なくなってくる。それが冬期の出かせぎを促進する原因にもなってくる。便利になるということがかならずしも人を幸福にするということでもない事実を東北を歩くたびに考えさせられる。

木型に和紙を貼る、恵比須屋のキクエさん

三春人形

文　西山　妙
写真　須藤　功

創る人の心

木型に和紙を貼る

日はもうだいぶ傾いて、みがき込まれた柱、引戸、床、使い込んだ炉縁がいっそう黒さと光たくを増す。炉で太い生木がブスブスといぶり、煙は高い屋根裏へとのぼっていく。縁側に面した障子を通してさしこむうすあかりの中で、それ自体生命あるものの様に動く十本の指——踊っている、すべっている、はっている。炉端にうずくまる様に背を丸め、ひざと胸と腕の中にかかえ込んだ木型へ、湯を含ませた張子用の和紙を適当な大きさにちぎっては貼りつけていく。この一連の動きによどみはない。かといって機械の正確さとは違った自然の流れの確かさを感じた。

　橋本キクエさん（明治二十五年生）七十九歳。二十歳の時ここ恵比須屋の十五代目の広定さんに嫁した。以来六十年家事の他に張子を作って生きて来た。「働く事しか知らない人ですよ。知人といっしょに旅行する楽しみを覚えたと思ったら、今度は体が心配で出してあげられない」と、ある時キクエさんの例の丸い背を見ながら、息子の広吉さんは体の奥の方からポソッともらした。

　形を創るというのは素晴しい。自分の手で形や色を生み出して行く楽しさは物を創る人の特権である。いくぶんかその特権の味を知っているだけにキクエさんの手の動きに見とれていた私だったけれど……。来る日も来る日も同じ物をくり返し作り続ける事で生活をささえ、それしか知らずにすごした人生を思ってみた時、楽しみとか特権とかいう表現では済まされない、もっとギリギリの厳しさを感じた。来客があれば茶を出す。そしてすぐ貼り始める。昼が近づくと食事の仕度。後かたづけをして又続ける。けして追われているようには見えない、苦でもない。キクエさんだけの世界があって、キクエさん固有の生のリズムに従って動いているように見える。六十年変わらなかったし、これからもまた続くにちがいない生活のリズムなのだろう。

　いつの間にかもうちゃんとニカワがナベの中でゆげをあげていた。一通り張る作業が終るとキクエさんはハケにニカワをふくませては手早く塗る。左手は型を固定し

木型に和紙を貼る親指が鏝《こて》のようになっている。

明治25年（1892）生まれのキクエさんは、貼りの名人といわれる。

ているだけではない。五本の指が型のふくらみやくぼみをはうような動きで確かめ、右手はむしろそれに従って動いているといった感じがする。そして次第に彼女は、彼女自身の世界へのめり込んでゆくのだった。

屋号を〝恵比須屋〟というこの橋本さんのお宅では、キクエさんと共に現当主広吉さんが三春張子作りに忙しい。作るだけにとどまらない。広吉さんは古い作品の研究、その復元は勿論のこと、自分達が作る三春張子のよさを何とかより多くの人に知ってもらいたいと屋敷内に展示館も立てた。大阪や東京で開かれる物産展などに馳せ参じもする。会場で色つけを披露し、直接人々にその魅力をうったえかけるためである。

三春の町から少し離れた丘陵に抱かれたここ高柴に広吉さんを訪れる人は少なくない。行きずりの旅行者、民芸愛好家。その人達に作り方を見せ、展示館に案内してくれる。人を大切にする人だ。だからどんなささいな問いにも考え答えてくれる。表情が豊かで、みけんに深くしわを寄せるかと思うと目尻を下げ歯をのぞかせて笑う。笑った目が暖かい人である。

折から民芸ブーム。民芸作家にはどうでも〝先生〟がつく。東京の民芸品店は〝橋本広吉先生〟に電話で注文してくる。当人は腰に手拭をぶら下げ、ボサボサ頭をかきながら「何ァーにが〝先生〟だ」と例の目で笑う。広吉氏ではない広吉ツァン、広吉おじさんだ。

息子の広司君は一番弟子である。炉のある大きな板の間の奥の小部屋が仕事部屋で、あちこちに製作過程別に張子が山積みされている。お師匠さまはまだまだ腕を認めてくれてはいないけれど、伝統の張子にあきたらず新作を試みたりもして、より大きく広がろうとする地道な情熱をこの人にも感じた。一家が三春人形の色と形に魅せられ、それを生み出すことでしっかりと結びついているといえる。

彩色

庭の一角にある展示館は、半分が木型や作品の展示場、残りが仕事場になっている。十月とはいえ山の中にポツンと建ったコンクリートのここはかなり冷え込む。顔料をやわらかくするための小さな電熱器を前に、ひざかけをかけただけで広吉さんは張子の色つけにかかろうとしている。人形は〝花衣〟。大きく衿をくり、朱色のふきをあでやかにみせ、黒い衣には花が華麗に散る。豊かにゆった髪に大きな飾りものをさし、手には大きく開いた

踊る。

太鼓乗り大黒

牛乗り鯛

彩色する恵比須屋当主の広吉さん

舞い扇。錦絵を思わせる立ち姿が生まれるのだ。胡粉の白さがまぶしい三十センチ程の〝花衣〟にこれまで何百度生命を吹きこんだろうか。「一つのモチーフを体で覚えるまでにはおよそ一万個」という。

筆に黒を含ませて衣から塗り始める。張子の表面は決して平らではない。袖は微妙なそりでひるがえり、帯から下の衣は流れ流れて下に落ちてたまる。筆はそれらの曲面をリズミカルにすべる。鑑賞人形の多くがそうであるようには、決して静止していない。一瞬をとらえている、と感じさせるのは、そのひねり、そり、流れる面のためである。さらに衿《えり》、袖口、裾に入る一すじの朱色がこれを助ける。細筆をスーッと入れてはぬく。筆先で引くのではなく、腕を動かして引く。こういう線を入れる時の左手の微妙な動きは見逃せない。筆が右下へ↘と流れるなら、同時に左手は型を⤴の方向へねじる。絵の具は確かに右手の筆に含まれているのだけれど、線を描くのは右の浮いた自由な腕と、左手のわずかな動きといっていい。曲面を一筆で引ける長さはそう長くはない。三春人形が十五～三十センチの大きさにとどまる理由の一つがこんな所にもありそうな気もする。

白と墨と朱の単純な彩色の段階でも、人形《ひとがた》は人形《にんぎょう》をもう充分に感じさせた。そして華やかさは、衣の柄と髪かざりと扇の色づけで完成される。白い梅と薄紅色のボタンは濃いめの絵の具をタップリ筆に含ませて、ポトッポトッと塗る、というより置くといった方がふさわしい。ボタンの葉や茎を表わす緑も他の色もすべて彩度の低いくすんだ色なのに、不思議な華やかさがただようのは何故なのだろうか。

あとは顔を残すだけというところになると、広吉さんは老眼鏡をはずして電熱器に指をかざす。まぶたをおさえ、首をグルグル廻した。いつの間にか室内に夕やみがしのび込んで来ていた。先ほどまで筆のあい間にあったおしゃべりが止んで沈黙が広がった。

その人形に描かれるべき顔は唯一つで、もう決まっているように思える。人形をしっかり体の内側に固定すると面相筆を静かに入れる。まゆの太さ、方向、長さはすべてこの一瞬に決まるといえよう。決まった時、絵師の意志は消えて筆は自然の手に委ねられたのである。優しくて涼やか、それでいて毅然とした瞳も――。可憐な唇を朱で置くとすべては終った。
　白い胡粉だけの張子も楚々として美しい。このままの状態を好む人もあるというけれど、それは人の形をした〝物〟の美しさである。顔が描かれた時、物は命を吹き込まれ、製作者の分身になる。生み出した者と生み出された者が出合う時の、〝誕生〟の感動は両者だけのものであろう。
　もうすっかり暗くなった小道を帰りながら、インドのある詩人の歌が浮んだ。

〝我をして歌わしめよ〟
　自分は笛であり、何かが笛を鳴らしめる。何かよ笛から音楽となって流れ出よ、と歌う。そして彼は、〝何か〟とは〝神の意志〟であると感じた。
　広吉さんをして人形に魂を吹き込ませしめるのも、この何かに近いのではないか。私にはそう思えるのだった。
　月の光が田の面で白く光る。腕をまげたような奇妙な桑の黒いシルエットが続く。はく息がわずかに白い。高柴村の灯はもうとおに見えない。

製作過程

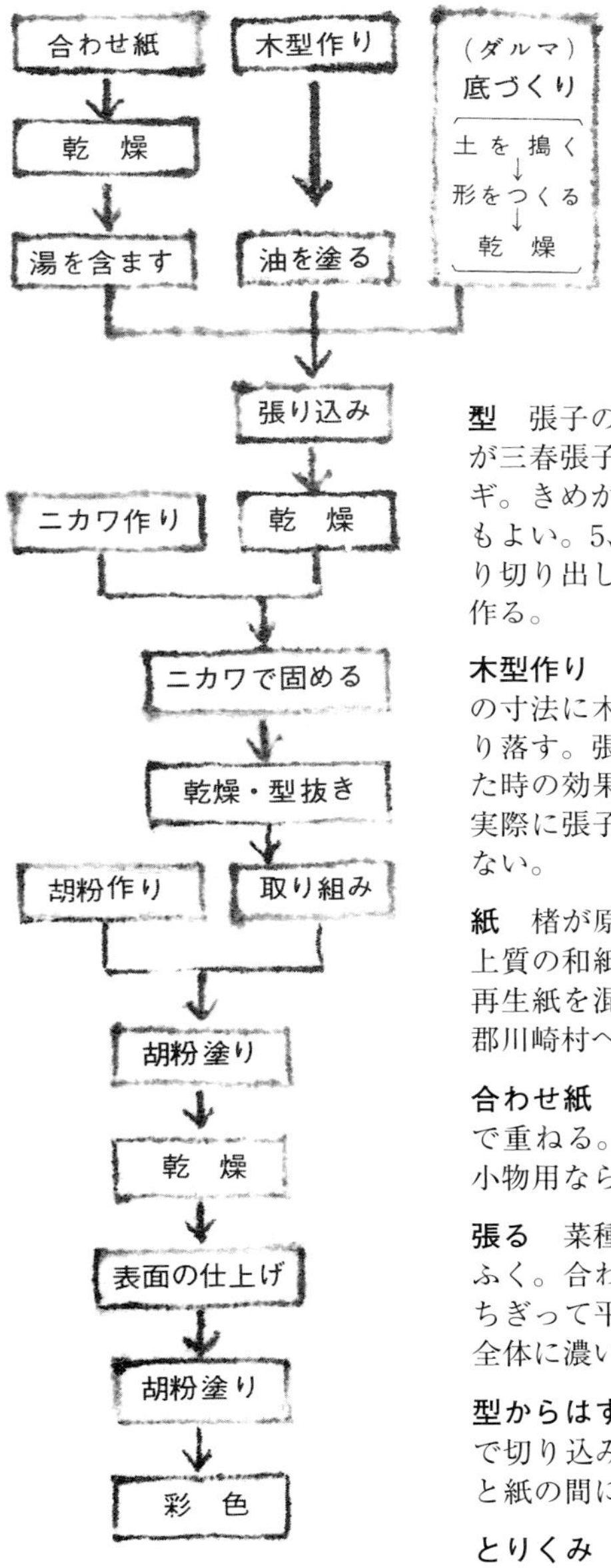

型　張子の型には雄型と雌型があるが三春張子は雄型。材料はヤマヤナギ。きめが細かく紙からの離れ具合もよい。5、600回も使うとひびが入り切り出しの傷も目立つので新たに作る。

木型作り　出来あがりの高さ奥行きの寸法に木を裁断し不要な部分を削り落す。張り込む具合や張りあがった時の効果を計算して刻む。それ故実際に張子を作る人でなくては彫れない。

紙　楮が原料の筋塵紙（スジガミ）。上質の和紙を漉いた残りとパルプの再生紙を混ぜた和紙で、福島県伊達郡川崎村へ特別注文する。

合わせ紙　60×45㎝の和紙を薄い糊で重ねる。大きい張子用なら９枚、小物用なら４枚程。日陰で乾かす。

張る　菜種油を浸ませた布で木型をふく。合わせ紙を湯でもどしながらちぎって平均した厚さに貼りつける。全体に濃い糊を塗りこむ。

型からはずす　乾燥したら切り出しで切り込みを入れる。竹ヘラを木型と紙の間に入れながらはずす。

とりくみ　切れ目をニカワでとじる。小物をとりつける。

胡粉塗り　ニカワを混ぜた胡粉を下地用に一回。乾いたら表面のデコボコを修正、やや濃いめの胡粉を仕上塗りする。

彩色　顔料・染料で彩色。

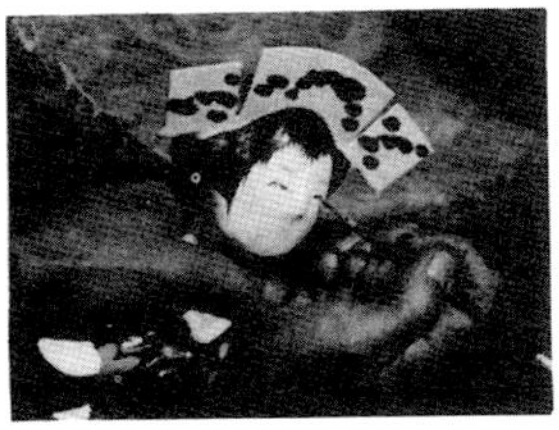

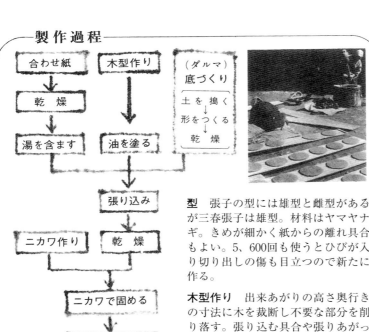

三春人形の魅力

動きのあるフォルム

高柴を訪れた最初の日は、キクエさんと広吉さんのそばに丸一日張りついて張子の作り方をまのあたりにした。そして〝人形〟にではなく、〝人形を生み出す行為〟にのまれてしまった。そこで、翌日は復元した三春人形を見せていただいたり高柴と三春の歴史を調べたりしながら町を散策。あとは宿に帰ってゴロリと横になると天井に張子人形を描いて、あれこれ思いを遊ばせた。

「郷土玩具を日本と帝政ロシアほど豊富に持った国はない」という。なるほどちょっと調べてみただけでも数の多さ、種類の多様性に驚いてしまう。けれどそれらの大部分は、確実に近い将来消えていくのではないだろうか。郷土色や手づくりの美がこのところ見直されているのは事実だけれど、それは既成の価値感ではあきたらなくなった現代が、古代、幼児、未開民族等、百年前には光の当ることのなかった領域に手がかりを求めている、という大きな流れの一つであって、単純な伝統復帰とはまったく異っている。郷土玩具は生活の底辺と結びついている時のみ本当に生きているといってよく、風土も生活も感じ方もまったく違ってしまった今日、郷土玩具と人を結ぶのは視覚的なものだけになるのは至極自然であろう。美的尺度だけで従来の郷土玩具を計った時、これらのうちのいくつが生き残る力を持っているだろうか。

そんななかで、三春人形は庶民の生活が含み持っていた美意識が結晶した数少ない玩具の一つに数えてよいように思う。モチーフこそ独自のものはほとんどなく独創性に欠けるとはいえ、表現方法には現代の私達に語りかける大きなものを持っている。いや表現以前の、対象の動きのとらえ方に、まず私は興味を覚える。

私達の先人が再現した人物は、絵画にしろ人形にしろ大方スタティックである。動いている流れの一瞬ではなく、最も安定した場面をとらえる。舞う娘なら袖をダラリとたらし、顔がある位置から移って次の位置におさまった状態――呼吸をウッと飲んだ姿がまず普通といえよう。ところが三春人形はというと、手をふり上げ、袖をひるがえし、身をそらせて舞い続けるのである。人形師達がモチーフの源にしたのは、伏見、堤、花巻、相良

人形に顔を描く。

踊り女の図解

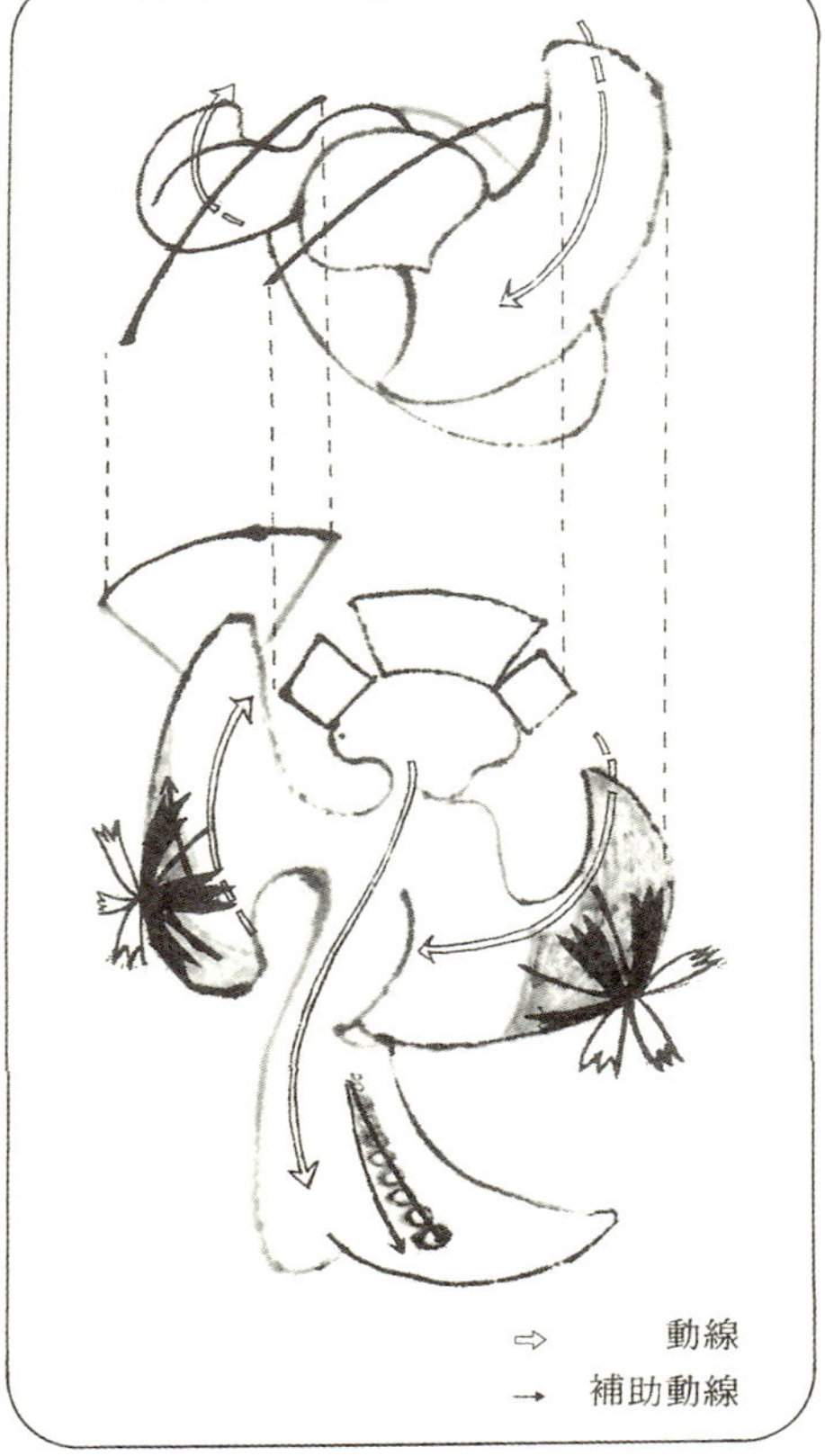

といった土人形や錦絵だというけれど、そういう間接的なモデルだけで三春人形のこの動きが出てくるかどうか。

今日、芸能は都会の劇場の独占物のようになっている。しかし江戸時代、芸能はもっと民衆に近いものであった。幾本もの街道が通じていた三春の城下町には旅の一座が小屋掛して芝居や舞を演じたろう。ごぜ（三味線を弾き歌を唄い門付けをする盲目の女芸人）も流れて来たろう。神社の祭礼に奉納される神楽、藩主が保護した歌舞伎——。それに何よりもまず、民衆自身が踊り歌った。三春の盆踊り熱は大変なものだったと聞く。最盛期は江戸末といわれるが毎年々、明治天皇崩御の時も第二次大戦中も続けたという。高柴の人々はつい最近までユーモラスな七福神の舞を舞った。町の大通りのつき当りの法蔵寺は時宗の道場。遊行《ゆぎょう》二祖真教上人により正応二年（一二八九）創立。総代早川家文書によると、寛政四年（一七九二）遊行上人が当寺に逗留し「上人江献物　素麺三〆目指上候」、出発にあたっては住職の自弁和尚と一同で馬場地蔵前へお送りした、とある。檀家約百戸。信徒は集まっては経を唱え踊ったことであろう。このようななかで工人達は生活し、自分達自身もそれに参加しながら一瞬を切りとったと考えられないだろうか。

では動きをとらえる目が何故高柴の人形師にあったのか。状況はさほど変わりない他の地域の人形師や絵師のようなスタティックなとらえ方をしなかったのは何によるのか。人形は何も語らず舞うばかりである。

二度目に訪れたさい、復元を手がける小沢太郎さんの奥様から〝踊り女〟をおみやげにいただいた。初対面の私に小沢さんは時を忘れて語られた。それについては後にゆずるが、いただいたこの六寸程のちいちゃな張子は机の上に飾ると、悪戦苦斗して『あるくみるきく』の原稿にとり組んでいる私のよき話し相手、慰め役となった。そのおかげで、書いているうちに三春人形が少しずつ整

彩色した人形を縁側で乾かす。

理されてきたせいか、ある時フッと一つの試みが心に浮んだ。人形の図解である。

〝踊り女〟は左手をサッと前に出し、扇を持った右手を頭の後方へふり上げる動作を表現しているのだが、動線が袖の円心運動を借りて巧みに表現されている。矢印の先で方向を、曲線で動きを書き込んでみよう。正面図、立面図どちらをとっても明らかに同心円を見つける事ができる。この二本の曲線は垂直線の胴体ではささえ切れない。ためしに正面、側面から体の流れを見るといずれも(の弓形を描いている。衣裳の模様さえもこの動線を助ける役を果しているように思える。袖の花は偶然半分に描かれたのだろうか。どうも花弁と葉のそり具合が袖の動線の方向に一致しそうだし、袖の色の切り換え線までが無関係ではなさそうである。衣は流れて床にタップリとたまるけれど、この流れは△型にまとめた裾の松の絵柄によってより強められている。

人形師は木型を彫る前に下絵を書いたという。その時、動線云々等は多分考えもしなかっただろう。ただこの図解を終えてもう一度三春人形を見直してみると、動線や半分だけの花柄の働きなどが決して〝踊り女〟に限られたものではなく、心ひかれる作品に共通する要素なのに気づく。そういう意味では私のひとつの発見であった。

木型・色・表情

自由に形を作れる木目込みや手びねりの方法による人形のうちには、加茂人形や青森土人形のように動的表現に成功しているものもないわけではないけれど、型による土人形や張子人形ではわずかに相良人形（山形県米沢）、堤人形（宮城県仙台）があげられるくらいではないだろうか。その相良、堤でも側面、裏面まで見ると型の制約内におさまってしまっているのを感じる。

三春人形は型から起こすものの持つこういう宿命を、幾つかの木型へ分離することで弱めた。例えば〝羯鼓《かっこ》〟は袖二つと体を別々に張抜したあと組み合わせたもので、他にも複数の木型で構成する人形が沢山ある。一方、全国に散らばる数知れない型人形を眺めても、持ち物とか首振りの首のように細工の目的で型を別にした物以外は見当たらない。まさに驚異的な三春人形の秘密ではないだろうか。

この秘密がどうして生まれたか、まったくの謎という他ないけれど、一つだけチラッと聞いた話が今にして心にかかる。物は残っていないし実際見ている人にも出合っていないのでいったいどんなものか判らないが、高柴では昔、土人形も作っていたという話がある。広吉さんによると型おこしではなく手びねりだったという。粘土をつまんだりさすったりして自由に形を作り、別の粘土をまるめてペタンとつけたりする——手びねりの土製玩具の面白さはその奔放さから生まれるのだが、私がこだわっているのはこのうちの〝別の粘土をまるめてペタン〟とする点にある。手びねり土人形を作った人なら、あるいは作るのを身近に見ていた人なら、別々の木型からおこしたもの同士を一つにするという奇想天外な事をやってのけたかも、そんな楽しい想像も浮ぶのだった。

昔から使われて来た木型は紙を貼る前に塗る油を吸っ

長く使われてきた面の木型

て異様なつやを持っている。古いものは二百年の歳月を経ている黒いつやと材質感。荒いノミさばきながら対象を適確に彫りあてている力量は美事という他はない。型は所詮型である。出来上った張子を鑑賞すればいいのは勿論だけれど、製作の過程に生まれたこれらの木型の美しさは、彩色された華奢《きしゃ》な張子とは別のしかし確かな美の領域に属していて心を打たれる。

その他に三春人形を現代の私達の鑑賞に耐えうるものにしているのに、彩色がある。本藍《ほんあい》の青、硯朱《こんしゅ》の朱、蘇《す》芳《おう》の赤、黄蓮《おうれん》の黄といった自然から手に入れた色相はどれも優しく一つ一つは明度も彩度もかなり低いのに、おりなす色調は華麗で不思議な魅力がある。ただ残念なことに時代人形と一部を除けば、すべて人工染料、それもあまりに天然染料の持ち味からかけ離れた彩色なのが、現状だ。人工でも調合によってはかなり微妙な色も出せると思うのだが。

細かな小道具も見逃せまい。型からおこす人形はたいてい型の内に小道具もおさめてしまうのに、三春人形だと竹や厚紙等で別個に作ってニカワで取りつける。なかなか手間がかかる作業だ。例えば〝騎乗武者〟などは兜、人形、馬の三つから成っていて兜の下のまげまで書きこんだ上に、鍬形《くわがた》、吹返《ふきかえし》、矢、刀、具足、馬の耳や尾に至るまでこまごまと取りつけている。よくもまあと驚いてしまった。

「作っているうちに、ゆっくりだけど人形が近づいて来るという感じはしていますね」とおっしゃる小沢さんの後継者、小沢夫人も、人形の顔には泣かされるそうだ。生命を最終的に人形に吹き込むのは顔描きだからあたりまえというと言えばそれまでだけれど、夢見るようでありながら優しさ以上の表情である。目の焦点が割に近くにあるせいか何かを凝視している。見る人に媚びていない。毅然とした顔が私には嬉しい。

乾かすために縁側においた面を見る客

三春人形史

高柴村

三春人形の生誕地高柴は、今の行政区画では福島県郡山市西田町大字高柴、古くは奥州三春藩高柴村といった。田村郡三春町からバスで十五分程、郡山からだったら逢《おお》隈《くま》廻り三春行のバスで三十分程で行ける。赤土の道のかなたにバスの音が消えると、あたりは自然の音だけ。雑木林やむら竹のおしゃべり、鳥のさえずり、停留所のわきにポツンと一軒ある店から流れる笑い声。

小さな祠、土壁に這う薄紫の花、あけびとりに夢中になる子供達。小山が四方からせまって視界の狭い小道を曲ったり上ったり下ったりしばらく進むと、急に目の前が開ける。俗にダルマ屋敷、デコ屋敷とよばれる三春張子の工人の家々は、このあたり高柴の館野《たての》・福内《ふくうち》に点在する。

高柴へのはいり口に立つ看板

今はもう張子といってもダルマしか作っていない本家恵比須屋（当主太市）、分家恵比須屋（当主文雄）。広吉さんの恵比須屋とこれら恵比寿系とは別の作風を持つ大黒屋（当主芳信）では、ダルマ以外に人形、面を作っている。他に今は跡目がなくなってしまった扇屋を加えた五軒の工人の家、売り歩くのを専門にしていた売り子の家四軒、いずれも橋本姓である。

見渡せば、ごく普通の農村のたたずまいである。人々は野菜畑と水田に周囲をあますところなく拓いて食料を自給する他に、養蚕とタバコを栽培して、現在は生活自体も他の農家と大差ない。けれど百数十年をさかのぼれば、ここは三春張子の工人とそれを売り歩く売り子の村——三春張子によって成り立っている村であった。

この土地へ人が住みついたのはいつごろからだろうか。又、張子が商品となるのは江戸も中期の頃からとい

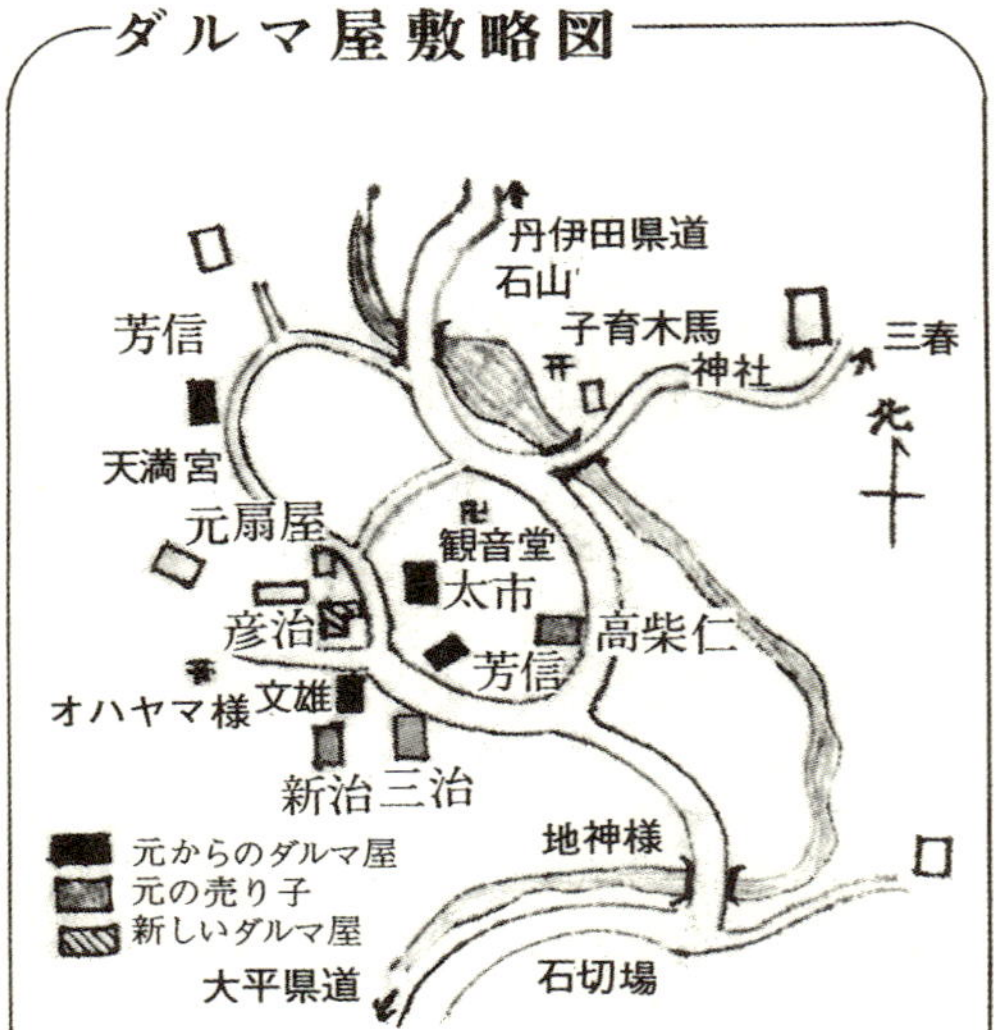

う事であれば、張子を作る以前の彼らの職業は何だったか。そして普通工職人は城下に仕事場や店舗を持ったが、高柴の人達についてそういう記録も話も残っていない。工人達は集落内で作り、売り子が直接木箱につめて東北各地を売り歩いたのである。これは何を意味するのか。時の流れは手がかりを薄め、伝説や自称何々や、こじつけや根拠のはっきりしない憶測が散在している。そちこちで集めた情報に私の頭はモヤモヤ、ガサガサとなってしまったけれど、どうやらこんな事が言えそうである。

三春人形の里、今昔

昔、街道から一里あまり奥に入った山の中に小さな集落、高柴がありました。附近の広渡寺《こうどじ》（臨済宗）の過去帳によって今から四百年程以前にその存在は確認されていますが、それ以上古い資料は見当りません。人々はこのあたり一帯の椿から油を採り、他に香の物と呼ばれる品々（香具）を負って商い歩く人達（香具師）の集落です。油とか薬とかと関係が深いからでしょうか、ここの人達は縁起物や護り物を作り、祭日や市の立つ日には神社の鳥居内での販売も特に許可されていました。社会的にどんな位置づけをされていたかはっきりせず、江戸時代士農工商と明確な身分区別がつけられた時でも、商とも工ともされませんでした。当時、工、商人は必ず城下に仕事場あるいは店舗を持つ様に定められていましたが、彼等についてそうした記録や話は一切残っていない事、高柴の部落が信仰や婚姻に関して周囲から孤立していた事を考え合わせると、特殊な集団であったと推測されます。

三春の玩具・その1

三春（高柴）ダルマ　延暦20年（801）、坂上田村麻呂が東征の途中、神垣山で戦勝を祈願したところ霊験を受け大勝利した。そこで大町四ッ筋の制札場所に宮を建て、例祭を旧正月12日に定め、この日を市の日とした。現在も１月12日大町通りにダルマ市がたつ。縁起物、マスコットとして人気は高く、近郊の多勢の人々でにぎわう。太平洋系のダルマ（顔の周囲を青く隈取りする）で、彫りが深く、頭が平らなのが特色。高柴の人形師の家を地元では「ダルマ屋敷」とも呼んでいた事は、ダルマの商品価値を物語る。現存する3000程の木型のうちの約８割をダルマが占めている。11月に入るとダルマ作りに忙しい。ダルマ屋敷に毎年決まった人達が集まり、賃仕事で市の前日まで大量に生産する。

面　ほとんどが子供の玩具で大きさは子供の顔の大きさ。戦前まではかぶって遊んでいた。他に直径３寸程の小面、１寸程の豆面がある。小さいものは細い紙に貼ったり、糸でダンゴの木につるしたりした縁起物である。主に祭礼等で売られた。木型は1000種以上あったというが、現在作られているのは、３匹獅子、七福神、天狗、烏天狗、雌雄狐、ひょっとこ、おかめ、般若、翁、猿、水神、鐘馗、役者、悪路玉、力士、金時、猩々、五郎、武者各種である。

羽子板　文化11～12年（1814～15）刊の『骨董集《こっとう》』に、山東京伝《さんとうきょうでん》は“これ奥州三春にいにしへより伝へたる古制なるよし、製作質素にしておのづから古雅なり。裏には立派に鶴をいかにも粗造にゑがきたり。木地に胡粉をぬり、墨、丹、緑青等にいろどれり”と説明している。大きさは８寸～２尺まであった。正月女児の玩具だが贈答用の大型のものは彩色も念入りで、藩主が参勤交代の際の贈答、土産品にもしたという。
板は松。絵柄は大和絵風のものを軽快で自由なタッチで描いている。現在は廃絶。

三春人形の里、高柴のたたずまい

　では、いったいいつごろから従来の品々の他に張子をも作り始めたのでしょうか。資料によると人形師は藩主秋田公から三人扶持を給されたといいます。権力者はまだ商品価値に乏しい生産品に保護を与えたりしませんから、それ以前に三春張子はもうかなりの水準まで達し、商品として売り歩かれていたのではないでしょうか。そして文化文政の、庶民生活、文化、経済の爛熟期には、美術、芸術によく通じていた七代倩季《よしすえ》公の厚い援助もあり、広右衛門、鶴右衛門、三右衛門の名工が腕をふるいました。芝居、狂言、錦絵、土人形、風俗が、特有の動的フォルムと彩色で次々に張子化され、種類の上からも、技術的にも、美的な観点からも、三春張子の完成期、最盛期を迎えました。藩主からの注文は高柴村庄屋橋本新平家を通じてされ、上流階級の贈答品として江戸、上方へも運ばれたといいます。人形師と売り子は代々世襲。売り子達は桐箱にダルマや面、人形をつめ、他にこのあたりで信仰されている子育木馬を玩具化した三春駒、山《さん》東京伝《とうきょうでん》の『骨董集』でも紹介されている羽子板もしょって東北各地を売り歩きました。現在探し出された三春人形は、山形、秋田、宮城、福島の順に多く、岩手、青森からは見つかっていません。三春の藩内でも相当買われたのでしょうけれど、えてして地元のものは大切に保存されないものです。遊廓の神棚などに忘れたように飾られていた縁起面くらいで、ほとんど残っていません。

　どんなきっかけで張子を作り始めたのか、これもはっきりしません。彼等は木や紙から〝視覚的な物〟を作り出す工人であった、と同時に東北地方に限らず江戸まで行商に出かけた（記録が橋本広吉宅に残る）、色々な物事に直接触れる機会の多い人達だったのですから、恐らく他の張子にも出会っているでしょう。

そしてもう一つ、歴史が古く、種類が多くかなり広汎に広まっていた東北地方の花巻、堤、相良の土人形の存在も忘れられません。ためしに三春張子はモチーフの多くを土人形によっています。ただし人形があればそれから型をおこして量産ができる土人形と違い、張子は木型の製作その他かなりむずかしい技術を必要とします。その技術をどういう風にして獲得したのか、手がかりはまったくありません。

明治――新しく物が外国から流れ込み、庶民生活も大きく変化していきました。オモチャの世界も例外ではありません。珍しく、丈夫で、しかも廉価なオモチャが手軽に手に入るようになると、見慣れた地味なオモチャは忘れられ始めました。さらに明治二十三年頃発布された〝毒物使用禁止令〟はそれまで使用していた鉱物性の顔料（緑青《ろくしょう》等を原料としたもの）を禁じた。皿や顔料や筆を裏の山に埋めにいった幼い日が、長老格の人形師の記憶には残っているそうです。

この時を大きなきっかけにして張子に明け暮れた高柴の村は活気を失って行きます。恵比須屋でさえ十四代鶴吉さんの代からは本業を農業へと切り変えました。それでも現金収入の乏しさから東京のデパートに出したりもしましたが物産品として結構な売り値がついている割に高柴での卸値はその十分の一くらい。労賃にもなりません。いつしか作らなくなってしまいました。ただ根強く生活に結びついていたダルマや張子面、虎は需要があっ

三春の玩具・その2

三春駒

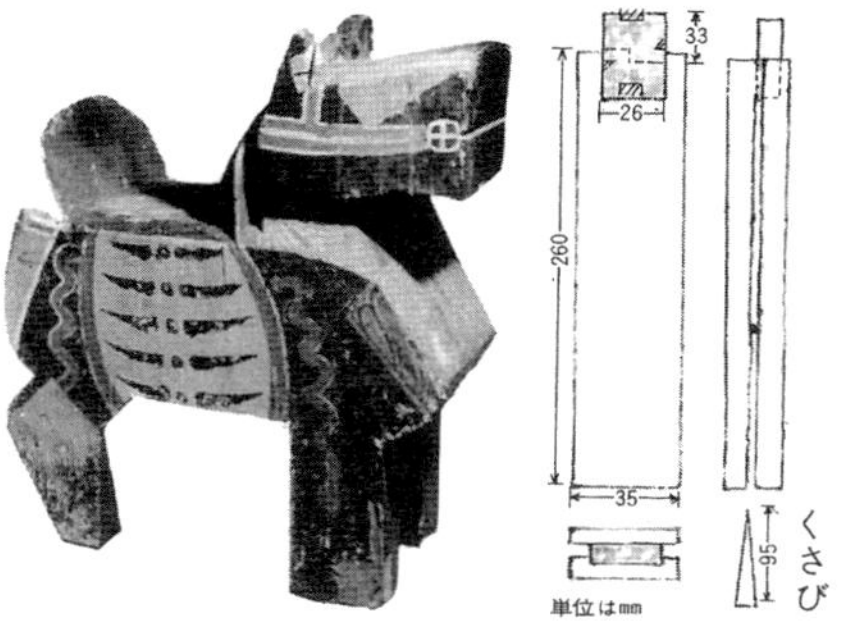

八戸《はちのへ》の八幡《やはた》馬、仙台の木下駒とならぶ三春駒にはこんな伝説がある。延暦14年（795）坂上田村麻呂東征にあたって、京都清水寺の延鎮上人は木馬百疋を刻みはなむけとして贈った。ある苦戦の折である。突然百頭の馬が現れ兵はその馬にまたがって大勝利をおさめることができたが、不思議にも鎧櫃《よろいびつ》の中の木馬は煙のように消えて一疋だけが高柴で見つかった。里人がまねて彫《きざ》んだところ、これで遊んだ子供は健やかに成長し、子宝に恵まれぬ村人には子がさずかったという。以来、大型のものはまたがったり台板に車をつけ紐で引く子供の玩具。一寸程の小さいものは子育木馬といって子宝に恵まれるように、あるいは健康な子供に育って欲しいという願いをこめた縁起物として、庶民の生活の中に生きて来た。東北に田村麻呂の伝説は多いがこれもその一つで、三春周辺の野馬と結びついて生まれたものであろう。

材料は松やホウの木、木取りの方法が巧妙である。例えば高さ一寸の木馬を二匹作るのに二寸の材料は必要としない。頭と背を線対照に組み合わせるからである。道具はノコギリとノミ、それにヤットコにあたるおさえ具で、図のように木を入れたらくさびをさし込んで固定し▨の部分を切り落とし、済んだら木を逆にして▨を落とした後、二匹に切りはなす。この木取りの方法は秘伝で、全国に木馬は色々あるけれど高柴独自のものという。

三春は馬産地として名高い。馬と人との切っても切れない繋りが生んだからであろう。子育木馬や古い三春駒には足をふんばり、高くいななていいる自然で動的なフォルムが見られる。

彩色前の三春駒を縁側で干す。

て農閑期には作り続けられました。又、三春駒は広定さんが従来の細面から今の広い顔へとデザインを変え、武運長久の縁起物としてかなり多くの人々に愛されたようです。けれどその他の張子人形は、いつの間にか忘れられていきました。人々の生活からも、高柴の村からさえも…。木型は縁の下でただの木切れになり、ひびわれ朽ちて行くようでした。その筈でした。

美を求める人々

高久田さんと小沢さん

幼い時は三春張子面をかぶって遊んだという三春育ちの高久田さんが仙台の学校を出、三春町の県立旧制中学校で国語と英語の教鞭を執ったのは昭和五年、春のことである。そしてその頃から高久田さんの三春人形求め歩きは始められる。当時、三春人形は幻の人形とでも言おうか、高柴を訪ねてもダルマ、面以外は作っておらず、本家恵比寿屋にひしゃげたお手本用の張子が数個残るだけ、木型は縁の下で朽ち、かえりみる者はなかった。土地の産物はともするると大切にされない。高久田さんが三春町ではみつけることの出来ないままだった昭和十四、五年頃、山形、秋田の県境、横手付近を中心に東北各地では次々に時代三春人形が一人の男によって探し出されていた。

森友三郎さん。森さんはコウモリ傘を修理する人である。わずかばかりの道具をたばさんで東北地方を歩き廻っていたが、人形探しという副業も持っていた。人づてに三春人形と聞くと本業そっちのけでとんで行く。又、昔庄屋等をしていた大きな家へは必ず現れる。そして玄関に膝まずく。

「私は三春人形に惚れています。気が違う程好きです。

胡粉を塗った人形を乾かす。

どうぞ譲ってください」と土下座をする。お礼はコウモリ傘の無料修理。お金は決して支払わない。支払えば値は値を呼んでしまうからである。この方法で集めた三春人形はカレーライス二十銭、ラーメン十銭也の時代に十五円程度の譲り値になり、それこそ好きで好きでたまらない惚れた弱みの高久田さんは、給料をはたいて集めつづけた。収集民芸品「らっこコレクション」のうちの三春人形の多くは、こんなルートで高久田さんの手元にとどいたわけである。

　終戦後間もない頃であった。教え子のうちでも美しい顔立ちと明晰な頭脳、芸術的素養で高久田さんの目にとまっていた小沢太郎さんが、東北大医学部を病身から中退して三春へ帰って来た。そして久しぶりに訪れた恩師の家で目にしたのが、三春人形であった。

　小沢さんが今住んでいらっしゃるのは、当時の高久田宅である。小沢さんは室の一隅を指さして「私はちょうどここに、先生はあちらに座っていらして」となつかしげにその日の感慨を語る。静かな感動だった。けれど彫刻をし油絵を手がけ、シンプルな機能美にひかれて竹細工を作るという風に絶えず美しいものを求めて止まない小沢さんの心に、又新しい、生涯をとおして燃えつづける火をつけたのがこの日の、高久田さんと、小沢さんと三春人形の出合いだったのである。

　小沢さんは高柴を訪ねた。けれど高久田宅で出会った張子人形の木型を見つける事は出来なかった。材料も手法も解らない。解らないままに、コレクションのうちの〝坐美人〟〝象乗り唐児〟の木型を彫り、素材や染料を工夫する一方、モデルとなった歌舞伎、錦絵、土人形、ヒナ人形、伎楽《ぎがく》、舞楽、能、狂言と関連する事項の研究も続けた。次々に湧き上って来る疑問に答えてくれる仲間すらないただ一人の世界で高い復元をなし得たのは、深い審美眼と旺盛な知識欲のたまものであったろう。

　彼の情熱は高柴の人々の目を覚まさせた。どんなに三春人形が素晴らしいか、いかに木型が貴重であるか。祖先の大きさに驚き、又歓んで再び人形作りが高柴で始まったのである。朽ちかけた約三千といわれる木型を保存し、色付けの方法を話し合い、技術を交換し合った。県の保護奨励も加わった。そうして、生み出す輪は次第に大きくなるのと反対に、小沢さんの胸の中の三春人形は追えば追う程新たな課題をなげかけて来て、恨めしい気さえする。「らっこコレクション」だけでは解明できない点があまりに多いのであった。

人形達との出会い

昭和三十四年一月のことである。大阪の大丸デパートで毎年催される〝東北観光物産展〟で小沢さんと、今はもうすっかり心を許し合う仲間になった橋本広吉さんは三春張子の実演をした。といっても胡粉塗りまで済んだ張子に色を塗るだけなのだが、混雑する催物場での実演はどうにも耐えられない。一日目が終った時は身心共に疲れはててしまった。そして二日目。大勢の見物人の中に風格のある一人の紳士の光る瞳があった。

「本出保次郎」という名刺をさし出して「三春人形の古いのを三百程持っています。よろしかったら見においでなさい」と静かに、こともなげに言う。二人は耳を疑った。相手はようとして姿を見せてくれない時代三春である。しかも三百だって？「穏やかな物腰で決して嘘をついているとは思えませんし、よく似たのを間違えているのだろう……というのは正直な実感でしたね」。ともあれ数点でも三春人形があったらという気持で申し出をうけ、本出さんは後日を約束して帰って行った。三日目が過ぎ、四日も音沙汰なく過ぎると、期待と失望とが交互にふくらんではしぼみ実演はともするとうわの空である。多分五日目、待ちわびた連絡が入った。そして数分後、二人の姿は実演場から消えた。

木型から抜いた鼻高面を囲炉裏で乾かす。

車は河内をしばらく走り大きな門構えの前で止まった。典型的な豪農と見受けた。通された応接間の厚く黒光りする紫檀《したん》のテーブルのむこうにゆったり構えた本出さんは、三春人形コレクションの動機、魅力、整理保存法を相変らずの口調で語りつづける。話を聞くにつれて二人の胸の動悸は高まった。これは本物だ。本物なのだ。「庭の一隅の人形小屋まで行くのに、もう足がガクガクいいましたね」

探す必要はなかったという。堤をはじめとする人形が明るく華やかに並ぶ棚にあって、沈んだ、おさえ込んだ三春張子の数々がまとまった一つのブロックになって小沢さんの視界のすみっこにチラッとするやいなや、目から胸へと駆け込んで来たというのである。こんな出会いをどんなに夢見た事か。細い糸のような手がかりさえも途切れがちだった当時の小沢さんにとって、それはもう目くるめく感動の時であった。

広吉さんは広吉さんで呆然としている。彼にとっては自分の内に流れている筈の人形作りの血、血を同じくする祖先とのめぐり合いなのだった。胸の痛いような、それでいてどこか甘い涙が流れた。

人形は室の中央のテーブルに一つずつ本出さんの手で運ばれる。胸の動悸もいつか静まった小沢さんの目は別な光を帯び始めていた。頭の中には長い間答えられなかった疑問の手がかりが、いくつも浮び上って来たのである。絶対に使われない色は何か。モチーフを同じくする土人形によく使われるのに三春人形に見られない図柄、反対にくり返し使われている図柄はどれか、名人と亜流の明確な区別等々――。そして改めて感じたのは三春人形の美しさであった。自分ははたしてこの高みまで到達できるだろうか。目標が鮮明になると行程の遠さも明らかになる。小沢さんは体にあらたな意欲が湧くのを覚えるのだった。

本出コレクション

本出コレクションの中に作風とは別の意味で小沢さんの目を見張らせた作品があった。騎乗武者。鎧、兜、背には弓を負った武者が赤い房飾りのついた馬にまたがるこの姿は、小沢さんにとっては幻の人形とも言えるからである。

戦前の事になる。仙台に傘修理の森さんを訪ねた高久田さんは一つの時代三春に魅せられた。それが騎乗武者だった。欲しくてたまらない。物を売りはたいてでも買いたかったけれど「これはこの通り、兜と武者と馬、三つ別々の張子から出来ている。三点分の値でなくては譲れませんね」と首を縦に振らない。西へ行けばその値で買う人がいるとも言う。三点分ではどうにも手が出せず、武者は高久田さんの目前を素通りして西の方いずこかへ消えてしまったのである。この無念話をくり返し聞かされていた小沢さんは息をのんだ。幻の〝騎乗武者〟の出現である。西の方とは本出家だったのか、と森さんからさらにここにつながっていた三春人形へよせる心の糸の不思議さに三人して感じ入る事しきりだった。

本出さんのコレクションは昭和七年、まだ慶応の学生だった頃大阪の蒐集家岸本五兵衛宅で二点の三春人形に出合った時の感動に始まる。以前から堤、花巻、相良の土人形を集めていたが、これらの土人形とはまったく異ったタイプの三春人形を、閑さえあれば探し歩いた。社会に出、自分の足で探せなくなってからは勤務で東北に出かける部下をつかまえては協力を頼んだ。蒐集家仲間では名の知れていた森さんには一年に一度集めたものを持って来訪させ、言い値で買った。一点に家一軒に相当する金を支払った事もあったそうである。

彼は単なる蒐集家ではなかった。それは、人形を入手した所をすべて五万分の一の地図に点でおとし、分布を残らず拾っている事や、小沢さんをうならせた正確な時代区分からも解る。美へ寄せる心がビジュアルな満足から知的な方向にまで高まっている。蒐集で満足するのは物質欲の領域であろう。眺めてみとれている限りは慰めである。対象によって動かされた心が次の行動へ人を進ませる時、はじめて対象と人が結びつくのではないだろうか。本出さんは知的興味に心をゆさぶられ、小沢さんは再現へと向った。同じ美しい物にふるえた心がまったく別の方向へ進んで、ここで出合った。

小沢さんと広吉さんは本出宅をあとにした。再び訪れる約束をしたのは言うまでもない。

胸をふくらませて小沢さんが本出家を再訪したのは、三年後の昭和三十七年十一月であった。かつて感激の序曲の流れた応接間のその黒い紫檀《したん》の机の上で全部の三春張子の写真を撮り、寸法を計り、スケッチして、これから先いつまで続くか計り知れない復元作業の資料を完成させた。あとは地道に、気長に一歩一歩進めばよい。時代三春張子がもろくもくずれ去る日が来ようと、作成した資料と復元品がある限り、誰かこの美しい物を作ってみたい欲求にかられる人が現れるにちがいない。一度完成された美を再び忘れるという悲しい事はもうおこるまい。数日の滞在の後本出家を去る小沢さんは、「淡々とした気持で明るく見晴らしのよい尾根道を歩いている」自分を感じたという。

甦える三春人形

三春にもどった小沢さんの復元への情熱が以前にも増して激しく燃えたのはいうまでもない。高柴の人形師達が求めて達した美を追っているうちに、それはいつしか小沢さん自身の美意識へと生まれ変わったのではないだろうか。先人が完成した美を追うのと平行して、自分の内の三春人形を深め、具体的な色と形で表現する、それが小沢さんの目ざすものであった。

実をいうと私が旅のスケジュールを立てた時には、三春に着いたら訪ねる筈の所が三つあった。町の今昔を知る手がかりとして役場の教育委員会、製作地高柴村、そして小沢太郎さんである。お名前を知ったのはいくつかの民芸製作の写真と随筆を集めた、ある本であった。

「春になると、梅と桃と桜がいちどきに咲くので三春という」といった書き出しで始まるそれは行きずりの三春以上の何も写していなかったけれど、小沢太郎という固有名詞をあげていてくれたのは幸いであった。

三春張子の無二の愛好者、復元に情熱を傾ける人を知ったからにはまっ先にお会いしたいものだと思った。しかし心のどこかに妙に重いものを感じてもいた。鋭い美感や技術で一城を築き自他共に見識をもつものとして認められている、この種の方にありがちな独善性や偏狭さ――。けれどそんな私の先入観念は嬉しいかな、ものの美事にくつがえされた。お訪ねしたのは二回目の旅の朝のうち。昼にはお寿司をご馳走になってとうとう夕刻まで、小沢さんとその奥さんのお話にすっかり時を忘れてしまった。

小沢さんは後姿の人形を作ってみたいとおっしゃる。そういえば張子人形は無論、美術品とまでいわれている博多人形にすらまったくの後姿というのは見た事がない。観賞人形は見る人の目の高さ、距離から角度まである範囲を作者は想定してかかるけれど、その決定のなかに後姿を正面にすえた作品があったろうか。私はその盲点に着眼した小沢さんに驚いた。痛快な着想ではないか。

膝をたたく私に引きかえ、小沢さんは静かに言葉をつづけた。「人の想《おもい》は後姿にこそにじむものです」

人形から受ける感動は美術的であっても芸術的感動にはなりえていない。これは人の姿の美しさの表現のみを求めていて、奥にある人の想の表現にまで及んでいないからではないだろうか。姿のレパートリーは豊富でも、想の領域はいまだに未開のままなのである。「張子の持つ制約は充分知っていますよ。けれどそのわく内で後姿にこもる人の心を表現してみたい」

小沢さんの言葉に、ある情景が甦えった。学生のころ遠い親戚すじに当るおばあさんを駅まで送った時のことである。颯爽と歩きたい年頃だったし先を急いでいた事もあって、改札口で御機嫌ようを言うとホッとして帰りかけたけれど、ちょっと気になってふり返った。私の目に映ったのは……。長身をかがめ、巾が広くてうすい肩をした、左手に持った花束の先を床にひきずっている、階段の途中の後姿だった。それは幾つも倉の並ぶ屋敷の奥で被布《ひふ》を着、木履《ぼっくり》を履いて育ち、今は都営アパートに一人、人々から忘れられかかりながら細く生きている人の、人生を痛いほど感じさせる後姿だった。

小沢さんは雲水さんの後姿を張子で、三春張子の感覚で作りたいとおっしゃる。いつの日か、多分ずい分先のことだろう。けれどその時は見せていただきに飛んでまいります。東京の雑踏の中で一度ならず、まだ見ぬ後姿の雲水さんを想う私である。

ご夫妻にサヨナラを言って外に出ると、いつのまにか近くの家々に灯がともっていた。垣根ごしに見る小沢さんの家の縁側の、竹にさして乾かしている胡粉のままの張子達がそこだけポッと浮んでみえる。軽い咳が聞えた。小沢さんは胸を病んで入院、退院後の今も床をひいたままである。体を大切になさって欲しいものだ。どこからか金木犀《きんもくせい》が甘く匂《にお》う。暗い空からポツリポツリ、秋の雨が落ちて来た。

時の流れのうちに人々の心から消えて行くかに思われた美に目を止めた人を得てから今日までの四十年は、まさにドラマである。美を求めていた人は美を作り出す人を得、さらに良き保護者とめぐり合った時、三春人形は不死鳥のように甦った。誰がこの再生を想っただろうか。人の心に流れて止まらないロマンの実りである。

三春に旅して

三春ブラリブラリ

初めて小さな三春駅に降立った日を想う。暗くなる前に町へ着きたいと願う私を乗せて列車は日の沈むのと競走するかのように走ったけれど、あたりはすでに青い世界。売店でバスのダイヤや宿をたずねているうちにいっしょに降りた人々の姿も散り失せ、いつ来てくれるか解らないバスを駅前広場の大きな柳の下に腰かけて待てば、むかいの黒い小山の上に鎌のような月が昇る。あたりは夜へ夜へと沈んで、心が月よりも細くなったっけ

……。あれから幾度この地に旅したことになるだろう。稲の穂が重くたれ人々は刈り入れに忙しかった頃、枯草と枯木の遅い秋、前日の雪がまだらに残っていた日、新緑がもえ、鳥の声が立つ初夏――。方向音痴の私もいつの間にか、目印を確かめながらでなく町を歩けるようになっていた。

ある写真家は三春を〝東北の鎌倉〟と呼ぶ。少し市街の大通りを入れば、坂を上り下りして続く武家屋敷の面影をとどめる家並も、寺の多い事も、それらをつつむ山の感じまでもが実によく似ていて驚いてしまう。けれど私がよりひかれているのは、古いものの上にそれを破壊することなく次の生活と入れもの（建物）が続いてきている光景である。川に沿って並ぶ藩政時代の繁栄を物語る土蔵のほとんどは今、下を車入れに改造して、上は住居の一部にしている。戦時中、敵機の目をのがれるために黒塗りにしたもの、漆喰の白さも新らしいもの、壊れかかったもの……夜になるとどこの明かりとりの窓からも電灯の光がもれ、川に映って美しい。役所は近代的なビル。その前の公民館をはじめとする明治、大正の西洋式建物達は、旅人に童話の言葉で語りかける。なかには個人の表札がかかっているのもあるが、写真館や病院といった当時の技術の先端をいった職業の建物が多い。古い看板を掲げたまま別の物を売っている店がある。確かに旅籠と思われる構えの格子の奥にミシンが一台、紳士服店。トテッカーンと昔ながらの鍛冶屋さん。馬市の開かれた場所で今行われているのは牛のセリ、そこへ数台の車が停まっている。店に飾られた護符や縁起物。立派な体育館、牧水が歌をのこした宿、デラックス喫茶店。どの時代も、いっしょくたである。それが表面的にだけは一つの時代に統一された光景より、はるかにあたりまえなのを三春で知った。

こういう街をブラリブラリ、足のむくまま気のむくままに歩いていると、旅人の私でも何人かの知人に会うようにもなった。私の好きな三春。三春人形。それを創る人々の町。何かを自分で作る楽しみを知っている人々の町である。

三春張子を生んだもの

三春藩は外様大名であった。隣藩がすべて親藩、譜代の大名のさなかにあって、幕府に取り沙汰されるようなことなくいかに安泰に存続するか、ということに藩の施政方針はしぼられていたといっても過言ではなかろう。

街の北にある竜穏院（曹洞宗）。表むきは藩主の遺言に従って建立された秋田公副菩提寺とあるけれど、兵器を貯蔵し、地下に兵糧蔵、防備設備も供えていて、一国一城令（一六一五年＝城を一国に一つと限った）発布以後に寺の姿を借りて作った出城に他ならない。又、会津と並ぶ馬産地でありながら馬場の長さはといえば、僅か百二十間だったという。このように歴代藩主は武めいたことはつとめて目立たぬようにする一方、文については保護と奨励に努めた。天明年間（一七八一～一七八九）に創立した藩校〝明徳堂〟。平田派の国学や今泉恒丸の塾を中心とする蕉風俳諧の普及。倩季の歌舞伎、三春人形の保護。和算の徒は藩民の約一割に当る三千人。武士にとどまらず農民の間にも広く浸透していた。寺社仏閣に奉納された算額は六十、全国の一割を数える。

　こういった持続的で層の厚い知的エネルギーは、明治の自由民権運動への巾広い参加へと通じる。旧藩士河野広中は明治八年、石川町に石陽社、三春町に三師社を設立、ここが拠点となって東北自由民権運動は野火のように広がっていくのだけれど、一方の拠点、旧土佐藩士板垣退助の立志社（明治七年）が旧士族階級の運動に限られていたのに対し、商人まで含む村落自治体を基盤としたところに三春の三春らしさがうかがえよう。

三春の面が生きる七福神舞

　今、三春は静かに明け、多勢の労働者を郡山へ送り出し、夕べにはその人達を迎えて何事もなく暮れていく。けれど、人々は変わらぬ知的興味の持主である。
　文化財の保護、それを過去の遺物としてではなく人々の生活のなかに生きたものにしようという運動が、公民館を中心に活発だ。四十五年度から一年コースで三十人程の婦人クラスを募り、毎月一回、実地見学を含む文化財講座を行っているが、そのテキストを見て驚いた。例えば三春の寺に安置されているある仏像を通じて、儀軌（仏教の儀礼法規）からマトーラやガンダーラの仏像発生のくだりまで内容が広がっていく。こういう奥へ向う内容を作らせたのは主催者側の姿勢だけでなく、そうでなくては満足しない受講者の存在があるといえるのではないか。公民館は地区別に支部があって、○○町公民館という建物を町のあちこちで見かける。
『三春の文化財』という写真集が年一回公民館から発行されている。この春に十一集を数えるけれど、外部むけのPRパンフレットではなく、何かを訪ねると町の人がすかさず出して来て写真を見せながら答えてくれるといった、ごく身近な生活品なのである。編集、写真撮影、説明の原稿作りからレイアウトまで中心になっている川又恒一さんは、大きな土蔵を幾つも残す醤油醸造店の主人。秋にお訪ねした時は、あまり研究する人のいない和算の研究にとり組んで資料集めに忙しかった。
　小沢さん宅に集る教師やお坊さん、おまわりさん、床屋さんが時のたつのも忘れて語るのは、人生とは、宗教とは、文学論…。初対面の小沢夫人とボーボワールを語りながら、学生時代にその種の議論をした時の興奮が甦えるのをおぼえた。

通りがかりの店の奥に、目をとらえたパネル貼りの写真があった。立ち止って見ていると店の主人が出て来て、本業そっちのけで器材の事、被写体の事、アングルまで話がとどまるところを知らない。海外へも撮りに出かける。パネルの写真はその時の一枚であった。

町史の手がかりを求めてあるお寺に夜分おじゃましたことがある。神や仏に混じってモーツァルトの言葉が引き合いに出されて、その方には一向に知識のない私は恐縮してしまった。郡山の労音は全国的に有名だけれど、その中心になっているのがこの三春の人々だという。

短い旅だったけれど、人との出合いにことかかなかった。何かを創造する楽しさを日常生活のなかにかかえ持っている人々とでもいおうか。例えば三春張子に会う以前にも、小沢さんは教職のかたわら竹細工や彫刻を楽しむ人だったように。三春張子の誕生も、あれ程の洗練さへの到達も、そして再現も、遠い昔から今まで形こそかえて続いている、三春の人々のそうしたエネルギーと深く結びついていると、思えてならない。

三春への旅は

郷土玩具へ寄せる波は、外国の珍しいものがなだれ込んだあの百年前とはまた別の厳しさでそれを洗い続けている。現代の美観がもう受けつけなくなってしまったもの、後継者が絶えてしまったもの、観光みやげ用に量産されるためにすっかり持ち味を失ってしまったもの、都会人好みにデザインを変えたもの――。郷土玩具を決定するのは製作者とその時代に生きる人の双方であるのを考える時、誕生も変貌も消滅さえも、自然の成り行きと思える。けれどこの一点は忘れられてはならない。ある時代にウィと言われた美の領域は次の世代にノンと言われても、永遠に否定された訳ではない。時間と空間を越えた私達共有の財産として、又いつでも呼びもどせる可能性を社会的に確保しておくべきであろう。

私達はあまりにも〝今〟に生きている様に思えてならない。今受け入れないものは、さっきまで執着していても捨てる。何かがむこうからやって来ても先の可能性も考えず瞬間的な判断で済ませてしまう。物心両面、消費と無頓着があたりまえになってしまった。先急ぎの貪欲がかえって私達の心を貧しくしているのである。

美の分野も例外ではない。例えば消費させるのを目的とするファッションは、人があれこれ工夫を凝らす間を許さず回転していってしまう。いつの事だったろう、デパートの化粧品コーナーを通る私をマネキン嬢が呼びとめた。「お嬢さん、マユが太すぎます。もっと細く落して……ご自分のお顔から脱出しなければいけません」。脱出だか離脱だか忘れてしまったけれど、彼女の細く弓型のマユ、大きく華やかに縁飾りされた目、カラフルな顔の彩色は、確かに原型をあまりとどめていない。祖母は幼い私のペチャンコの鼻を見るたびに言った。「寝る前に十ペンずつ鼻をつまみなさいね。しないとお嫁にもらってもらえませんよ」。この言葉の優しさと甘さよ……。今は親ゆずりの顔をいじりまわしている時代では

1月中旬に開かれる三春ダルマ市。手にした稲藁で買うダルマの大きさをはかる。

ない、いかに流行に乗ったフェイスに仕上げるかに個性を発揮する時なのである。私もそんな現代人の一人に他ならない。けれど高柴で見た一つのシーンは、消費的美意識の味けなさを痛烈につきつけてきた。

炉に手をかざして木型から張子を切り離す広吉さんの話を聞きながらフッと煙の昇って行く先を見上げると、大きな竹カゴが吊されていた。中は彩色ずみの張子だそうである。「人によっては古びた感じがいいというので、ああしていぶすのですよ」。時が古びさせたのではない、そうみせかけるためにすすけさせた、という事を承知で買う人、承知で鑑賞する心とはいったい何なのだろう。〝今〟古びたものが欲しい、時代がかるまで待ってはいられない。それなら煙でいぶしてしまえ。〝今〟を満足させるために何かを容易に捨て去ってはいないか。こういう安易さは製作者と使う側の双方にあって、自分達の手で自分達の審美眼を貧しくしている。

私達の美に対する意識を衰弱させているもう一つの原因は、物を作らなくなってしまった事であろう。明治に入ってからでも、人々は何らかの生活用品を自分の手で創り出した。その物には既製のパターンがあったにしろ、自分の目と指で作った。これは物を見る目を確かにさせる。他人の作った安易なまやかしには乗らない強さがあった。明治初期来日したドイツ医師ベルツは、「日本人は何とまあ庶民のすみずみまで美を解する国民である事か」と感嘆したものである。

けれどその後の人々は過速度的に作る楽しみを見失いつつあって、何を選ぶかという点でしか美と関わりを持たなくなった。消費のわく内でしか成り立たない美意識は、権威やマスコミの間《ま》に間《ま》にただよって反応さえ主体性がない。これをいい事に生産者はその場限りの品物の洪水をまきおこす。資本主義社会の宿命なのだろうか。

そうは思いたくない。折から経済は右肩上がり傾向にある。もう一度自分達の手で物を作り出す事を意識的に始めようではないか。今まで多様性へ向かって来た美のレパートリーを、こんどは深さへと変えていけば、失った以前よりもっと豊かな意識の実りがあるように思えてならない。

「三春への旅は美しい張子人形と、美しい物を求める人々への旅であった」と書いた。けれど思い返してみると、どういうものに美を感じるか、美しいものをどう見ているかといった、いつもは〝なんとなく〟の領域に入っている事を、自分自身に問い続けていた。そういう意味では、三春への旅は「私の心の中の美意識への旅であった」とも言えそうである。

三春のダルマ市に並んだダルマ

三春町の田村大元神社の祭礼図に見られる三春張子

山形盆地をあるく

文・写真・図
五百澤智也

寒河江市の火の見櫓

山形北高（旧山形師範）

山形は城下町

●街の顔　明治二十七年（一八九四）、奥羽南線は福島駅から北へ向かって工事を始め、明治三十四年（一九〇一）四月十一日に山形に達し、この日、山形まで列車の運転が始まった。明治になって、山形県の県庁所在都市として発展を始めた山形市は、当時、すばらしい駅前景観を持っていた。

　山形駅は東から西に広がる扇状地の末端にあって、駅の玄関、すなわち乗客の出入口は東向きだった。その正面に直線の緩い登り坂道が続き、両側の低い民家の向こうに、山形と宮城の県境をなす山並みが衝立のように眺められた。中心は鋭いギザギサの雁戸山である。快晴の冬の午後には白銀の峰が輝き、夕暮れには紅に染まり、夕焼《アーヴェントロート》けの大景観を目にすることができた。

　今の駅の出入口は坂道の終点のつきあたりから西にずれ、しかも駅前は高いビルが林立して、かつてのあの素晴らしい借景は奪い取られてしまった。

●雁戸山《がんとざん》・滝山《りゅうざん》　雁戸山は、地中から一〇〇〇メートルほどの標高まで続く基盤の花崗岩の上にのった、安山岩の火山で、蔵王火山の北端部を占めるやや古い山だ。しかし、開析された中央部の山体にくらべ、南北両側にはゆるやかな裾をひく火山錐原面を残していて、北には山形と仙台を直結する笹谷街道の笹谷峠があり、南には峨々《がが》温泉や青根温泉へ抜ける古道があった。

　その右手、東南の方向にみかけ上最も高く見える山が滝山だ。本物の蔵王山はこの山のためにかくれて見えな

昭和30年（1955）の山形中心街から北西部方面。左の寺は専稱寺。アンテナはＮＨＫ山形放送局。その右のコの字型の建物は

いのだが、小説などではときどき見えることになったりする。しかし、ヌーボー然とした蔵王火山本体の姿よりは、この雁戸山や滝山の方が彫りが深くて良い。

●城と町　山形の城下町は、これらの山の間に発する馬見ヶ崎川が、その堆積物で広い盆地の南端にきずいた扇状地の上に作られている。城は扇端の湧泉を利用して水濠をめぐらし、城下町はその東、扇央部の比較的乾燥した部分に設定された。

現在の山形市街は、三の丸の武家屋敷、それをとりまく商人町兼街道集落とその外側にあった職人町、更に外側の寺や神社の一画などという旧城下町の構成を継いだうえに、新しく発達した住宅、流通機構、交通産業の帯がとりまいてできあがっている。

奥羽本線は二の丸の東側水濠に沿って走り、山形駅はその南側にあるから、三の丸内部の武家屋敷の一隅ということになる。しかし、幕末の武家屋敷は三の丸のあちこちに小さくまとまった列を作っているにすぎなかったから、駅は当時の町はずれの荒地に作られたわけだ。

●旧町名を歩く　城下町は城の増改築によって湧泉帯からはずされ、城の東側を大きくとりかこむように計画された。そのため町屋はみな深いつるべ井戸を持つことになった。街路はぎくしゃくと鍵型に折れまがって、見透しがきかないようにされていたが、一部は強制疎開のときに改修されている。

地図で見ると、南から来た羽州街道は西南端の上《うわ》町で城下町に入り、すぐ五日町、吹張《ふきはり》口の桝形《ますがた》を抜けて八日町、ここで外濠の東側に沿って十日町、横町、七日町と

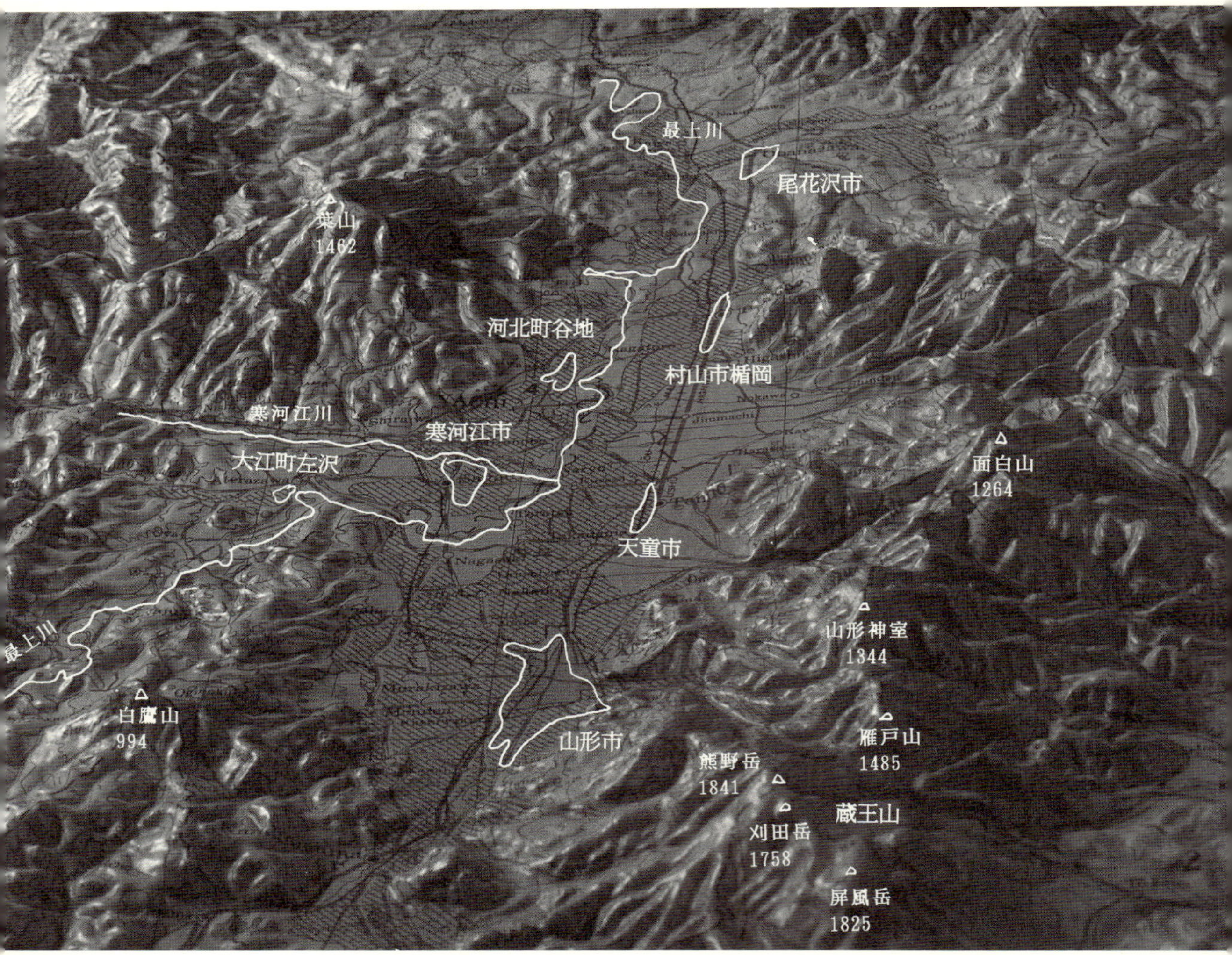

山形盆地立体地形図（25万分の一）。米軍が空襲に向かう爆撃機のパイロットのために、米軍極東地図局（ハワイ）が日本全土の立体地形図を作成した。（日本語名は別に記入）

●強制疎開のあと　山形駅前の雑然さは、昭和二十年、終戦の年の春の空襲に備えた駅前建物の強制疎開によってもたらされた。駅前だけでなく市内あちこちの疎開あとは、いまだに雑然とした雰囲気を残している。

それ以前の駅前は、東北本線の一関駅前のように、古い旅館が両側に並ぶ、狭く大正時代風の感じのものだった。戦後のドサクサが、市当局に一貫した都市計画のもとに組み立てる意欲を起こさせなかったらしい。それどころか、終戦後の新しい道路建設で、城下町の町構成が変わってしまった。

私達は町の顔を失ったのである。

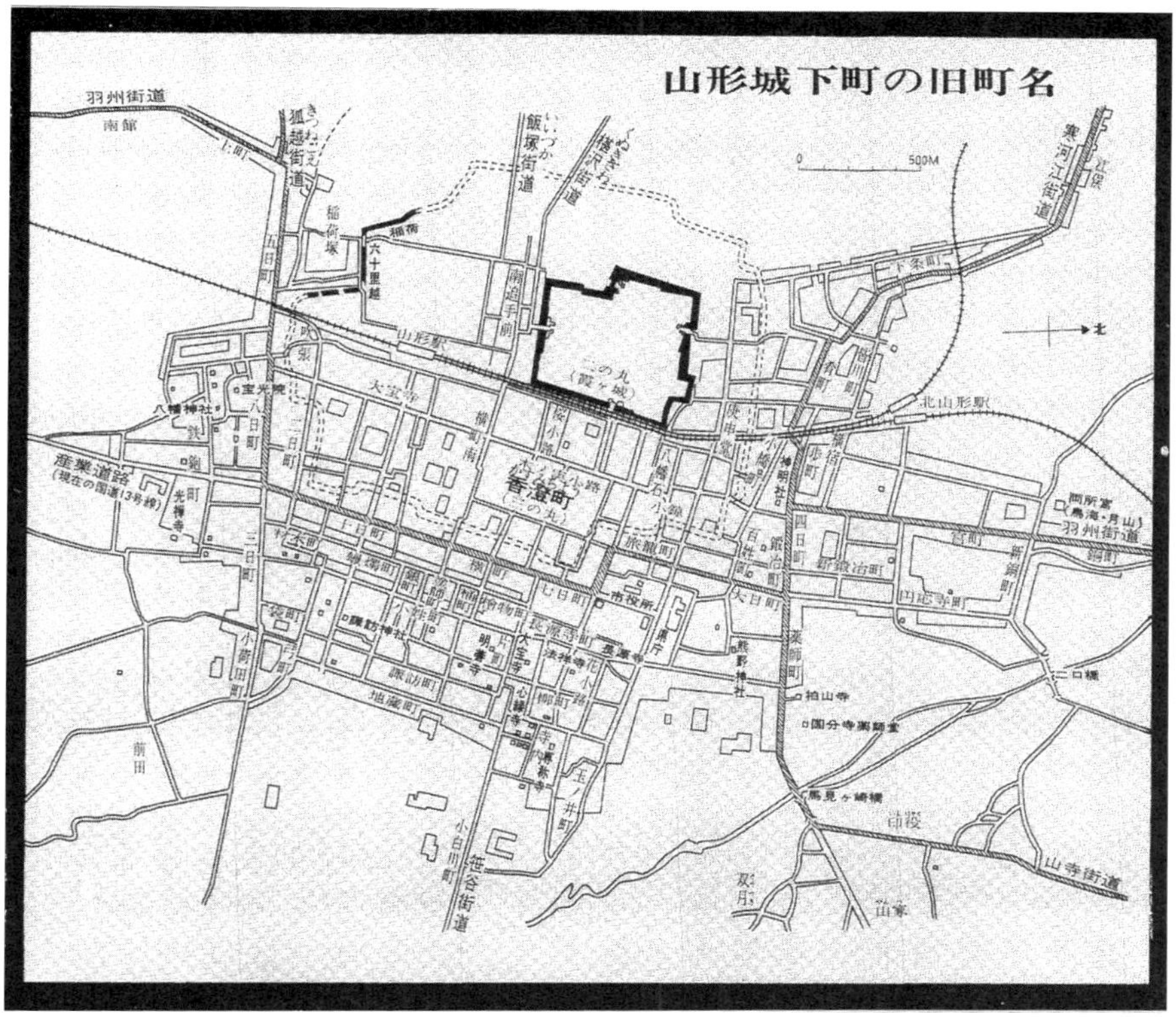

商人町が続き、更に旅籠《はたご》町、六日町、四日町と来て、そこでそのまま西へ向って歩町《ふまち》、肴《さかな》町、下条を過ぎて寒河江《さがえ》から月山《がっさん》の南の六十里越へ向う街道と、北に向って宮町、銅町で町から出る羽州街道がわかれる。下条あたりが南の上町と対応する湧泉帯にあたり、現在はこの両者を結ぶ道路もできている。

町の中心的商店街の重心は、江戸時代には三日町、明治以後しばらくは十日町にあったが、現在は七日町にあり、戦後できた二つのデパートもここにある。

●職人町　職人町は南北に走る十日町や七日町の商店街に平行して東側にある。北から檜物《ひもの》町、桶町、塗師町、銀町、蝋燭《ろうそく》町、材木町と続き、私の子供時代には檜物町に「まげ屋」が一軒、桶町には桶屋が九軒、銀町に貴金属の細工屋が一軒、材木町には店はないが、桐紙を作っている家がかなりあった。材木町と三日町の交叉点付近には現在石屋が沢山ある。職人町はこの他に鍛冶町と銅

鍛冶町の鍛冶屋。通りがかりに写真を一枚撮り、なかの仕事場を見ようと近づくと、「写真を撮るなら、一言、挨拶ぐらいしろ」と叱られてしまった。

曲屋の街道集落

昭和四十五年（一九七〇）六月二十八日の状況
新山《にいやま》―山形市東郊

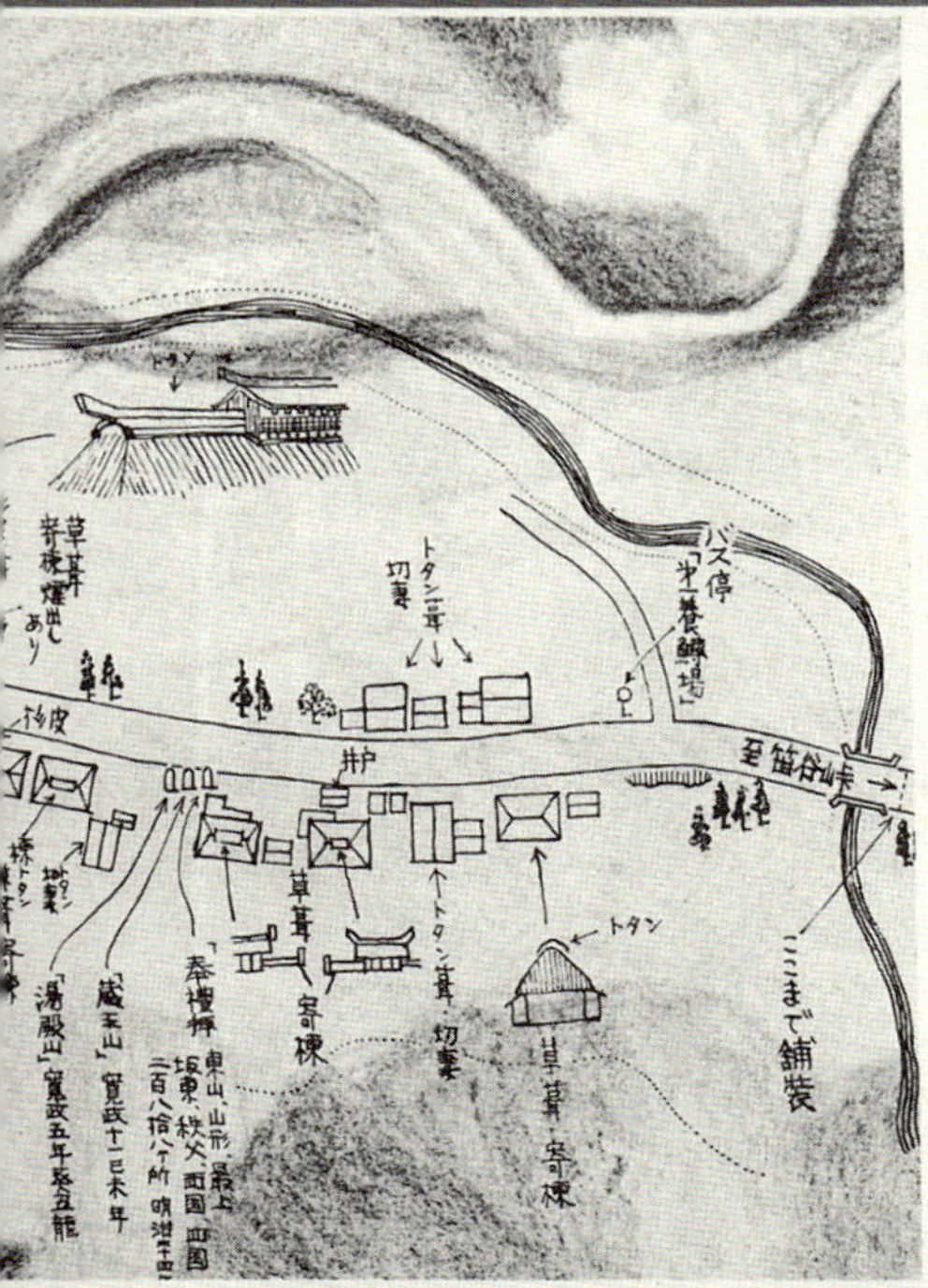

このとき三十三軒あった草葺屋根の家は、四年後に十九軒となり、昭和五十五年（一九八〇）には一軒もなくなっていた。曲屋も同様で、このときあった七軒は四年後には四軒、昭和五十五年にはまったく見られなかった。

町が北に、鉄砲町が南に、弓町が東南にある。

これらのうち、現在の職業に名残りをとどめているのは、鍛冶町、新鍛冶町、銅町、桶町（現在、桶屋はない）である。

●寺と神社　職人町の外側は大まかに言って社寺・仏閣のたぐいで、外敵を防ぐ最前線としての役割を果していた。

その最も顕著なものは城の東にある寺内《じない》とよばれる寺の町である。寺内で最大の専称寺《せんしょうじ》は、最上義光《もがみよしあき》が豊臣秀次に嫁して非業の死を遂げた娘の駒姫を弔うために、高擶《たかだま》から移してきたものである。専称寺の移転と共に盆地内各所から寺を集めて寺町を形成させたのだが、城から見たその位置は扇状地の頂き方向の高みにあるばかりでなく、笹谷峠を通じて、仙台にいる宿敵の伊達氏に対する重要な方角でもあった。義光の城下町建設計画の一環に、娘の菩提も組みこまれていたようである。

なお、遊廓は小姓町にあったし、柳町、花小路には芸者の置屋や割烹が今も集まっている。

こうした城下の全体を見るには、高い所に登って眺めるのがよい。城山に登るのが城下町展望の常道だが、山形では町の一番低い所に城があるのでそれはできない。デパートの屋上か盃山がいいだろう。

文芸評論家の亀井勝一郎氏が、著書『大和古寺風物誌』の中に、盃山からの眺めにふれているが、今の盃山は裾をバイパスに喰いちぎられて、眺めはそれほど変らないにしても、かつてのなごやかな雰囲気は消えてしまっている。

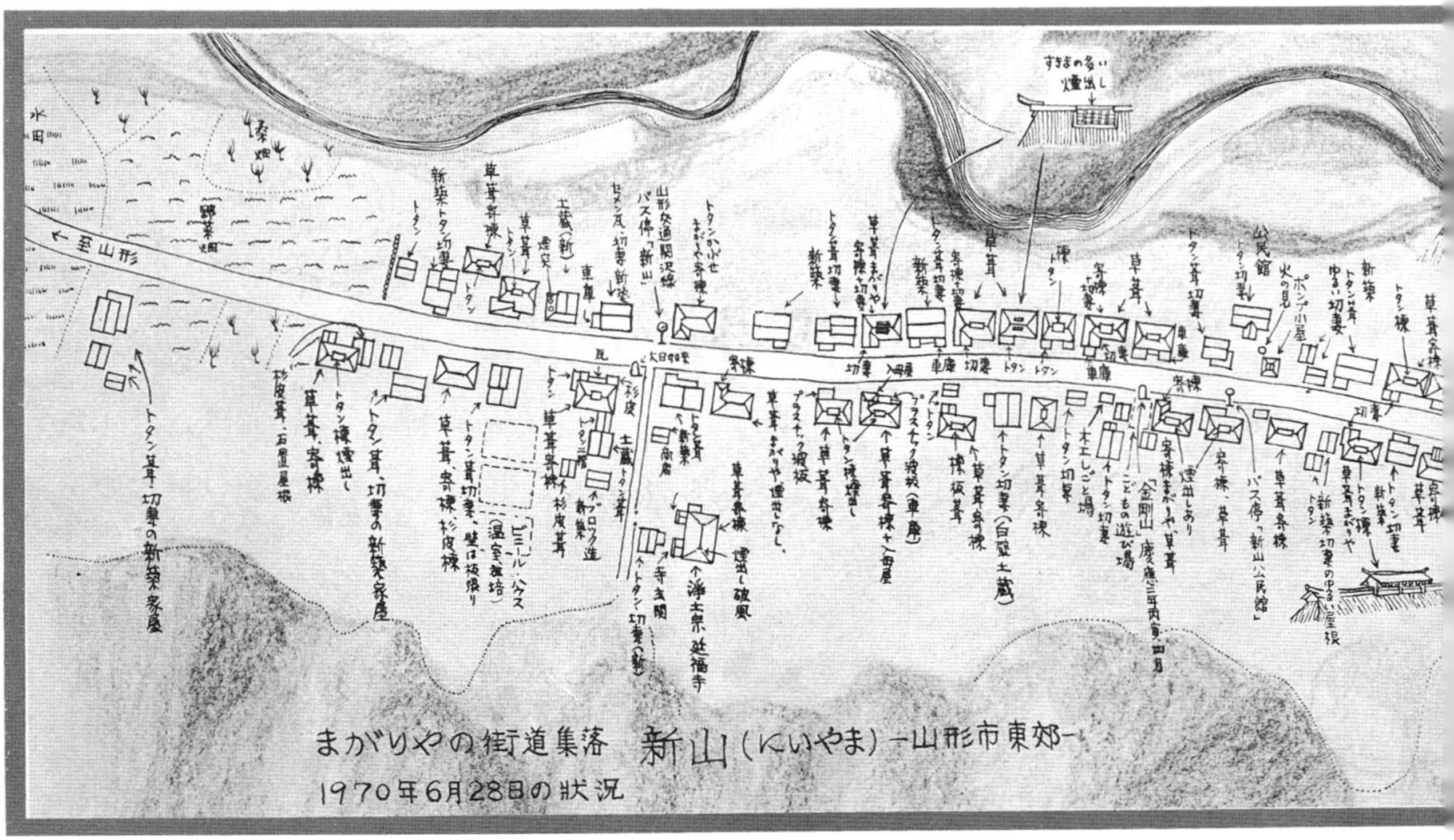

盆地の民家

●新山《にいやま》で 山形盆地の民家の草屋根は、この数年間で急激に減っていく傾向にある。街道の部落として少年時代から親しんできた新山がどうなっているか心配だったので、笹谷街道の河岸段丘上にある曲屋（母屋《おもや》と馬屋《うまや》が一つになったL字型の家）の集落を訪ねてみた。もう陽が西に傾きかけた頃、関沢行のバスに乗った私は、五時一〇分に新山で下車して三〇分間さっと駆け足観察をしてみた。

上図はその記録である。道は集落をすぎるところまで舗装してあり、草葺きの家の並ぶ間に、ゆるい傾斜のトタン屋根や瓦屋根の新しい家があった。その新しい家で聞いてみると、新山では自分の家が瓦をのせた最初の家だと嬉しそうに、誇らしげに話してくれた。改築したのが昭和四十一年のこと、この部落の草屋根もあと四、五年がいいところで、みんな建てかえてしまうだろうという話だった。部落の家を一軒一軒メモしながら歩いていると、山仕事を終えて帰ってきた人たちが集ってきていろいろ教えてくれた。萱葺きの職人も何人かは残っているそうである。昔、よそから呼んだ職人は越後の村上の人で、新山の職人たちもそうした人から技術を習ったのだそうだ。

新山は他と比べてどちらかといえば貧しいほうで、曲屋も直屋《すごや》（平面が長方形の家）もそう大きいものはない。集落全体が家の長軸を平行にした平入りの寄棟だが、その曲りの部分の屋根はいろんなスタイルになっている。

切妻もあれば入母屋もあるのだ。

●文化の吹き溜りか　日本全体の草屋根の型を分類し、その分布を示した図を見ると、東日本が全般的に寄棟型の分布になっている中で、山形盆地や付近の盆地にだけ入母屋と切妻が混在している。方言の分布で、古い時代の言葉が辺地に残される理由として、時代の文化の中心地から波及する文化の波が、時間的、空間的原因で、中心から遠い地方には後からの波がかぶらずに、古いまま残されるという考え方があるが、草屋根の型の分布にもそんな文化伝播のあり方は考えられないだろうか。

最上川をさかのぼった盲腸的な位置にある山形盆地は、最上川ルート、荒川ルート、奥羽山脈越えルートのどんづまりであり、さしずめ文化伝播の終点、言わば文化の吹き溜りだ。様々なルートを別々に伝わってきた言葉や習慣が、根強い出羽の土俗文化と入り交って私たちの眼前の景観や生活を作りあげてきた。そしてそれがいま、画一、類型的な昭和後期の日本文化に置きかえられようとしているのにちがいない。

この新山は小さな馬屋を持った曲屋がまだ過半数を占め、明治期まで笹谷峠越えの馬による物資運搬をなりわいとした歴史を家の型に残している。その曲りの部分のやや装飾的な小屋根は、別に規則性もなく、勝手な作りかたがされている。入母屋、寄棟、主屋の寄棟の一部を廂のように延長しただけのものまであるのは、文化の吹き溜りの様相を端的に示しているのかもしれない。

●とにかく画一性がなかったのだ　山形付近の草屋根は寄棟が主体で、入母屋や切妻が少しずつ混入した感じである。入母屋はどちらかというと格式のある家に多いような気がするが、切妻はそうでもない。ただし倉や物置や農作業の仕事場などは一般に切妻が主体である。

この混在の現況を詳細に調査して、聞きこみなどで掘りさげていけば、その分布や混在を制約したり決定したりする要因がどこに秘んでいるか解るのかもしれない。私が聞いた現在の家主たちはそうしたことをあまり知らなかったのだが、どこかの集落でそれを解く糸口に遭遇したいものである。

まさか出羽国創成時代という古代の移民の持ちきたったものではあるまいが、日本海―最上川交通時代の近江からの商人の移住や、ひんぱんな領主交替にともなう文化の伝播などに関連したものにちがいない。

盆地北部の碁点《ごてん》付近の部落でも、かなり切妻のものがあったし、この付近で又木《またぎ》とよぶ千木《ちぎ》のような棟かざりをのせた家、のせない家、その数の多少など、とにかくこの盆地の古い家には画一性がないのだ。

●山形市街の家　新山から山形へもどり、市街地の入口の小白川でバスをおりて歩きながら町の家を眺めてみた。市街地内でも、この小白川や南の上町あたりには草屋根が多く残っており、曲屋の商家が見られる。この場合の曲屋は新山とちがって、曲っている部分の側面が道路に向いていて店舗部分となっており、直角についている長い方の部分（屋根に高低の段がなく同じ高さの完全な曲屋）が住居となっている。こうした商店は畑谷の田圃の一軒家でも見られたが、小白川では煙突屋、上町では菓子店、雑貨店、魚屋などもあった。

山形付近に残っていた古い姿の民家。昭和四十五年（一九七〇）

羽州街道の曲屋式商店。山形市上町

切妻の曲屋。新山

曲屋式商店。山形小白川

入母屋の曲屋。新山

寄棟屋根のマタギと呼ぶ棟飾りの千木が８本、普通は奇数である。河島

寄棟の曲屋。新山

馬見ヶ崎の千歳橋のそばで見た看板。どんな改修をするのだろうか。

道路の拡張舗装で、階段状の石垣が取り去られてしまった。新山

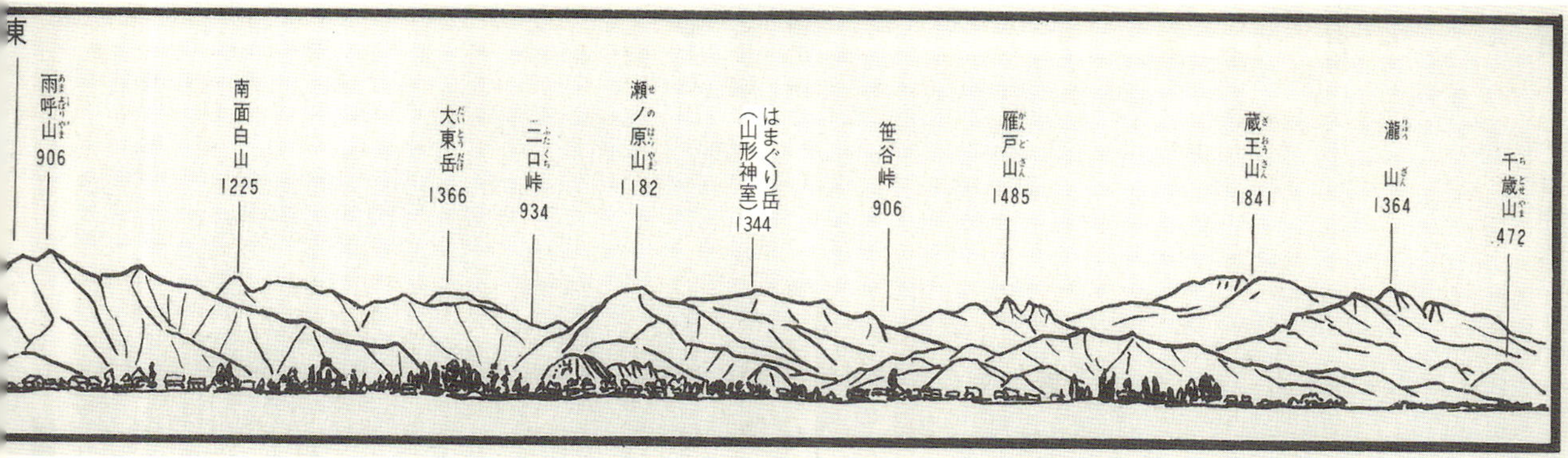

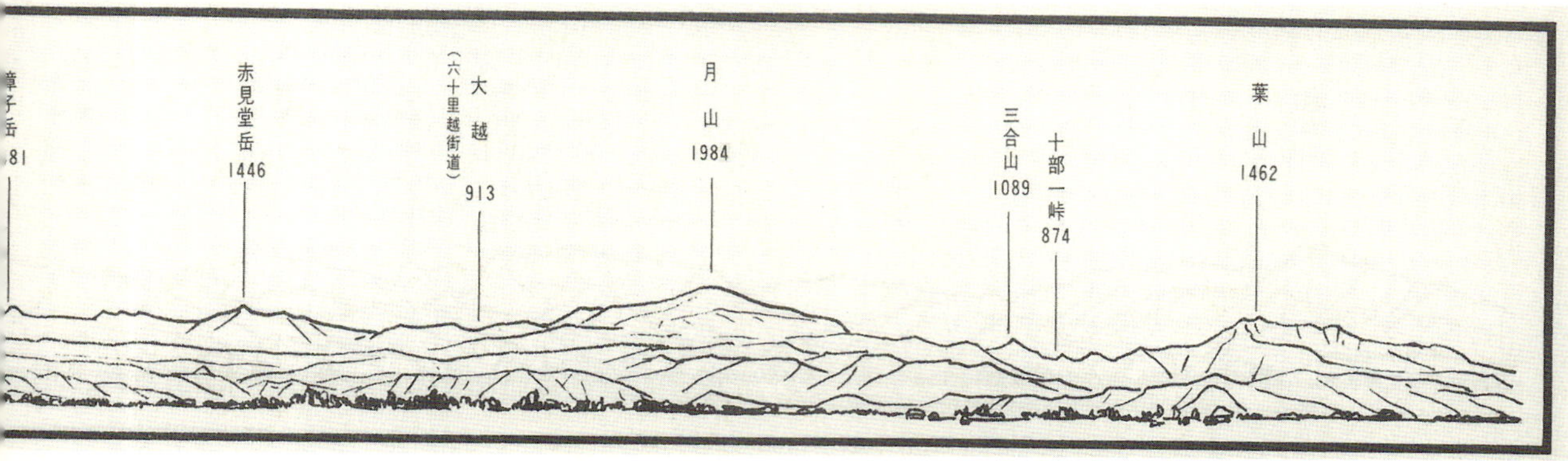

市街地内部の草屋根は表面をトタンでかこい、店の正面を看板で飾ってわからないようにしてあるが、よく見ると七日町などにも二、三軒は残っていた。しかし、それも間もなく解体するという話だった。

旧三の丸にある下級武士の草屋根でよしずばり天井のハモニカ長屋も、なくなっているかもしれない。とにかく、現物を観察しながら草屋根の研究ができるのは、あと幾年も残っていないことだけは確かであろう。

山形盆地を歩く

●東西南北　山形盆地の北端は村山市の金谷付近である。奥羽本線だと楯岡と袖崎の間で、金谷の集落から富並の方へ抜ける道路の踏切りを通るが、そこが分水界で北は尾花沢盆地である。

楯岡から水田ばかり続いてきた車窓の眺めがここでちょっと畑になり、再び袖崎に向って下りの水田がはじまる。東側の山と西側の丘との間は狭くなり五〇〇メートルほどになるが、それでも帯状の平地が抜けて北の尾花沢盆地と続く。

しかし山形県を消化系器官のように走る最上川は、この地溝を抜けずに丘陵の西側の一〇〇メートル前後の台地の間を刻みこんで流れている。つまり、山形盆地の北への出口は二つあるわけだ。

一方、南端は山形市の南方で蔵王温泉からの泥流で細く締めつけられて、上山盆地と分離された感じになっており、ここも最上川は流れていない。

最上川は山形盆地を通ってはいるが、盆地を作るのに

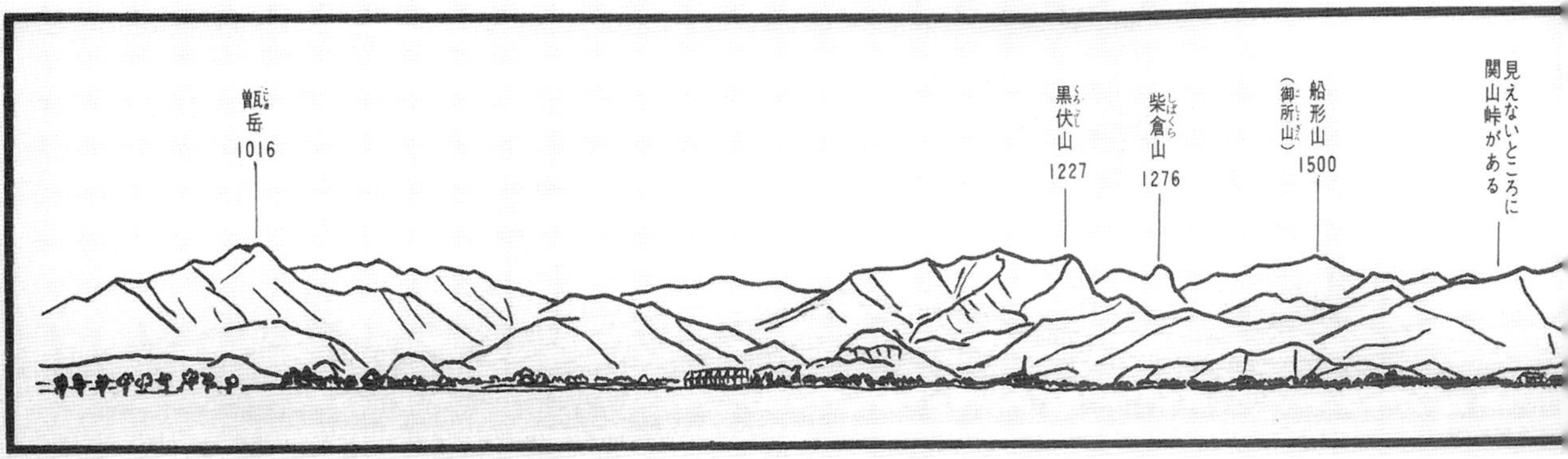

山形盆地をめぐる山。東面－高擶・寺間から見る－

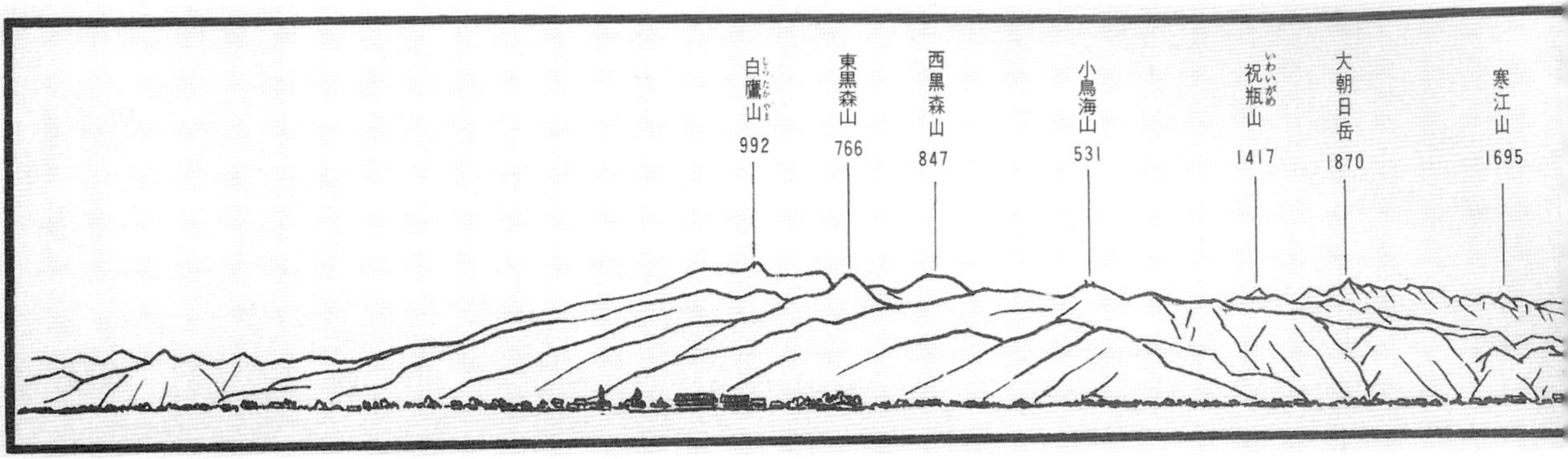

山形盆地をめぐる山。西面－高擶・寺間から見る－

最も大きな働きをした構造線とは無関係に、寒河江の街をまわりこんで西の山に入ってしまう。

西側は北部に葉山という大きな火山体があり、南に台地状の白鷹火山がある。最上川の上流と寒河江川はこの二つの火山体の間から山形盆地に入り合流する。この合流点あたりが盆地のほぼ中心にあたるところで、東側山地から流れこむ河川も多くはこのあたりで集中して合流している。

●大石田→横山街道　尾花沢盆地での最上川は、東から流れこむ河川の扇状地のために西側の第三紀丘陵に押しつけられて流れているが、大石田の南からはもっと東へ流路をもつ。奥羽本線は大石田の南で最上川に沿って走るが、眺めのよさそうな所はトンネルに入ってしまう。この他では車窓からまぢかに川を見る所はないし、羽州街道（国道十三号線）かもっと北ではともかく上流では川を見ることはできない。

大石田から最上川を左岸に渡り、横山から富並、大久保へと川に絡むようにして山形盆地へ入る道は横山街道とよばれ、車の交通量も少なくときどき最上の清流も見られるので、盆地を観察するスタートにはいいだろう。

元禄十六年（一七〇三）には、大船一三六艘、中船一二八艘、三人乗り二八艘を擁し、最上川を上下する船の中継ぎ権をも握って繁栄した大石田の河岸も、現在はコンクリート壁が堤防の上に立ちふさがって、川と大石田の街や人の交流をはばんでいる。

横山から水田の中をまっすぐに街道がのびている。この平坦な水田の見られる地形面は、尾花沢盆地で一番低い荻袋面とよばれているところだ。かつては最上川がこの面の上を曲流していたらしく、その痕跡が水田の形や、あぜの作る模様に表われていたが、農地整備事業でなくなった。

●日影面・東原面　葉山側の山地とこの地溝帯との間には幾段にもわかれた、断層に原因があるらしい鞍部や丘が、南北方向に並んでいる。街道は山形盆地の基盤が陥没しきらずに盆地堆積の上に頭を出している丘や、そのまわりについた段丘を縫って進む。田沢から道は段丘にのぼり、浅い沢をつめるようにして越えたところが富並の中心地本郷である。

　東側の丘には二段の面が見られるが、上の面は山形盆地で日影面とよばれるいちばん高い地形面だ。この地形面はゆるい丘の頂上などに残されていて、風化してボロボロに崩れやすい安山岩の砂利などで作られている。南の楯山は基盤岩石が頂部に見られるが、そのまわりにはやはり日影面があり、更にその両側には先の丘と同様もう一段低い面がついている。この二段目の面が東原面とよばれるもので日影面より平坦で、構成している砂利も表面が赤く風化してはいるものの、そう崩れることはない。石の大きさも前者が最大二〇センチのものがまじる大小の石なのに、後者は粒がそろっていて最大一〇センチの大きさである。これらの丘をとりまく富並の各部落ののっている面は、もっと平坦で広い分布の見られる大久保面だ。河島山から東の楯岡北部の平坦な地溝もすべてこの面である。

●最上川の難所　楯山は城山である。かって最上氏の城があり富並城といわれた所だ。

　本郷から楯山の西側をのぼると深沢の部落に出る。ここから西の山裾に沿って段丘を縫うように南下するのが昔の街道だが、今の県道は深沢に入らず南下して最上川に出る。ここは大石田から比較的すんなり延びている流路が小滝の部落あたりで急に西に折れる所だ。河床は両岸に基盤の第三紀層凝灰岩や頁岩《けつがん》がひらたく見えている。この西折地点が芭蕉が『奥の細道』に記した最上川の難所ハヤブサ＝隼＝早房である。

　川は長島部落をとりかこむように東へ逆転し、長島を長い岬のようにしている。だから道は再び川をわたる。川にはやはり岩盤が露出しているが、ここでは流れに平行して何本ものストライプになっている。この形からきたミカノセ＝三箇ノ瀬＝三河ノ瀬が次の難所である。

　川は大淀でまたターンして、今度は大久保面を割って南へ延びる。東側の岸にはもっと低い面があって水田と桑畑が見える。桑畑は自然堤防の砂利堆積のところに分布し、水田はその後のくぼみにある。新しい地形図では八〇メートルの等高線が走る山形盆地の最低部である。この面は尾花沢盆地の荻袋面と対比されて碁点《ごてん》橋面とよばれている。

　古今集の「最上川のぼればくだる稲舟の……」に関係ありそうな稲下《いなくだし》から東へ、河島山の南麓を通って楯岡へ向う。途中で碁点橋をわたるが、このあたりが前の二つと合わせて最上川三大難所といわれる所で、基盤岩石が割れて差別侵食された形で水面に点々とあらわれている。水流もこの間をどれが主流ということもなく、網状にしかも曲流しているので航行には一番の難所だったにちがいない。

●大久保面　ここから上流を見て、今まで見てきた下流と比較すると、なるほどいかにも山形盆地の終点という気がする。下流部は丘陵や段丘が視界をさえぎり、川がその間をくいこむように流れるのに対し、上流部は遙かに拡がる平地をのびやかに瀬をなして流れひろがってきたという感じなのである。

今まで見てきた基盤の丘をとりかこむ地形面は、山形のくぼみを埋めたててきたさいに、山形湖盆の湖尻《うみじり》としてあふれ流れる最上川の水面の高さを残しているものである。なかでも大久保面は最も広く、平坦面の残りかたも良いが、これは湖水面の最後の高さを示すものである。その後流路の基盤をけずりとってできた基準面の高さが碁点橋面で、現在の河床はすでにこれよりやや低いところになっている。こうした平坦面は山形盆地の西縁にずうっと連続しているが、東側では前にあげた楯岡以北をのぞいて見うけられない。

●扇状地　東側で見られるのは大型の扇状地で、北から白水川、野川、乱川、押切川の合流扇状地（乱川扇状地という）、次に立谷《たちや》川と高瀬川の合流扇状地、それに馬見ヶ崎扇状地がある。

乱川扇状地は、東根駅から乱川駅と天童駅の中間まで続く七キロ近い一辺の長さがある。東根駅を出てすぐ両側をがっちり堤防でおさえられた白水川を渡る。蟹沢駅と神町駅の間の広い河原が野川。神町と乱川駅の間のこれも広い河原が乱川である。いずれも東側に平行して走る羽州街道の同じようなコンクリート橋があり、あたりの畑もリンゴやサクランボの果樹やタバコばかりで、全く似たような眺めである。そして国道添いには街村状の長い長い集落が東根から天童まで一直線に続いている。

天童を過ぎるとこんどは立谷川扇状地である。ここから羽州街道が扇端をたどるようにできているので、奥羽本線はその東の扇央側を平行して走っている。川をわたるのは高擶《たかだま》駅と幕府の領地をおさめる代官所のあった漆《うるし》山《やま》との間である。

羽前千歳《うぜんちとせ》で仙山線を受けとめた奥羽本線は国道と河原を続けて渡るが、これが馬見ヶ崎扇状地の馬見ヶ崎川である。もっともこの位置は、最上義光の治水事業や明治以降の工事で固定されたものである。かっては出水のたびごとに流路を変えていたようで、その流路の名残りがあちこちにある。

西側の扇状地としては法師川のものと寒河江川のものがあるが、そう大きくはない。

しかし地図で見てもよくわかるとおり、これらの扇状地は盆地を部分的にカバーするだけで、盆地の大きい部分は盆地のもっと平坦で低湿な面が占めている。そしてその低湿地には、川の流路や旧流路に添った自然堤防の微高地がやや粗粒な堆積物でできており、水田地帯の中の集落や畑地、桑畑、果樹園の分布するところになっている。

●盆地のなりたち　山形盆地は東西一二キロ、南北四〇キロの細長い形で東の奥羽山脈、西の山羽山地の間に沈んでいる。この位置は南に米沢盆地、北に新庄盆地、横

左の最上川と大石田の町を仕切るコンクリートの壁。右の家屋は船屋

手盆地と凹地が直線的にならんでいる東北地方中央窪地帯の南部を占め、鮮新世末から更新世初頭（百万年位前）におこった山形断層による陥没で、断層角盆地の形態をなしている。

　山形断層は、羽州街道が乱川をわたる地点の東約一キロの道満から立谷川の十文字、馬見ヶ崎川の山形大学東方をつなぐ南北方向のもので、西側が陥没し盆地底の深いところは海面下一七五メートル（山形市付近）に達している。北では落ちこみかたが少ないものが、南へくるにしたがって大きくなり、西川—宝沢《ほうざわ》構造線と交叉する馬見ヶ崎川から南は落差がぐんと増加している。

　現在の東側山地の山麓線は、地下にあるこの断層線の位置よりもっと東にあるが、東根、天童、成沢の各温泉は断層線の位置に並んでいる。こうした深い地溝底部を埋める堆積物は、東側山地に起源をもつ花崗岩や石英粗面岩の粗粒物質で、盆地の厚さ全体の下半分を作っている。

　盆地の下部地層ができあがったころから蔵王火山の活動が激しくなり、安山岩の礫や、赤褐色の粘土を交えた扇状地堆積物がその上にのる。この後で山形盆地は再び大きく陥没して湖水ができ、湖成堆積物が広くひろがる。このために、東側山地から出てくる河川の扇状地は、山形断層線をこえて山地側ふかく扇頭を前進させた。

　湖水は排水口の碁点付近から北へ流出していたが、そのあたりがずんずん低くけずられるにつれて湖の面積は小さくなり、扇状地の張りだしは大きくなっていった。このときに蔵王火山の高湯（蔵王温泉）クレーターから泥流が流れだし、山形と上山の間をふさいだりした。現在は須川によって分断されているが、西側の久保手台地面はこの泥流の末端部であり、泥流がもたらしたでこぼこはここに鮒釣りにかっこうな池や沼を沢山つくってくれたのである。その後、小規模な湖の形成があったが、河川上流の崩壊が激しくなり、水流の運搬物が多くなって扇状地は大きく成長していった。

　乱川扇状地では、扇面が開析によっていくつかの段をつくって合成扇状地の形態となっているが、盆地の南へ行くほどそれがはっきりしなくなる。これは、奥州山脈の隆起にともなっておきた扇面の増傾斜運動による差が、北部では盆地の基準面が排水口の位置の低下によって低くなったためと考えられている。一方、基準面に遠い盆地の南部では、基準面の変位もはっきりした影響を与えるには及ばなかった。

最南部の須川扇状地では、小型ながらかなりはっきりした合成扇状地地形が見られるが、この場合は、蔵王火山の泥流でのせきとめと関連するもので、排水口からの距離とは別個に考えたほうがよい。

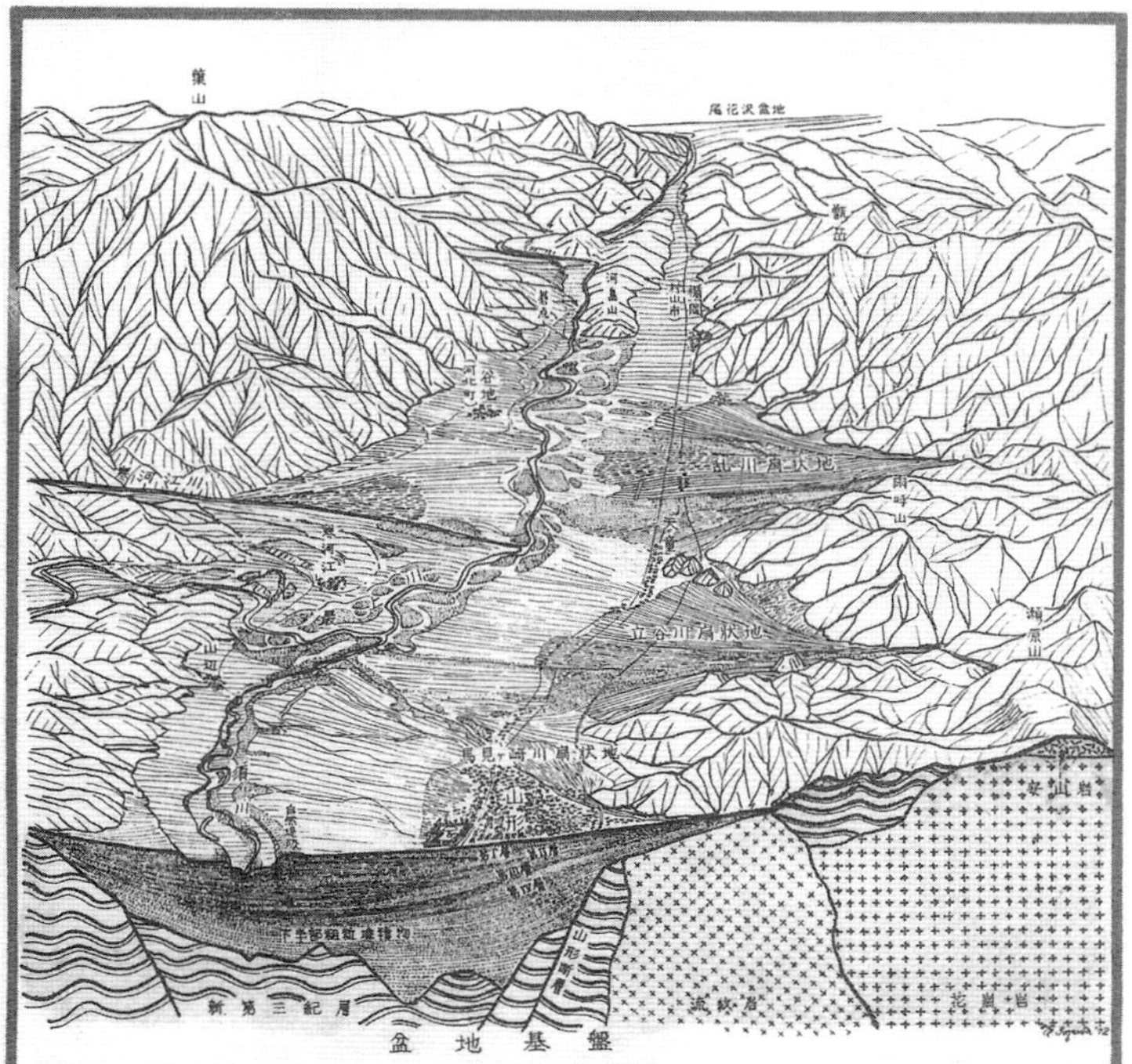

山形盆地の地形と地質断面

御祖先様の土地利用

氷河期の山形

山形県南部の飯豊《いいで》山には古い氷河地形が残っている。この氷河地形と直接連続していないのが残念だが、飯豊山東面に発する白川の沿岸にある飯豊町上屋地の段丘堆積物から前期旧石器時代と推定される斜軸尖頭器を中心とする石器が発見されている。C14（地層中の物質に残る炭素14の放射能を析出して、その物質の絶対年代を測定する方法）による測定では段丘形成の絶対年代が三四九〇〇年とでてきた。つまりヴルム氷期の古期拡張亜期の時代である。そのうちに、飯豊山の古い氷河地形の形成期との関連が求められると思うが、ヨーロッパのクロマニヨン人のような原始人が山形附近でも住んでいたにちがいない。

そのころの山形盆地はどうだったのだろう。小さな湖ができて、山地に崩壊のひんぱんにおこった扇状地第Ⅱ層の堆積は、氷河期と関連しないだろうか。泥炭や埋木のC14による年代測定をしてみる必要があるだろう。

山形盆地の遺跡

●石器時代の遺跡　埋積で隠れたのか堆積物面にはなく、すべて基盤岩石の作っている地形のところにだけ残っている。金谷原、法師森、河島山がそれだ。これらは上屋地のものより新しい後期旧石器時代のもので杉久保型のナイフ型石器を出土している。

●縄文・弥生・古墳　縄文遺跡は南寒河江の最上川左岸にある高瀬山段丘にある。また、東根市の蟹沢の遺跡は晩期縄文の大洞A'式とよばれる土器と共に磨消縄文のある弥生式土器が発見されている。稲下や漆山も同じく弥生中期の遺跡だが、いずれも水稲に関連する出土器はない。ただし、同期と考えられる青森県の田舎館遺跡では焼米の粒が出土しているので、稲下などにも農耕文化が存在したのではという推定はできる。古墳では土師第一形式の宮町古墳と石廓のある円墳の高原のものがある。

このような遺跡を地形分類の点からみると、石器は基盤の上、縄文は段丘の上なのに、弥生式のものはすべて低湿地ないしは扇状地の扇端など水利のよい地点に立地していることがわかる。

●嶋遺跡　古くからの口承で島千軒と言われている小字が水田のなかにあったところ、土地改良工事で柱根群と土器片が出て、昭和三十六年（一九六一）発掘調査が行われた。建築群は数十棟にものぼり、高床式倉庫の跡からは炭化米も出た。農具や装身具もあったが、竹櫛は珍しいものの一つである。その他に紡織器、弓、鞍などが発見された。土器は少量の須恵器と多数の後期土師器である。これらのことからこの集落が存在した時期は六世紀から八世紀にわたり、盛期はその後半だったと考えられている。つまり出羽国はまだ発足しておらず、陸奥国だけだった七世紀以前の東北地方に成立していた集落である。（右頁図1）

出羽国の誕生

出羽国は和銅元年（七〇八）九月に出羽郡として出発したときは庄内地方だけの範囲だったが、和銅五年九月に国に昇格し、同十月に陸奥国から最上、置賜《おきたま》の二部を編入した。初期の出羽はちょうど今の山形県の範囲で、秋田県はまだ蝦狄《えみし》の土地であった。続日本紀（七九七年成立）によれば、この辺地への植民はかなり積極的に行われたらしい。開拓は蝦狄と闘いながらのもので、柵戸《きのへ》とよばれる屯田兵的な植民もあった。これらの民は尾張、上野、信濃、越前、越後などから移され、県内に諏訪神社や古志王神社があるのはこのためだと言われている。

山形盆地には天童の越王神社、南部の長谷堂にある腰王神社の二つがあるが、それ以外では越後からのルートである荒川沿いから置賜地方にかけて、さらに最上川沿いに多いという分布の傾りがあるのは、その説を裏付けるかもしれない。ただし、この地の先住民族の越族の神とみる説もある。

当時の山形盆地はすべての郷が低湿地と扇端部にあり、水稲中心の弥生文化の延長で自然条件をそのまま利用できる部分だけが使われていたことがわかる。（図2）

●地名の変遷　和銅五年（七一二）陸奥から出羽に編入された最上郡は、仁和八年（八八六）に最上と村山の二郡に分裂し、最上は山形盆地南部を指していた。後に江戸時代に入ってから村山郡の一部であった新庄盆地一帯が最上とよばれ、村山であった尾花沢盆地と最上であった山形盆地全部があわせて村山という総称にかわった。

これは現在の郡や自然地域名称にもそのまま残り、最上郡は新庄盆地と向町盆地、村山盆地は地理調査所や文部省が今のように決めて使うまでは山形盆地の正式名称であった。楯岡町が市に昇格した際（昭和二十九年）に村山市を名のったので、その後、市になった東京都の東村山や武蔵村山はどうもすっきりしない名になってしまった。

荘園時代の山形

全国各地に荘園ができると、出羽国もその例にもれず、十世紀末から十一世紀後半にかけて、京の権力者藤原家の家領となった。しかし、京からは余りにも遠すぎるために、荘園の管理は平泉の奥州藤原氏に委されていたようである。

●慈恩寺　寒河江近くの慈恩寺は、藤原氏の平泉文化を移しており、本堂は単層入母屋の萱葺き屋根で、平忠盛が奉行して建てたという阿弥陀堂は、やはり平泉の流れをくむ檜の寄木造である。三重の塔は、屋根を青塗りのトタン葺きにされて品を落しているが、往時は学頭二、別当一、衆徒四〇余坊あったというこの一帯の森閑としたたたずまいはいい雰囲気を残している。現在も残っている坊の屋根の形が岩手の膽沢《いざわ》盆地に多い片寄棟片入母屋であるのは、何かかっての交流を物語っているようである。

●条里と自然堤防　盆地内の集落で方形をしていて、条里に関係のありそうな集落や、町のなかにそうした部分を含んでいるものを拾ってみると、すべて扇状地の扇端ないしは低湿地、あるいはその縁辺部に限られていることがわかる。次いで、自然堤防の上にある不定形の集落をあわせて拾ってみた。（前頁図3）

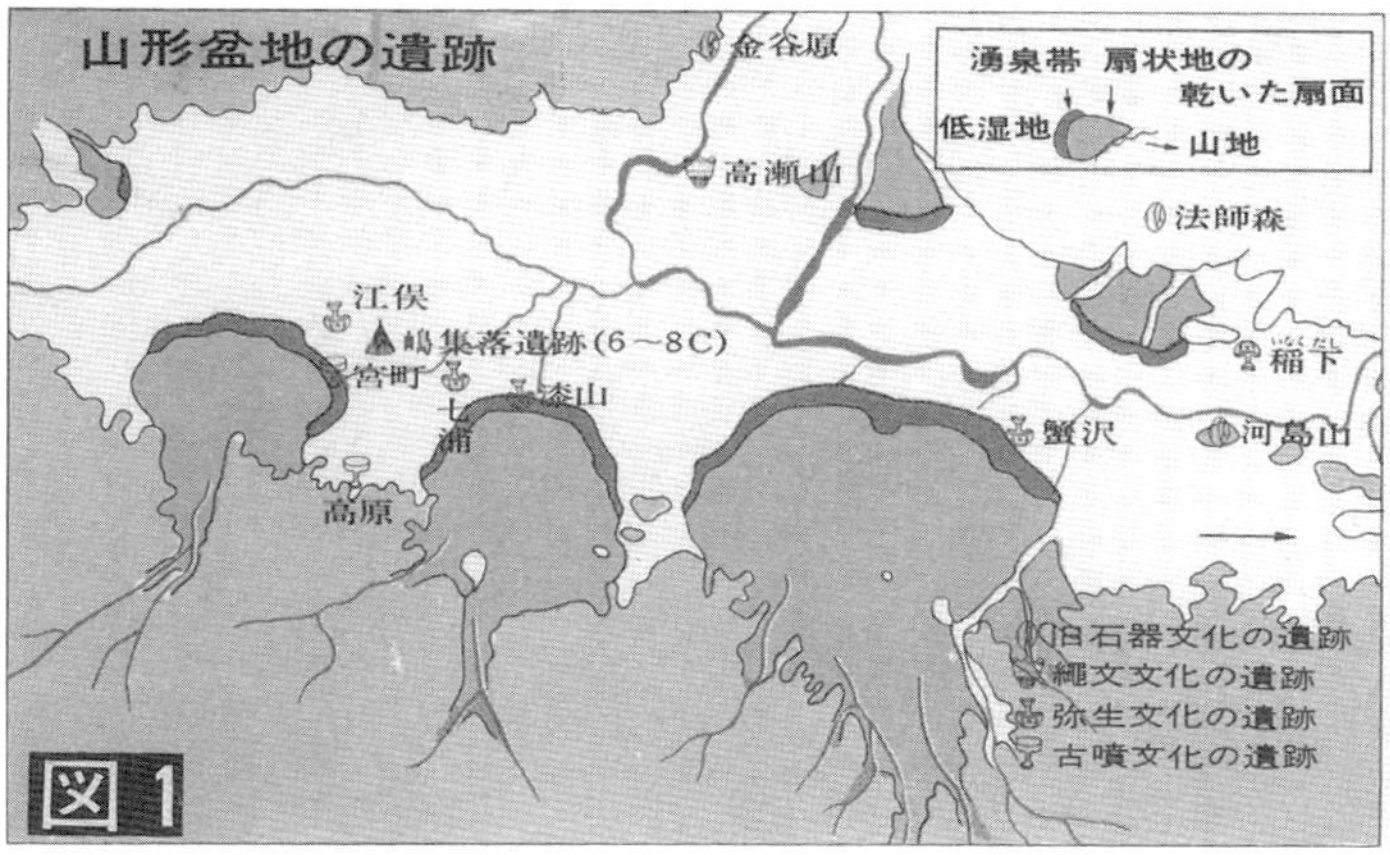

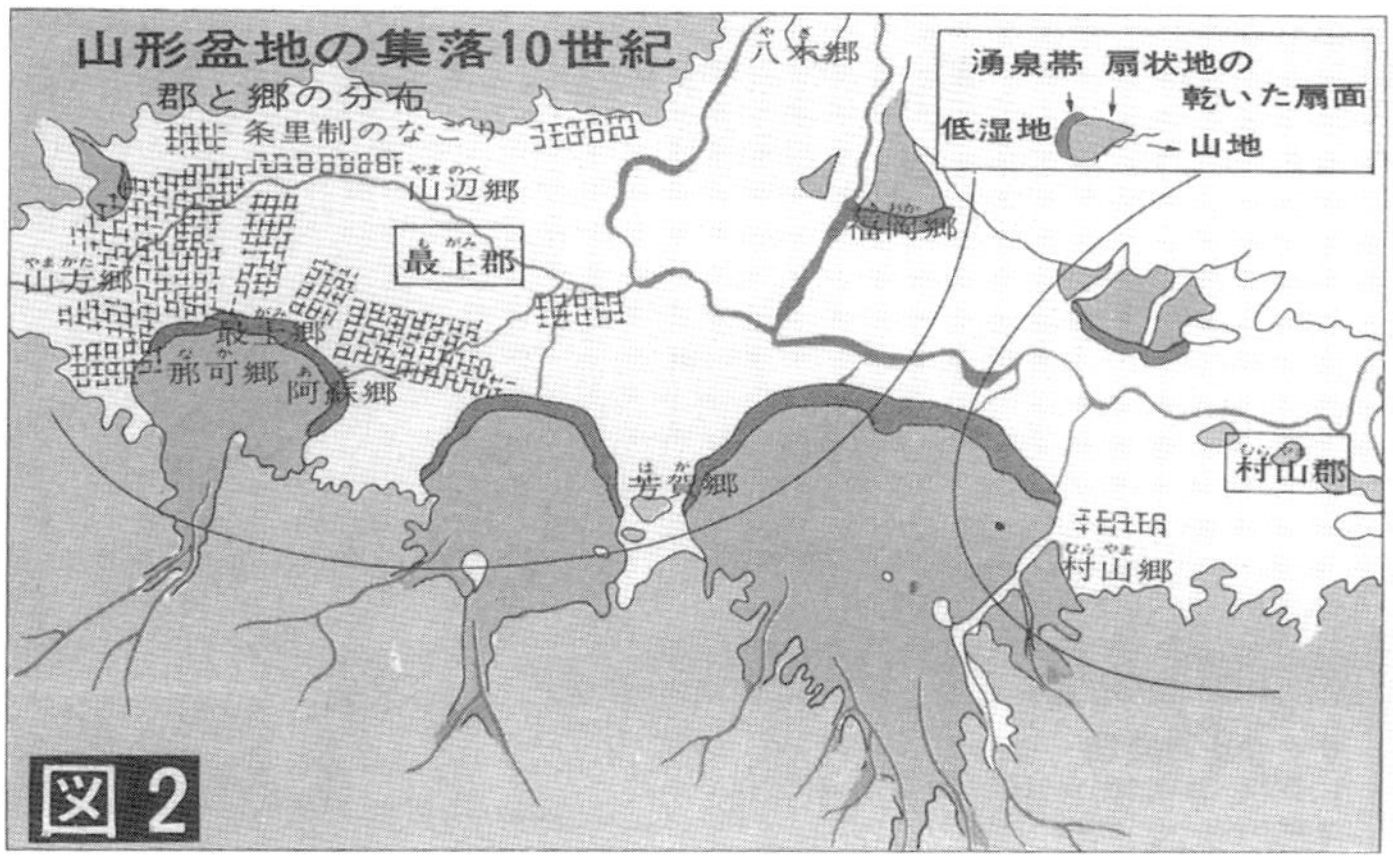

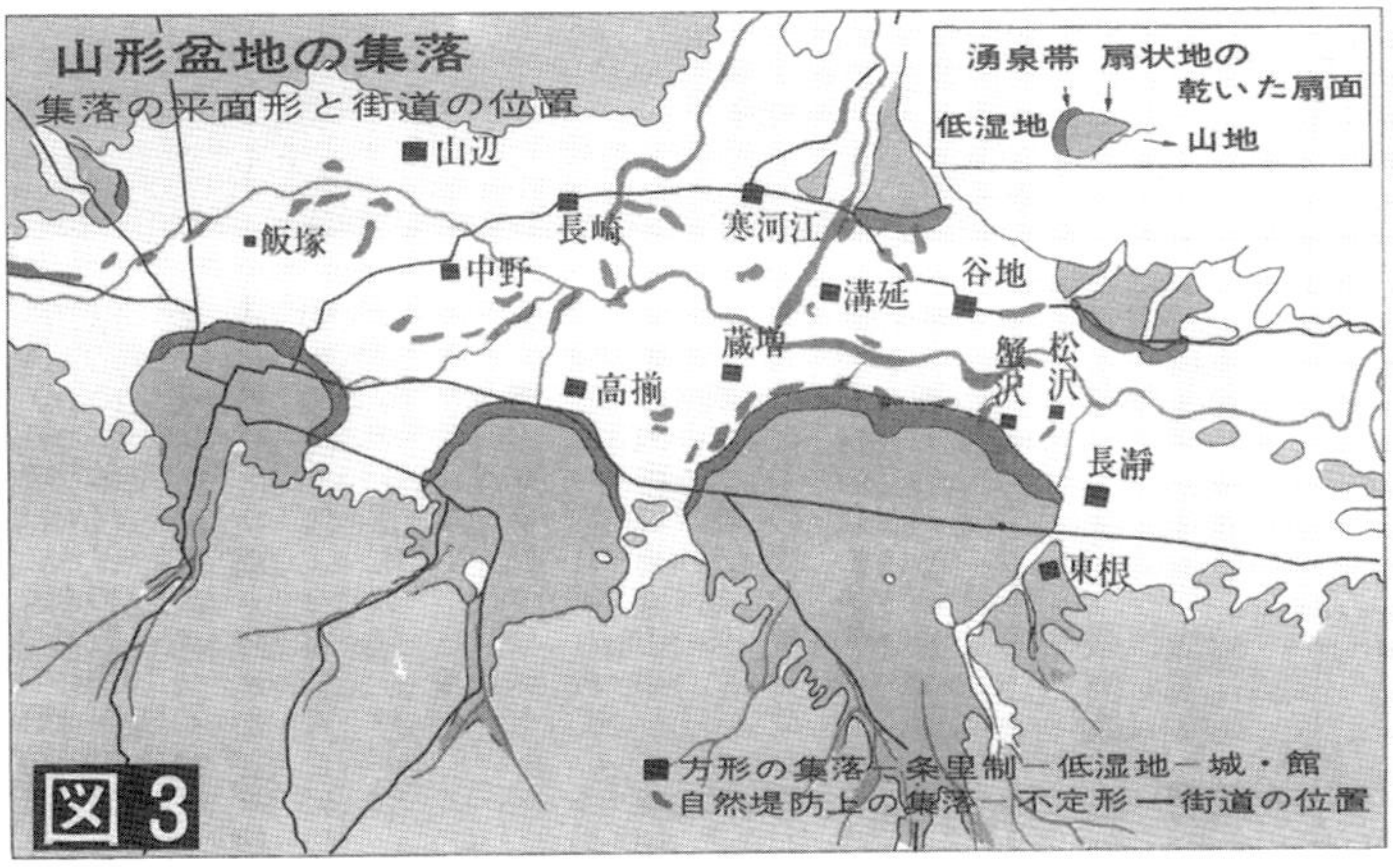

これらが、荘園時代にあった集落ではないだろうか。集落を自然堤防上に設けることは、日本各地の平野や盆地はもちろんのこと、東南アジアからインドにかけてのモンスーン地区で一般的に見られることである。現代の水害に家屋侵入が多いのは、利用すべき自然堤防がなく、低湿地を簡単な埋立てだけで水はけの悪いまま利用していることに原因するのだろう。

このうち、方形の集落をよく見ると、長瀞のように内部に方形の水濠を持っているものや、蔵増や高擶のようにそれを失いかけているもの、山辺のように空濠でかこんだ学校のあるものや、溝延や本楯のように集落の形だけになってしまっているものもある。これらは、条里制集落から地頭や守護、豪族の集落としての性格を持つようになり、更に最上四十八楯の一環として分封制に応じた城下や楯の集落として重ねた歴史は同様のものである。現在の姿に差が出ているのは、長瀞のように藩としての存在が永続したものと、そうでないものとによるのだろう。

扇央部の発展

扇端の湧水帯や自然堤防の後背湿地に比べて、扇央部は水の便の悪さからその開発、利用は遅れ、最上家の時代になってようやく本格的な途についた。それは、最上義光による精力的な堰や用水路の開発・整備によるところが大きい。それはまた、それまで米作中心だった農業を、新しい耕地に適した畑作を含む換金作物の栽培をも必要とした社会の変化にもよるのだろう。

当時開拓された扇央部の新田には、立谷川の荒谷、野川の中島新田などがあり、乱川の小林、大林、幾右衛門新田、大田新田などはもっと遅く江戸時代になって開拓された。用水路のある水田も開発されたが、桑や紅花、青苧などの栽培や畑作が中心となっていた。

現在の扇央部の土地利用は、桑畑や紅花、青苧などがなくなったかわりに、タバコ、ホップ、果樹園が主体のものになっている。これらのうちホップは日本全体の生産量の約六四%を占めている。また、果樹園は、リンゴ、サクランボ、柿、桃、洋梨、和梨、梅などを栽培し、産額は非常に大きく、庄内の砂丘の果樹栽培とともに山形県の農業生産の重要な位置を占めている。

国道十三号線もこの扇央部を縦貫し、それに沿った一帯が上山—山形—天童—神町—楯岡と連続する食品工業、軽工業、自動車関連産業の工場や施設の地帯として形成されている。また市街地の形成も、小城下町としての盆地内各都市のうち東側の天童、楯岡、東根などがここ十年位の間に大きい変貌をとげようとしているのに対して、幹線からはずれた各地、寒河江、長崎、山辺などは昔ながらのたたずまいをとどめている。

サクランボを訪ねる

五月末から六月にかけては、山形サクランボのとり入れ時期である。

サクランボは明治初期に清国へ渡った留学生が数百本の苗木を持帰り、当時の殖産興業の政策に乗って全国各地に植えられた。しかし、気候や土壌が合わなかったの

長瀞の水濠。ここには正方形の城下町集落の遺構がよく残されている。

か、わずかに北海道と山形に残っただけであった。収穫期が短く経営が難しいという問題もあるが、うまく自然条件に合わないことでその後も他へは広がらず、現在山形県は全国の産額の八〇％を占めている。

どこか一面のサクランボ園にキラキラと紅い実を光らせる森でもあったら、いい写真になるかもしれないと思ってバスに乗った。

南寒河江でバスを降り、島という集落を抜け、高瀬山一二二メートルの三角点の南にある神社に登り、北側にくだった。高瀬山の北斜面の下部一帯が、地形図では一面の果樹園になっていたからだ。しかし、私の考えていた光り輝く森はそこにはなかった。あるのはリンゴ、柿、梨、ブドウ、サクランボなどの果樹が少しずつ植えられた畑が、モザイク状に複雑に入りくんだ風景だった。

考えてみればもっともな話で、自作農が一軒一軒持つ田畑の面積は知れたものだろうし、天候の影響でできふできの差が激しく不安定なサクランボに全力投球をするはずはない。

今度は寒河江の駅前からタクシーの運転手に案内されて、長岡山の北側へ行った。そこは寒河江川の扇状地の自然堤防状のところで、川沿いと、長岡山と鹿島部落を結ぶ線に果樹園が延びている。三メートルばかりの道はサクランボ林の間をまっすぐにのびていて、タクシーはそこを流れるポピュラー音楽の響きの中を走った。満艦飾のサクランボの木が五、六本並んでいるところで車を降り、早速カメラで狙ってみたがどうもうまくいかない。ロングで撮るには道幅が狭く、一粒一粒の輝きが目立たなくなるし、部分的ではあまり面白くない。枝がかなり揺れるので、全体のピントを何とかするだけの遅いシャッターも切れない。作業をしている人たちも、ほっかむりをして高い梯子の上なので、うまいこと演出でもしないとモノになりそうもない。あちこち動きまわり、三脚を立てたりしてみたが、手のくだしようがなかった。

ポピュラー音楽はラジオから流れてくるものだった。サクランボつみの人たちは枝にぶらさげたラジオの音量をいっぱいにあげて「ながら族」の作業をしているのだった。

あとで聞いたのだが、山形駅の一つ南の蔵王駅附近にはサクランボの純林（?）があるとのことだった。

舟運の栄華を訪ねる

最上家改易後の山形盆地を実質的に動かしたのは、ひんぱんに交替する領主ではなく、商人たちだったといっていいのではなかろうか。元和八年（一六二二）以後急速に発達した最上川の舟運を使って、塩米、タバコ、紅花、青苧《あおそ》を輸出し、塩や塩引き（鮭）など山間地では得がたい海産物、それに藍玉、繰綿、木綿などを輸入することで巨大な富を得る商人が現われたのである。

●船町の繁盛　山形から西北に約八キロ、寒河江に向う六十里越街道に船町という部落がある。今でこそ名だけを船町と残した小さな農村になっているが、往時は賑やかな街がそこにあったのである。
享保八年（一七二三）、それまで最上川の舟運を独占していた大石田の権利が解かれると、船町は天正年間（一五七三―九一）から持っていながら細々としか果していなかった舟着場としての機能を発揮しだした。それにともなって、商品の流通が拡大し山形は商業都市としての性格が強くなった。最上川から須川へ入る舟に積まれた荷は船町で上げられ山形までは陸送された。この河岸には集散する商品をさばくための船問屋や荷問屋が沢山あり、大きい問屋では三、四棟の蔵を並べていたという。品物とともに人の出入りも多くなり、商店、旅館、料理屋、遊廓まで作られた。

●廻漕問屋の名残り　寒河江にサクランボを訪ねた時、バスの窓から船町の家並みのなかに格式がありそうな立派な入母屋の草屋根が目をひいたので、後日友人の車に同乗してその家を訪ねてみた。表札には阿部孫七とあったが、船町の大商人として三右衛門、孫七、孫市、治郎

環濠集落

日本の中世にできた豪族の濠をめぐらした屋敷を中心とした集落をいう。奈良盆地では特に垣内式集落と呼ぶ。

九州・佐賀では排水路を防御を兼ねて集落内外側にめぐらした環濠集落がある。

山形の長瀞・高擶・蔵増、溝延など、条里制に関連して成立した正方形集落がこの環濠集落であり、それが後に城下町として存続したものである。

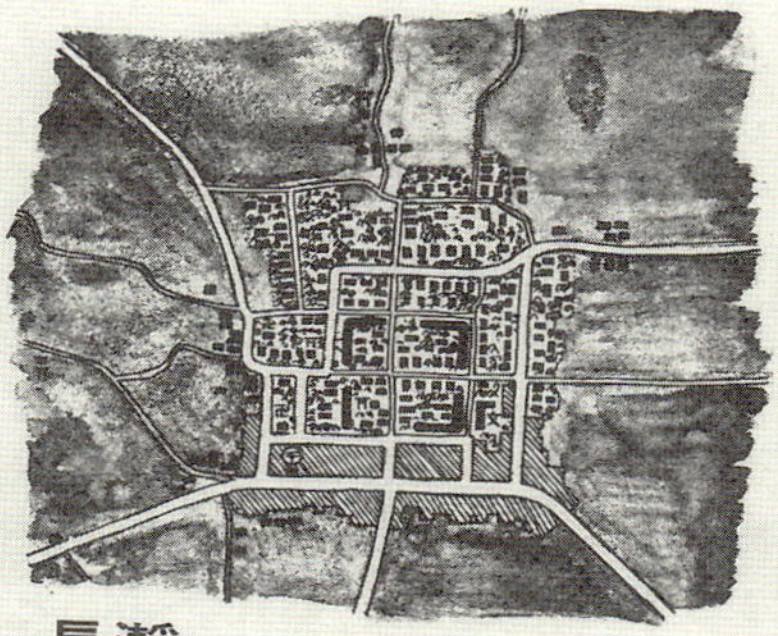
長瀞

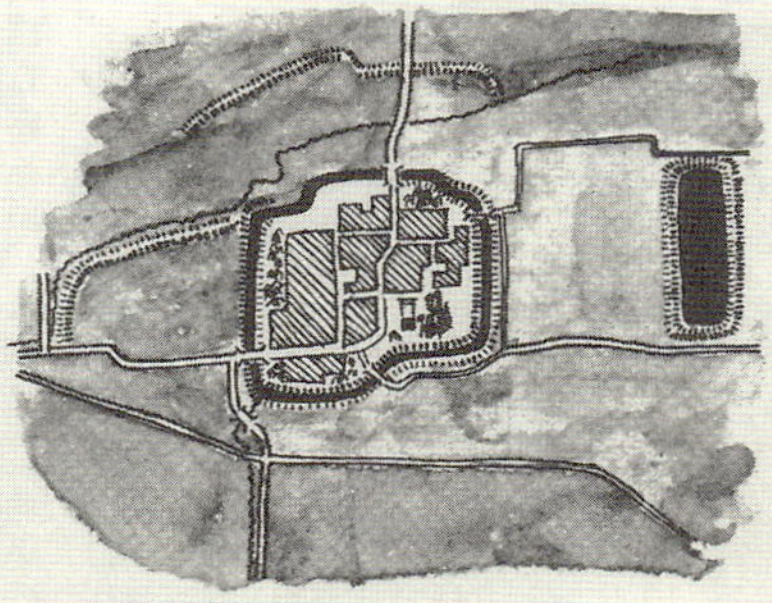
稗田奈良盆地

左衛門などが歴史に見えているから、この家はそのうちの一人の子孫なのであろう。

上客用の玄関には湯殿と便所がついており、その奥に続く座敷は、家族や普通の客が出入りする玄関に続く座敷より一段高くなっている。私たちは当然のことながら普通の玄関から入った。見上げると上のなげしにはばかでかい竿秤《さおばかり》が何本もかけられていて、いかにも往時の廻漕問屋の匂いを残している。玄関から右側は土間のまま勝手のかまどへと通じ、山形盆地でも最近は減っている土間住居の形を残していた。イロリはもう使っていない。七〇年前から庭に出てくる天然ガスをバーナーで使うようになったからだ。

●塩柱を見る　この問屋は、最上氏の山形築城にさいし、その運材に功績があったという。家も当時すなわち天明年間（一七八一〜一七八九）の造成がそのままであるというから、貴重な文化財である。現在、蔵は一つしかないが、最盛期には十一を数えたという。商いはかなり手広く様々な品物を扱い、蔵は品物ごとに分けて建てられ

天明年間（1781 〜 1789）に建てられた家の切妻

たものだ。残っている蔵は、塩を入れていたものである。

昔ながらの錠前をあけてもらい、暗い土間を懐中電燈で照らすと、なるほど塩柱があった。土中にしみこんだ塩分が、霜柱のように結晶して地表に立っているのである。新潟県の糸魚川から長野県の大町へ抜ける千国街道の千国でも、上杉謙信が武田へ送った塩を扱ったという問屋で塩柱の話を聞いたのだが、ここで初めて実物を見ることができた。片隅にはタメシバカリと呼ばれる青銅の大きな分銅があった。これは大阪・酒田そしてこの船町の三ヶ所に置かれていた計量のための基準分銅であり、それを示す文字が鋳込まれてあった。

山形の外港だった須川の船町。ここがかつての船着場

●オミ漬　冬の山形の食膳には様々な漬物がのぼるが、そのうちの一つにオミヅケがある。青菜（野沢菜に似たもの）や大根を刻みこんで漬ける山形独得の味である。オミは近江が転訛したもので、移住してきた近江商人が作りだしたものと聞いていたが、黒砂糖運搬に使った木樽の廃物利用がきっかけとなって、この家で作りだしたのがはじまりだそうだ。この家の先祖は近江出身ではないが、紅花などの取引で近江へ行く機会があり、そこで作り方を学んだものかもしれない。

●栄華の跡　この家の他は、現在はほとんど普通の農家と変りのない家の造りになっているが、家号めいたよび名としてフナヤド（旅館）、アカシ（燈明）ヤ、ソメ（染）ヤ、ソバヤ、ハタ（機）ヤ、サカヤ、ヒキサカヤ、カネヤ（両替）、チャヤ、ワタヤ、タバコヤなどが残っていて、それぞれの問屋が扱った品目や店の種類がわかるということである。

最上川と須川の合流点附近にある寺津が新たな舟着場として登場すると、船町の繁栄は次第にそちらへと移っていった。もともと須川は水深が浅く、最上川を上ってきた大きな舟はそのまま入れない。〝小川送り〟といって小舟に積みかえなければならなかった。寺津にはそれをしないでそのまま陸揚げできるという地理的な好条件があったのである。また、明治後期の奥羽本線、大正末の左沢線の開通は、舟運だけではなく、六十里越街道の荷車往来をも止めてしまい、船町の栄華は完全に去ってしまったのである。

昔から荷役のために道の両側にスペースが多くとってあったため、自動車が走るようになっても、家屋の移動はなくてすみ、集落内部は往時とそれほど変っていないという。しかし、背の高い草原にはさまれた須川の水面やあたりのたたずまいにも、昔日の賑やかさを想像することは難しかった。

出羽合戦の跡を訪ねる

●最上義光　南北朝の抗争とそれに続く戦国大名の覇権への争いは出羽の地にも及び、山形盆地も数多くの城主たちがそれぞれに分立割拠して争った。その中から守護大名斯波《しば》氏の後裔である最上義光が抜けだし、出羽を制圧した。

義光は戦略家としてより行政家としての業績が大きいようで、地子銭《じしせん》免除、職人町の諸役免除など城下町発展の為の政策をとった。また、馬見ヶ崎川の改修工事をはじめとする堰や用水路の開発、最上川航路の改修などの土木工事も精力的に行った。

一方、山形城の建設をも進め、秀吉の朝鮮派兵に応じて九州名護屋に出陣した折も、三の丸工事の進め方について技術的な命令を出している。

●出羽合戦　秀吉の死後、石田三成―上杉派と徳川派との対立が激しくなり、遂には関ヶ原の合戦にもつれこむ。この大合戦に隠れてしまっているが、山形盆地でもそれに関連した戦いが行われた。

慶長五年（一六〇〇）のこと。筋書きは以下のとおりである。まずは上杉の挙兵。徳川は東北諸大名を糾合して上杉の側・背面をつかせるとともに、家康・秀忠が大軍を率いて東上。その間隙をついて石田の挙兵。徳川の転進西下。ここで上杉は徳川を追撃せず、山形盆地に駐屯する東北諸大名の連合軍への攻撃を開始する。連合軍のうち、ある者は上杉と和睦し、ある者は領地に引上げて、残るは最上の手勢三千のみ。直江山城守を主将とする上杉軍は二万七千。この戦いが出羽合戦である。

旧暦九月十三日、上杉軍は最上領内になだれこんだ。山形市西南の山間部に残る「十三夜の餅は早く食え」という言い伝えや、朝に餅をつく習慣はその時からと言われている。

上杉の主力の攻撃を受けた畑谷城は二日で陥落したが、次いで攻められた長谷堂城は、やや大型の山城であったため、よく持ちこたえることができた。

最上の主力は完成していた山形城に籠る一方、周辺の城ではゲリラ的な抵抗を試みた。防衛戦を続けることで、関ヶ原での時局の変化を待ったのである。

関ヶ原の結果は九月末になって山形に届いた。最上五十七万石はこの出羽合戦によってもたらされたのである。

●畑谷へ　山形盆地のバス交通は、新庄や米沢盆地を含める内陸部をシェアとする山形交通によってまかなわれている。上杉軍の攻撃で玉砕した畑谷や、守りぬいた長谷堂の城跡へ行くにもこのバスの厄介になる。

畑谷へは市役所前から白鷹経由の荒砥《あらと》行のバスに乗る。市街を抜けて西の狐越街道に入ると、ここから先は扇状地を出はずれて低湿な水田地帯を行き、須川の作ったさらに一段低い曲流帯の自然堤防プラス段丘の集落である沼木を横切る。蔵王温泉の硫化水素を含んだ水を入れて酸性になった水が流れるため、酢川＝須川とよばれる川を渡ると道は登りになる。このあたりの自然堤防帯はブドウやホップの畑になっているが、以前は桑畑が大半をしめていた。

門伝《もんでん》から三角錐のような富神山の北側を抜けて山王《さんのう》の集落にくると、道は本格的な山道になる。七ツ松、荻の窪、礫石《つぶていし》、上平《うわだいら》、と集落が斜面に重なるように続き、溶岩流や泥流のつくったでこぼこの間を抜けて、大沼の停留所につく。このあたりは同じような湖沼が多く、山形からのピクニックなどに利用されているところだ。

●館山　畑谷はここから西へ下りながら、北の東黒森山をまわりこんだところにある。緑濃い丘が重なり、その間にとじこめられた小平地を耕す農家の群が点在する風景がひろがっている。畑谷城のあった館山は標高五五〇メートルだが、畑谷の水田（かつての湖水面）からは七〇メートルほどの比高の小丘だ。上杉軍の鉄砲隊が銃口をそろえた東黒森山の山脚はその東三五〇メートルの距離で、標高五七五メートル。館山を見おろす感じになっている。これは当時の先込め火縄銃の能力から考えて、かなり重要なポイントであったと思われる。

●山頂には　古い地形図には、館山山頂に墓碑記号が示されていたが、それは「江口光清公之碑」と刻まれた石碑である。山頂には西側に喰いちがいのある四辺形の平坦地が作ってあり、そのまわりには松の木が並んでいる。ささやかだが、一辺二〇メートルほどのこの平が本丸だったのだろう。石碑の右手奥に作谷沢神社の祠があり、その右側に礎石が四メートルおきに並んでいた。正面の道はゆるい下りで延び、途中で石垣こそないが鍵型に折れまがり、四〇メートルほど行ったところでこんどは角のある折れまがりでじぐざぐに急な下りになる。

●空濠《からぼり》の跡　裏山の藪をおりると、三メートルの比高の崖が作ってあり、その下に六メートルの平坦な台があって間に畝のようなものがある。その下に四メートルの急斜面、二メートルの平坦面、六メートルの石の乗った急斜面と続いて、幅三メートルの空濠になっている。その向うは一・五メートルの逆斜面があり、幅三メートルの土堤の向うは五メートルの崖になっている。これらは全て高さ一〇メートルばかりの林の中、藪の中に埋もれていて遠望してもわからない。つまりざん濠のような空濠をめぐらせた階段状の城山が、森に包まれたなんのへんてつもない館山に埋もれているわけである。

畑谷の城があった館山。手前の水田は出羽合戦のときは沼地だったという。

●戦いは　最上義光は叔父にあたるこの畑谷城主の江口光清に対し、山形城に合流するよう奨めたが、江口はこれを拒み抗戦を試みたのである。九月十二日、圧倒的に優勢な上杉軍の攻撃は開始され、翌十三日江口以下五〇〇名の城兵は玉砕した。山頂からは上杉の三百の銃隊がひそんだ東黒森山が植林された姿で左手に見え、山麓には草葺きの民家が、そしてかつては湖沼で城の守りとなっていた所は水田へと変った姿を見せている。

　城の大手の坂道を下ると、民家の裏庭に出てしまった。蚕棚に桑の葉をいれているのを見ながら、城の向側にある長松寺を訪ねた。住職はお茶をいただいて弁当を食べている私に、稚拙な木偶と一冊の和本を奥から出してきて見せてくれた。木偶は近くにある三嶋大明神という鎮守様の神体で、畑谷落城のさいに上杉軍に神像を持ちさられたため、土地の人が自分たちの手で作った代用品だという。藍色の涼しい模様の和本は、肉筆による「義光物語」の写本だった。最上義光の生いたちから出羽統一までの業績をえがいた軍記物のような物語で、近所の農家が大掃除のとき焼いてしまおうとするので、あわてて譲ってもらったそうである。まだまだ面白い話が聞けそうだったが、江口光清の署名のはいった古文書を見せてもらっただけで、バスの時間がきたので寺を辞した。

●長谷堂へ　バスを門伝でおりて南へ下る道を歩いて長谷堂へ向った。柏倉から盆地西縁の丘陵沿いの集落をぬうように走る道は、菅沢の集落から平坦な水田の中の一本道となって長谷堂の城山へ向う。トラックが一台砂ぼこりをあげて通りすぎ、学校帰りの子供たちがつれだって歩いてくる。

●陣立て　上杉の主力は畑谷を落すとまっすぐ山形城には向わず、盆地南西部の長谷堂を攻めたのである。山形城を攻撃するさいに、背後からのはさみ打ちを警戒しての作戦だったのであろう。

右手の菅沢の裏山は上杉が陣を構えた所だが、長谷堂城まで一キロあり、標高二〇〇メートル。これに対して長谷堂城は、標高一四五メートルの平坦な扇状地堆積原の上に、にょっきりと八〇メートルほどの比高でそびえる盆地面の埋め残しの丘にある。標高二二五メートルで菅沢山よりやや高いが、それだけでなく、当時の鉄砲で一キロの射程でねらい打ちするのは難しかったはずだ。かと言って、近づいて水田の上から城をねらうには仰角が大きくなってうまくいかない。上杉軍がこの山城を攻めあぐんだのは、こうした銃撃戦の不都合が原因となったのではないか。長谷堂城が敵の攻撃に耐えたことにより、山形本城での攻防戦は起らなかったのである。

●八幡様　菅沢からの道は城山の北端にくると二つにわかれる。地図でも道がこの丘をとりまくように示してあり、集落が山を包んでいる様子でわかる。集落の主体は東側にあって、かっての本沢村の役場もそこにあった。そちらへ向う道の右手、城山の北の岬のような所へ入る神社の参道があった。山体にぶつかり石段を登ると、八幡様の境内になっていて杉木立の中に山脚を平坦にならした広場があった。境内から直接頂上へ登ろうと尾根上の道を南へとった。神社の登り口にあった石垣の様子も、山城の一つの肢節の役割を果していたという気配を感じ

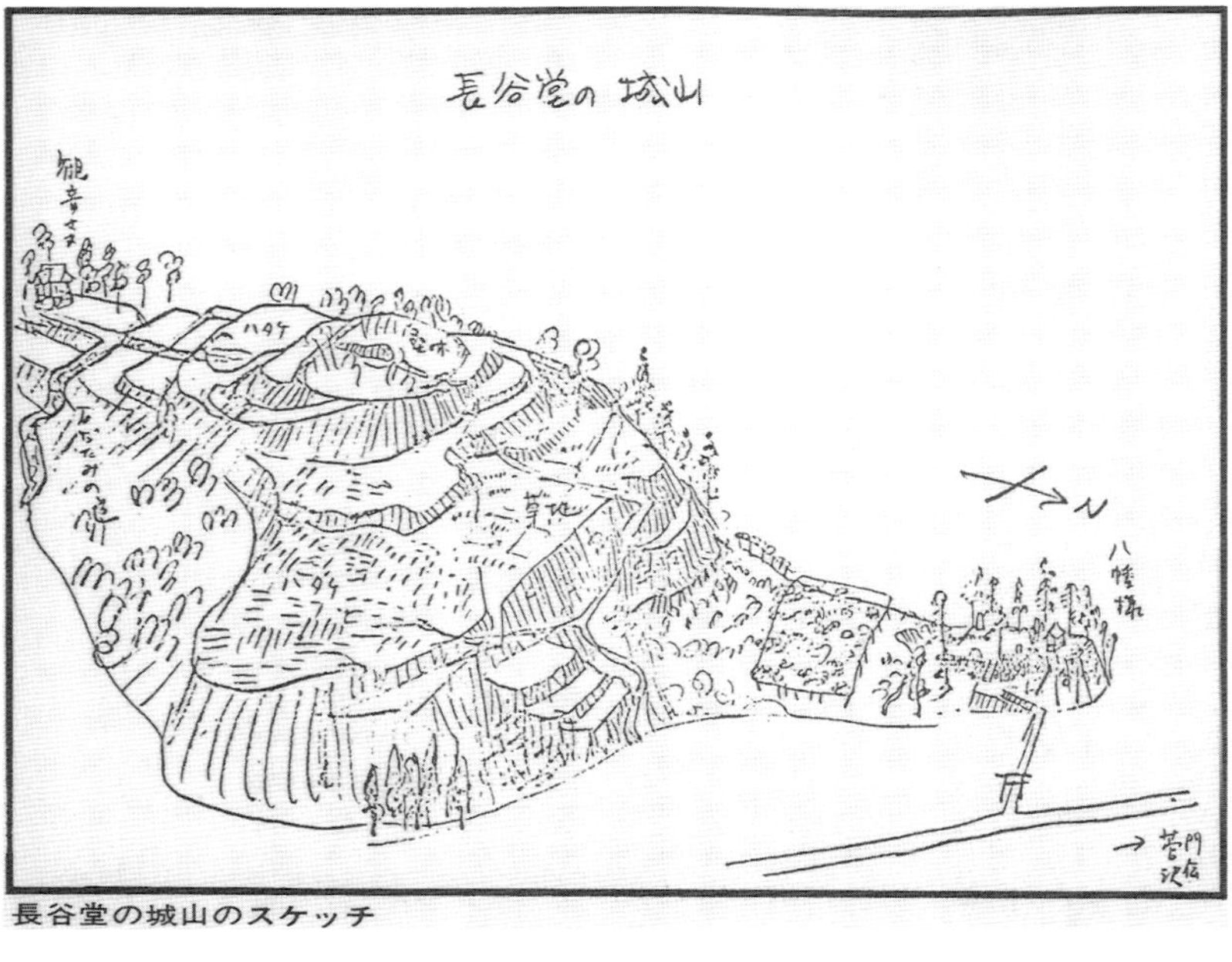

長谷堂の城山のスケッチ

たからである。しかし、ちょっと登ると道は南側斜面から延びあがってきたブドウ畑にまぎれてなくなり、遂には藪の中の急斜面にぶつかってしまった。

●城の跡　古い一色刷りの五万分の一地形図では、城山のこの急斜面部は二二七メートルの標高点をとりかこむ三重のケバ記号で示されていたが、今の地図にはない。記号の持つ意味は、人工による急な斜面つまり法面《のり》のようなものを何重にも持つ地形が存在することであり、城山という地名とあいまって、ここに山城形態の古城址があることを示していたのである。

　藪の急崖を木につかまって十二メートルほどよじのぼると、上には三メートル幅位の狭い犬走りのような平坦面があり、すぐ上の四メートルほどの急斜面に続いていた。左手から登ってくる小道が、その斜面に斜に刻まれ、桝形があって南に直角に折れている。この上には平坦面があり左手に広く続いている。よく見ると雑草の繁りかたと種類にパターンがあり、地面のわずかな起伏と微妙に関連しているようだ。その形が長方形であるところから、かつてここに築かれた館のあとなのであろう。右手にはわずかな段があり、一段高いここが城主のすみかであったのではないだろうか。

●頂上にて　細い道はこの上、城山の頂上のややまるみのある四角な平坦面まで登っている。平坦部の中央部には南北に長い畝のような地形が残っているだけで、今は若い桑の木におおわれて歩きにくい。藪のないところに出ると、盆地南部の眺望が良い。これなら水田地帯を攻めてくるのはいっぺんでわかる。しかし、九月十四日から十月一日にわたる攻防戦を通じて、天童からの応援を加えた守備隊の人数（諸説があって判明しない）と、準備できた武器弾薬の量、食糧、水、燃料などのかねあい、炊事のしかた、水場の使い方などを考えてみると興味は尽きない。そうした面でも当時はちゃんとしたやり方が決っていただろうし、現在ではうかがいしれない戦争常識みたいなものも、生活の知恵も、いろいろあっただろう。攻撃軍の方でも食糧の確保や弾薬の補充など大変だったはずだ。それよりも、ちょうど稔りかけてきた稲穂をかかえた農民たちはどんな思いで戦局を見つめていたのだろうか。

　城あとを歩側で計ってみたが、これだけの地ならしや、開削にもかなりの土木工事が必要だし、合戦のみならず城の設計、工事にともなう当時の技術家や職人、労働者の仕事ぶりなどもこの草叢の中に浮んでくるのだった。

　城山の南端は最上三十三ヶ所の第十二番に当る観音様の霊場で、宝永四年の碑や元禄の年号が見える墓碑も立っていた。北端の八幡様、南端の観音様、共に長谷堂城の矢櫓《やぐら》だったにちがいない。

●その後の山形　出羽合戦以後、最上義光は庄内と本荘地方（秋田県）を得て、置賜郡をのぞいた現在の山形県の全域を手中にした。表高五十七万石という最上の最大版図はこの頃である。

　しかし最上の領国体制は、義光という英雄を中心にして維持されていたもので、彼が慶長十九年（一六一四）に没すると、早くも動揺をきたし、家督相続の争いから元和八年（一六二二）改易されることになった。

最上氏が断絶してしまうと、山形城には磐城平から鳥居氏（二〇万石）、鶴岡城には信州松代から酒井氏（一四万石）、真室城には常陸松岡から戸沢氏（六万石）、上山城には遠州横須賀から松平氏（四万石）がそれぞれ入封して、最上の領土は大きく四分割された。その後、庄内藩や新庄藩は幕末まで変動もなく続いたのだが、山形藩だけは激しく領主が交替した。その結果、山形盆地は天領や他領の飛地でモザイク状に細分化され、幕末の山形城主水野氏はわずか五万石を領有するのみであった。

山形弁のはなし

広義の山形弁は山形県全部が入るはずだが、庄内弁や置賜弁は全く異質だし、似ているとはいっても新庄弁もかなりちがう。

この差は地形的な独立性によるのはもちろんだが、徳川時代の藩体制も大きく影響している。庄内平野の人は越後から秋田にかけて、あるいは津軽にまでのびる、日本海岸式のイントネーションで、関東型のアクセントで語尾にノウのつく言葉を話す。山形盆地の人はイントネーションもアクセントもないような平板型のしゃべりかたで、語尾にベーやスのつく言葉を話す。また、新庄や米沢の盆地では、庄内や越後から谷ぞいに入ってきた言葉が使われている。ことに米沢では、上杉藩があったため越後の影響が強い。

こうした社会環境の後遺症的な伝統は言葉だけでなく、郷土意識や人生観にまで及んでいるようである。庄内・新庄・米沢の各地方の人々の郷土意識には山形県としてのものでなく、あくまでその属していた藩の領域と自然によって区分された領域の中におさまるものであった。東京における出身地組織も、県人会的なものよりはその下の単位のほうに注意が集まるようで、学生寮なども庄内、置賜、村山などそれぞれに作られている。

その中で山形盆地出身者にそういった意識が少ないのは、県都附近というための県中心思想ではなく、細分化されて小藩となっていた山形藩に由来するものがないせいだと思われる。

山形盆地の細分化は、山形市内と周辺部の方言をさらに少しばかりちがうものにしたが、東京弁の教育とマスメディアの発達などで、方言の語彙はどんどん縮少している。

柏倉から長谷堂への道。右の山は城山

宮本常一が撮った

写真は語る

福島県下郷町大内

会津若松（福島県）と日光街道の今市（栃木県）の間の会津西街道は、会津藩主が参勤交代にも使った会津から江戸に通じる街道で、「大内宿」（福島県下郷町大内）は、その街道の宿場のひとつだった。

白虎隊の悲劇で知られる明治元年（一八六八）の会津戊辰戦争のとき、街道は敗れた会津軍の退却路となり、勝者の西軍の手に渡るのを恐れた会津軍は、大内宿の家並みに火をつけようとした。それに対して名主は必死に抵抗し、火を放つのを食い止めた。明治時代になると大内宿を通らない別の街道が作られ、また大内は鉄路からもはずれたため、人々がひっそりと暮らす山間の集落として歳月を送ってきた。

この大内が、江戸時代の宿場の姿をよく残していると して一躍、脚光を浴びるのは昭和四十四年（一九六九）五月である。そのきっかけを作ったのが宮本常一が教える武蔵野美術大学の学生で、同年の夏、その大学の学生たちが共同調査にはいっていた。宮本常一はその調査の指導をかねて現状を見るため、同年八月三日に大内にはいり、滞在した二日間につぶさに写真を撮った。集落の人々に家並保存の重要性の話もした（二二一頁）。

道路（旧街道）の両側に45戸のほぼ同じ造りの茅葺屋根の家が並ぶ（一部改造）「大内宿」。家並みが残ったのは、火事を出さないように注意してきたこともある。江戸時代には、馬が両側から水が飲めるように、街道の中央を水が流れていた。明治になって宿駅制がなくなり、流れを街道の両側に移した。その流れは洗い物などに使われてきた。

かつては馬で荷を運ぶ駄賃稼ぎをしていたので、大内にもかなりの馬がいた。この馬に乗って山仕事へ行く人の姿は、昭和40年代にはもう他所では見られなくなっていた。馬で行く光景は、茅葺屋根の家並みによく合っていた。右の人は、流れで歯磨きをしている。

三人が流れで靴を洗っている。いずれも髪はオカッパで少女らしい。今は小さいときから毛先を切りそろえない幽霊型の髪型にする。そのためか、少女という言葉は影が薄くなっているようだ。

山間の集落でひっそり暮らすのは、決して楽なことではない。大内の人々は生活のために養蚕をやり、木炭を焼き、煙草葉を作った。まだ茅葺屋根が各地にあったころは、冬の間、男たちは茅屋根の葺替えや修復のために各地に出かけた。

大内の家並みは、昭和五十六年（一九八一）に国の「伝統的建造物群保存地区」の選定を受けた。というより、この年に大内の人々はようやく選定を受け入れた、といってもよい。現在は大型観光バスもはいるようになって、「大内宿」を訪れる人は引きも切らない。

（須藤　功記）

養蚕、木炭とともに、煙草栽培は現金のはいる大切な換金作物だった。大内では江戸時代から煙草栽培をしていたが、明治31年（1898）に、下郷町楢原に専売公社の支所が設けられてさらに盛んになった。

家まわりに煙草葉を吊るし干す。8、9月の煙草葉の作業と、このように吊るし干す大内の光景は昭和47年（1972）までつづいた。

津軽十三湖

文・写真　西山昭宣

冬の十三湖と漁船

十三の夕暮れ

津軽半島はその先端部を除いて、海岸線は単調である。ことに日本海側の鰺ヶ沢から北は、七里長浜といわれる砂丘が延々とのびている。

その砂丘の北端近くに岩木川の河口が大きな潟湖を作っている。それが十三湖である。十三湖と海を結ぶ地点に十三の町はある。津軽十《と》三《さ》湊《みなと》といわれ昔から日本海の海上交通の重要な港として栄えていた。今の北津軽郡市浦村大字十三である。

その程度の予備知識で津軽十三湊の繁栄の跡を訪ねてみようとしたのは、一九七二年の暮に近い頃だった。

ところが、まずひっかかってしまったのが、私の訪ねようとしている土地は「とさ」ではなくて「じゅうさん」と呼ばれていることだった。それを知ったのは、五所川原駅前のバスターミナルである。「十《と》三《さ》へ行くバスは？」という私に、若い女性の案内係はけげんな顔をして、「十三《じゅうさん》ですか？」と聞きかえしてきた。何かふいに目的地を変えられてしまったようで、ひどく落着かない気持になった。

先に役場のある相内《あいうち》に寄ってみようと、五所川原から津軽鉄道で終着の津軽中里へ行き、小泊《こどまり》行きのバスに乗った。初めて湖を見たのはそのバスの窓からだ。今泉の部落を出はずれると間もなく、左手にさあっと湖が広がってくる。真昼の陽を浴びた水面が、小波一つたてるでなくペッタリと扁平に続いていた。出稼ぎから帰ってきた人々とその大きな荷物でバスは満員。無理に小腰をかがめて窓をのぞきこもうとしたら、バスは右へ大きくカーブして坂道を登り、湖は視界から消えた。

金木町出身の太宰治も、同じ行程のバスの中から湖を見て、「やがて、十三湖が冷え冷えと白く目前に展開する。浅い真珠貝に水を盛ったような、気品はあるがはかない感じの湖である。波一つない。船も浮んでいない。ひっそりしていて、そうしてなかなかひろい。人に捨てられた孤独の水たまりである」といっている。

御用納めで、役場はさすがに閑散としていた。それでも村史編纂の準備をされている山内さんが、周辺の歴史について一時間ほど話して下さった。安東氏だとか、福島城だとか、興国元年（一三四〇）の大津波だとかが全くの断片的な単語として頭に入ってきただけだった。どうも、ここの繁栄は私が想像していたよりずっと古くに始まり、そして終ってしまっているらしい。また、はぐらかされたような気になった。

湖をゆっくり見ていけば、力強い繁栄の名残りを感じられるのではないかと思った。湖に注ぐ相内川が小さな沖積地を作っている。そこに開かれた田圃の畔道を抜けていく。厳しい津軽の寒さを覚悟してきたのだが日中は思いのほかに暖く、少し拍子ぬけしていた。陽が傾きだすとさすがに冷えこみ、オレンジ色の夕陽を浴びる田圃には冬枯れの気配が濃かった。蛇行の跡の三日月湖のような沼には、灰色の氷がはっていた。東側のやや高みになって松に覆われているところが、福島城の跡らしい。

水際には高いコンクリートの護岸があった。その内側には砂防林を作る松の苗圃だ。風はなく、ずうっと平らな水の連続。水が黄味がかった茶色——対岸はその水の中に溺れこんだようにかすんでいる。一隻の舟も浮んでいない。何とも掴みどころのない、見ていてもどかしくなるような風景である。何かしら息づいている強さを見てやろうと眼をこらしてみるが、しまいには同行した田村さん（当研究所同人）の表情さえもがボンヤリしているように見えてきた。正面に裾をはって黒々と鎮まっている岩木山の姿が唯一の救いだった。

茫々とした冬の浜明神への道。夏には乾いた明るさがあった。

「とさ」と「じゅうさん」

山内さんに聞かずじまいだった十三の呼び方について、宿でこんな話を聞いた。昔は「とさ」と呼んでいたが、津軽の殿様が土佐守になったので「とさ」では殿様を呼びすてにするようだから「じゅうさん」に改めたという。同じ話を十三で、年越しのお籠りの時にも聞いて、自分の知識もまんざら間違いでもなかった、とその時は少し安心したものだった。

ところが、呼称の起源についてはこの地方を研究している人の間でいくつもの説があって、そんなに簡単なものではない。例えば「じゅうさん」説のものとしては、日本の地名考証では大きな権威とされている吉田東伍の『大日本地名辞書』は類聚国史を引いて、延暦・弘仁年間（七八三〜八二三）のころには、俘囚の酋長で爾散南《にさなむ》という称号をつけていたものが多く、それが十三の古名であるとしている。また、山岳信仰の十三塚と結びつけて、熊野信仰が行われていたこの土地にもその塚があったと考え、地名の由来とする説がある。

一方、「とさ」説はアイヌ語に起源を求めている。「Ｔｏ－ｓａｍ『湖ばた』即ち『湖畔』の意味であった」と金田一京助博士が述べている。Ｔｏは湖、沼、潟などを意味し、Samは側、かたわらという意味がある。そして、最後のム音は唇を閉じたままの音なので聞きにくく、日本人には発音しにくい音だから脱落する可能性があるという。また、近世初期に書かれた「湊之巻」という海路についての書物にも「戸佐」とあるそうだ。

これではなかなか結論はでないのも無理はない。私の感じでは、「にさなむ」がどういう過程をふんでいけば「じゅうさん」という発音になっていくのか理解できない。また、岩木山などに修験者が入って修業したのは鎌倉時代以前からあったようだが、一般の人にまで信仰が

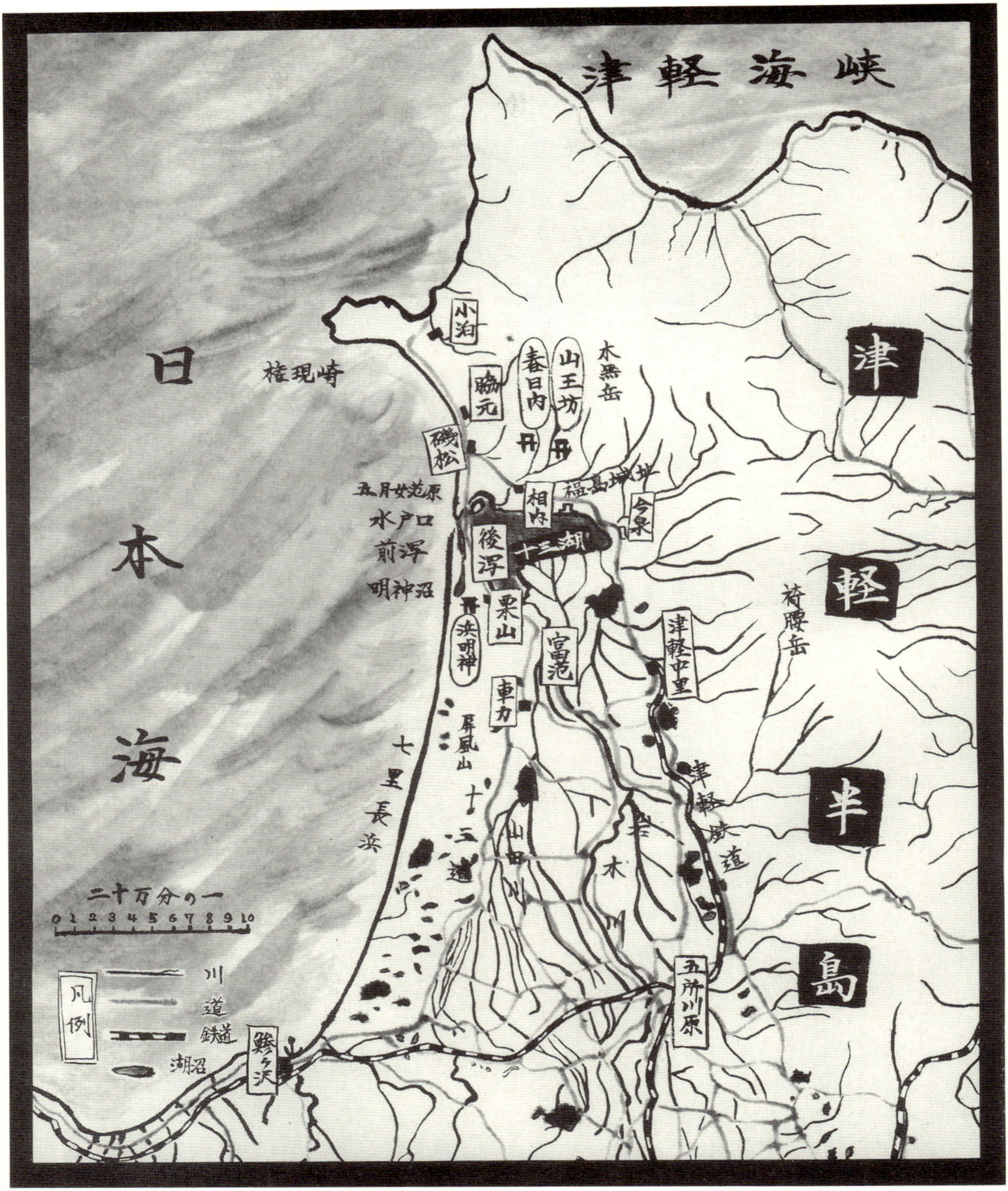
津軽海峡
日本海
権現崎
小泊
脇元
春日内
山王坊
磯松
五月女萢原
水戸口
前潟
明神沼
相内
福島城址
今泉
後潟
十三湖
栗山
浜明神
富萢
車力
屏風山
七里長浜
十三道
山田川
岩木川
津軽中里
津軽鉄道
袴腰岳
五所川原
鰺ヶ沢
津軽半島
二十万分の一
0 1 2 3 4 5 6 7 8 9 10
凡例
川
道
鉄道
湖沼

津軽半島略図

広がり、その対象を十三塚として築いたのは（現在、十三にはその痕跡はないが）、鎌倉時代に入ってからだという。とすれば、それ以前にここに住む人々は自分たちの土地を何と呼んでいたのだろう。仮に塚の成立があったとしても、成立と同時に従来の地名は消えたのだろうか。十三塚と結びつける説にはそんな疑問を感じる。

一方、この地方にアイヌが住んでいたのは事実のようだし、彼らが自分たちの言葉で地名をつけていたことも十分考えられる。もちろん、湖のほとりは今の十三の地だけではないし、津軽には他にも湖や沼があるからどこでもいいわけだが、同じ理由で十三がTo-samであってもかまわない。湖周辺の地形は長い年月の間に変ったろうが、海と湖を結ぶ地点こそがアイヌにとっても、日本人にとっても寄りあう場所として重用されたのだろう。

十三の繁栄を語る時に必ず引かれる「十三《とさ》往来」（鎌倉末から室町にかけて成ったといわれる）にも、「夷船京船群集し……」とあるように、先住者との往来は続いていたわけで、彼らがTo-samの代表として呼びならわした音が生きのび、それにいつのころか十三という文字がついてきたのだろうと思う。また、土佐守を憚って「じゅうさん」にしたというのもありそうな話だとも思う。土佐守を称した藩主は何人もいるそうで、誰の時のことかは今の私には判らないが。

相内から十三へぬける

津軽三千坊のうち十三は千坊といわれ、多くの寺社があったと伝えられる。十三《とさ》千坊の中心は相内川の小さな支流添いの農道をたどり、低い丘に挟まれて田圃がつきたところにある山王坊《さんのうぼう》日吉神社だそうだ。十三千坊の中心が相内にあることからすると、かつては相内も十三の地名に含まれる土地だったようだ。

山王坊の杜に奇妙な形の鳥居がある。鳥居の屋根の上に一層、三角に脚を開いた鳥居がのっている。村勢要覧によると、京風二重鳥居という珍しいものだそうだ。その鳥居の手前に小さな堂があり、中に三体の地蔵と五重塔やその壊れたものが入っている。山王坊から出土したそうだが、どの位古いものか素人眼には見当もつかない。

相内ではもう一ヶ所、春日内《はるひない》という所へ行った。部落の真裏にある砂地を抜けると、なだらかな丘が続き村営の牧場があって牛が舎飼いされている。牧場の柵に添って車の通れる砂利道があるが、林の中に何本か見える鳥居のところが古い道なのだろう。だらだら続く坂の中腹が春日内だ。ここも春品寺という寺があった所だそうだ。拝殿は観音殿で津軽三十三ヶ所のうち十七番の札所になっている。堂の扉に沢山かけられている納札をみると、木造《きづくり》、板柳、五所川原、弘前、小泊などから農閑の七、八月に参っているものが多い。奥殿の裏には小さな滝が乾いた金属的な音をたてている。堂の左手すぐの山道を一巡して石彫の三十三観音が並んでいる。昭和十五年頃のもので、像の裏や台石に寄進者名が彫ってある。卒業記念や四十二の厄除のものの他に、俗名……とあるのは供養のためのものだろう。

春日内からさらに登ると展望台がある。そこは唐川城という山城の跡だという。背後はきりたった崖である。

前に広がっている牧場には虫くいのように雪が残り、その先には十三湖が相変らず無表情にペッタリとした水の色をみせ、岩木山は下から半分だけがかすんでみえた。

今にも雨が降りそうな、重く鈍い空だったが、相内を出るころにはいよいよおかしくなってきた。まだ二時半を少し過ぎただけなのにあたりは薄暗くなって、濃い灰色の空気がさわさわと包みこんでくる。

部落を出はずれた所に製材所があって、枝を落して長さをそろえた大丸太が、それこそ山のように積んである。そういえば反対側のはずれにも製材所があった。これが津軽のヒバ材か、などと思っているうちにとうとうおちてきた。勢いのない細い雨である。

十三まで四キロほどの道だ。湖側はずっと砂防林。反対側はある間隔をおいてやはり砂防林が北へ伸びている。林の間に開かれた田圃は荒れているものが多い。この人けのない平坦でまっすぐな道は、十三と小泊を結ぶ一直線の道に突きあたる。南へ下れば十三、北へ上れば磯松、脇元など同じ市浦村の部落を経て小泊へ行く。

十三湖の松林

海岸は厚く高い林になっているが、五月女萢原《そとめやちはら》というから、かつては一面の湿地帯だったのだろう。外からみただけでは萢《やち》の感じは全くない。林の間の道を抜けてもやはり湿気は感じられなかった。雨は細いが小止みなく降り続いた。冬の津軽でこんなショボショボの雨にあうとはなァ、とぼやく田村さんの上着はすでにグッショリだった。

湖岸に出てみる。空の色を映してか鉛色よりもっと鈍い、ほとんど輝きのない水の中に胸まで浸かっている人の姿がある。足元を確めるようにゆっくりと岸にあがってくる。白い頬かむりに黒いゴムの合羽にズボン。手にさげた網袋の中には、砂と同じ色の背や白い腹をみせるカレイが三十匹近くも入っていた。刺網（ここではタイアミという）にかかっていたのをあげてきたのだ。食い漁だァ、と羞《はずか》し気にそれだけ言った顔は意外に白く、鼻のまわりと手拭いに隠れた頬だけがほんのり赤くなっていた。湖が人と接しているのをこの時始めて見た。初対面の時から素気なく扱われ、何を見ていいのかわからなかった湖に、私は少しだけ親近感を持つことができた。

湖岸から十三大橋を見た時は少なからず感激した。等間隔に並んでいるだけなのだろうが、ズラリと並ぶ橋脚はリズムを感じる。ピアノの端から指を滑らせていくあの音の転がりを感じる。橋桁には材木の質と量がある。浮きたつ軽やかさを受ける。どっしりとしたボリュームだ。三百九十五メートルの長さをすっぽりとは見せず、かなり大きく湾曲している。

「その茶筒の裏を見て下さい。竣工記念の時のもので

冬の十三湖に腰まで浸かって漁をする人

す。昭和三十四年ですか。私は二十三年頃から渡し船をやるようになりました。その頃はまだ手漕ぎです。桟橋なんかありませんでしたね。雨が降っても風が吹いても陽のあるうちは出さにゃなりません。時間は特に決ってなかったですが、客が溜れば渡したものです。前後ないようなマブネで、馬も自転車も乗せました。盆、正月っても休めなかったですよ。人は動きますからね。陽が落ちてからでも、急用でどうでも渡してくれっていえば断るわけにはいきません。

そんな時のお礼も乗った人の気持次第でした。風の強い時はそりゃ大変ですよ。ヤマセ（東風）でも吹くと恐しかったです。渡したまま家に戻れなく向うで泊ってしまったことも何度かあったし、船を投げて櫓だけ担いで逃げたこともありました。機械船が入ったのは、さて何年でしたか、手漕ぎでやりだしてから五、六年も後のことです。県が入れてくれて。

その頃には桟橋もできて、橋のわきに杭が残っているでしょう。三人乗込んで動かしました。十二尺もある板を二枚わたして自動車を四台も五台も積みました。渡し賃はその頃で人が二十円、車が二百円だったか、忘れたなァ、十三の人からは取らなかったですね。補助が出ていたのでしょう。橋ができてから二、三年は番人もしました。四トン車以上は通さなかったのです。今は、橋桁の上にずっと鉄板を敷いてあるから大丈夫です。もう一、二年で新しい鉄筋の橋になりますよ。調査はすんだそうですし、今度はもっと水幅の狭い所にかけるでしょう」と十三の渡しをしていた老人は話してくれた。

橋を渡ると十三の家並みに入る。やはり人けはない。雨のせいだろうか。でもまだ四時半だ。通りに面して一列ずつの家が並び、ほとんど厚みはない。目立って大きな建物もない。静まりかえった茶色の町筋だ。ここが津軽十三湊の中心だったところだろうか。

十三湊の賑わい

十三湊は栄えていたという。歴史の上でそれをどの程度まで想像できるだろうか。

縄文貝塚を残した人たちは別にして、最も古く記録に残された人は、平泉の藤原基衡《もとひら》の二男秀栄《ひでひさ》だ。彼は津軽国守として十三へ来て、永歴元年（一一六〇）に檀林寺を建立した。十三の南のはずれにある製材所あたりが隠居といわれ、その跡地だそうで、そこから出土した五輪塔は湊迎寺《そうごうじ》の境内に置かれている。やはり平安末期のものだそうだ。この頃すでに十三湊はその機能を備えて、寺を建てる力の後押しをしていたのだろう。

次いで安東氏だ。これは前九年の役（一〇五一〜六二）で源頼義に敗れた安倍貞任の子で藤崎に逃れてきた高星《たかあき》を祖としている。しかし、岩木川上流の平川、浅《あ》瀬石《せし》川の扇状地帯は田舎館式土器《いなかだてしきどき》といわれる弥生時代の遺跡があって、津軽地方では古くから人の住みついていた場所である。そこに成長してきた土着豪族が名族の安倍氏の名を借りて、平安末期のころに藤崎の方にまで勢力を拡大したものとも考えられる。

文治元年（一一八五）頼朝は義経討伐の名のもとに平

木造の十三大橋

潮風を防ぐために家は丸太や板で囲まれている。

泉藤原氏を滅ぼし、さらに各地に御家人を派遣して全国支配の体制を固めた。

　こうして入ってきた鎌倉武士に押しだされた安東氏は、そのかわりに十三湖北岸一帯をも含む岩木川の中下流域にあたる、馬《うま》、江流末《えるま》、奥法《おきのり》の三郡の支配を鎌倉政権に安堵され、さらに北条義時からは、北方の守護人としての蝦夷管領の称号を貰っている。

　ところが湖の周辺には秀栄を祖とする一族の勢力が存在していたので、当然両者の間で争いが生じたが、寛喜元年（一二二九）とも宝治年間（一二四七〜九）ともいわれる頃に安東氏は十三の地を手中に収めた。つまり、鎌倉時代の中期になって安東氏による十三湊の支配が始まったわけで、そこを拠点として男鹿半島へ勢力を伸ばし、越前や若狭にまで津軽の船が活躍することになる。

　十三湊支配のための本拠は福島城だった。築城の時期や城の規模、周囲の状況、さらに湊のようすなどは「十三湊新城記」（文保年間〈一三一七〜一九〉に書かれたといわれる）や「十三往来」で知ることができる。それによれば「大日本国奥州の十三湊新城は、花園天皇の御宇、正和年中（一三一二〜一六）安倍貞季公が築く所の城郭なり」とあって、鎌倉末期の築城であることがわかる。また「この城の境内は各々八十余町にして、池水を掘り築地を設け、恰《あたか》も秦の長城を彷彿せり。……館内数千の臣室…」と、その規模の大きさを伝えている。「東は広野漠々として涯際を知らず。……南は湖水清くして月明るく、波濤静かにして影を落し、漁者は網を投げ、釣者は竿を垂れる…西は海水漫々として洪波渺々たり……商船は歌を発して艇（舷か？）を扣き、釣艇は棹を舞わして浪に漂う。商沽市を成し、売買先を争う……北は複山畳嶂して相連りて道路無く、嶮岩挙石並び立ちて蹤跡を絶つ……城外万戸の民舎は甍を並べ擔《のき》を差えて、盤々たり、困々《きんきん》たり。工者はその業を勤め、商者はその貨を通ず、国大いに富み、人益々豊かなり。往来は憧々として昼夜絡繹《らくえき》す…」といっている四囲の状況は、表現上の誇張はあるものの、福島城址を中心にしてみれば地図の上でも大体うなずける。西方の商船や商人のありさまは、もちろん十三のあたりのことだろうが、「城下万戸の……」とあるのは多分相内の様子だろう。というのは、これは「館内数千の臣室」のすぐ後に続く文章だし、ここで触れている工者というのは、恐らく館内にいる武者の為に武具を作っていた人のことだろう。相内も城下の集落としてなかなか盛んだったわけだ。

　かつての十三湊を想像する時に注意しなければならないのは、地形の変化である。現在も進行中なので、昔の細かい変化は判らないが、重要なのは海と湖を結ぶ水戸口の位置である。少くとも天文（一五三二）以前は、十三は湖の北と東を占める江流末郡に入っている。つまり水戸口が現在の位置よりかなり南で切られていた。「新城記」や「十三往来」はこの水戸口の頃の湊を書いているわけだ。それは浜明神の足下に広がる明神沼がその南端あたりで海を結び、そこから少し北へ入ったところで東へ折れて湖に入っていたらしい。そうでなければ、浜明神が湊とは何の関係もない位置になってしまう。

　それ以後の水戸口は十三の北側に切られていたが、何

十三大橋とかつての十三湊あたり

度か掘り替えはあったらしい。よく聞く話では、幕末、元治元年（一八六四）の本田水戸の開鑿である。従来の水戸口が砂で埋って新しいのを開かねばならなくなったが、場所について十三の人と岩木川下流の新田の百姓と意見が合わなかった。早く海に抜けた方を採るということで作業がはじまった。十三の人にとって水戸口は生活の柱だったのに比べ、百姓の方は水戸口が完全に埋まって河水の氾濫がおこらなければいいという程度のもので、そのため十三が主張する場所に開けられたという。

水戸口の位置は変っても、湊の中心は十三の町並と海の間にある前潟だった。前潟に対して町並に添った湖岸は後潟といわれるが、ここはヤマセが吹くと船が傷められることが多かった。これは、藩政初期の図でも、沖御番所、廻船御札場、御蔵などは皆前潟に面して建てられていたことでもわかる。水戸口は、大正七年の岩木川改修工事の一環として補完されたもので、十三には石がないので鰯船で下前や小泊から運んできたという。

鰺《あじ》ヶ沢の台頭

商工の繁栄と同時に、神仏も盛んに祀られていた。西には浜大明神の殿堂が高くそびえ、石でたたんだ階段がある。北の嶮しい岩山の麓には禅林寺、龍興精舎、羽黒権現、熊野社、阿吽《あうん》寺などがあって、仏神守護の道場であるといっている。浜明神は今もある。北側の社寺のさまが十三千坊といわれた頃のものだろうが、阿吽寺は今の山王坊あたりだろうと言われている。「十三往来」にもほぼ同様な記事がのせられている。湊に集ってくる船は「夷船京船群集し、舳先を並べ艫を調べ…」というように、北海道と交渉があったばかりでなく、遠く上方の船も姿を見せており、そうした船の往来を通じて鎌倉末期には十三湊が京都の文化をも吸収できるような、活気に充ちた港に成長していたことは想像できる。

十三湊を支配して強大化した安東氏は、鎌倉末期、一族に内紛が起る。〝津軽大乱〟といわれる戦乱は、二度にわたる幕府軍の出動、嘉暦元年と二年（一三二六、七）によってようやくおさまる。この内紛の処置の不手際が鎌倉幕府滅亡の要因とさえいわれている。こうした大きな戦乱に加えて、南北朝時代の興国元年（一三四〇）に襲った大津波は十三湊に大きな打撃を与えた。しかし、湊の機能が失われたわけでなく、それに拠った安東氏の勢力が減退してしまったわけでもないようだ。若狭小浜の羽賀《はが》寺の縁起には、永享七年（一四三五）、火災で焼失した同寺の再建を後花園天皇が奥州十三湊日之本将軍安倍康季に命じ、翌八年から造営に着手して文安四年（一四四七）に完成したとある。つまり内紛や天災にもかかわらず、十三湊の安東氏の実力は羽賀寺再建が可能であるということが京都にも知られていたと思われる。この力は湊の繁栄をぬきにしては考えられない。このころ、十三湊が扱っていた品物は蝦夷地の物産、鮭や昆布が主であったようだ。上方で若狭昆布として珍重されていたものは十三湊から運ばれた蝦夷昆布が小浜の商人によって加工されたものだといわれる。ところが、安東氏の力が若狭で示されているのとはうらはらに、南部氏の勢力が津軽にのびてきて、嘉吉三年（一四四三）福島城は陥落し安東氏は蝦夷地松前へ逃亡する。（安東氏の敗退を永享四年＝一四三二とする説もある）。

安東氏逃亡後の十三湊については殆んどわからない。ただ、室町中期ころのものといわれる「廻船式目」には「三津《しん》七湊《そう》」という全国有数の湊の一つにあげられており、なおも湊としての繁栄を維持し続けていたようである。（三津＝伊勢の安濃津、筑前の博多津、和泉の堺津。七湊＝越前の三国、加賀の本吉、能登の輪島、越中の岩瀬、越後の今町、出羽の秋田、奥州の十三湊）

天正十三年（一五八五）津軽氏が南部氏勢力を駆逐して津軽を統一すると、十三湊も当然その支配下に入った。津軽藩は日本海側の港に対して陸奥湾側にも港を開くことを計画し、寛永二年（一六二五）青森が開港された。青森は藩の保護のもとに松前への渡航地として、またその頃から開かれた江戸廻米の拠点として順調に成長した。十三湊も青森、深浦、鰺ヶ沢とならんで四浦とよばれ、町奉行が置かれるなどして、重要な湊としての地位は保っていたものの、西廻り航路を使っての大阪廻米が鰺ヶ沢を拠点とすると、その地位は相対的に下がってくる。その上、日本海と岩木川が絶えず運んでくる砂のために港としての機能も低くなり、岩木川を使って集められた津軽平野の米を鰺ヶ沢へ廻送する補助港としての性格が強くなっていった。

それでも、明治二十年頃までは津軽山地で伐採されるヒバ材が筏《いかだ》を組んで前潟に集められ、そのための三百石積位の帆船が七、八十隻も入港して賑わっていたという。明治四十二年の森林鉄道の開通は、十三湊を経由していた材木を殆んど運び去ることになり、十三湊の賑わいはとどめを刺されてしまった。

十三湊を見守る神

随分気温が下がっている。寒いのは覚悟のうえとはいうものの、宿の餅つきや餅花（メダマという）作りを見るのを口実にぐずぐずしていた。

田村さんにせかされて浜明神へ出かける。家並みはずれの別れ道で、木の鳥居をくぐり前潟添いの道をいく。風は強く、時々は吹雪く。雪は積っていない。やっと地面にたどりついた雪も、風で吹きとばされてしまうからだ。岸辺の葦原から箱を背負った人が出てきて、私たちの来た道を歩いていった。葦原をわけて入ると、刺網《さしあみ》とボラを積んだ猫車がおいてあり、踏まれた葦の上にも二、三十匹のボラ。沼の中ほどに浮かんでいる舟は網をあげて帰ってくるところだった。膝まで入って舟を葦原の中に押しこむ。手拭いの頬かむりの上に黒いスキー帽の耳覆いをおろし、変色したマスクをしている。ゴムの胸あてズボンは、破れた個所を手荒に縫ってある。帽子の中からマッチとエコーの黄色い箱をとりだし、マスクをあごにかけて喫う。「ここは風が強くてしばれる。シベリアからの風だァ」懐からカイロを出してみせながら言った。ボラは組合に売るという。

風にあおられて、ザワザワと波のように葦原がゆれる。茫々とする中を道は伸びる。七里長浜と並行して北上する屏風山の北のはずれ、丘の中腹に浜明神の赤い尾根があった。「湊神社」と額のあがる木の鳥居をくぐって階段をのぼる。海からの風がまともに吹きつける社だ。明神池とその北の前潟がずっと見渡せる。十三湊に出入りする船を見守る神として、ずっと昔からここに鎮座してきたのだろう。拝殿の中には各地から集った船乗りが奉納した船絵馬が沢山あると聞いたが、鍵

湖からあがってきた漁師は、「シベリアからの風だ」とつぶやいた。

十三湖で獲れたボラ

がかかっていた。ここは地図で見ると、車力村に入っているが、祭りは十三の人がやっている。

社を下り、明神沼の南のはずれを廻って七里長浜へ出てみる。砂丘の頂上に立った途端、激しい風のかたまりが襲いかかってきて、吹飛ばされそうになる。脚をふんばってこらえる。

砂粒がピシピシと顔をたたく。暗く長い浜だ。北には権現崎がうすくかすかに見える。南は、ずうっと浜で何も見えない。白波が吹きあがり、波頭が吹きちぎられてしぶきが散る。緑がかった灰色の海が次々と盛りあがっては崩れおち、その上に大きな波がのしかかり、更にむきだしの乱杭歯のような白波が追いかけてくる。細い砂粒と雨粒がコロコロと疾走していく。ヤッケのフードで覆った耳に、風と波の音が響く。「田村さん、この風の音を表現して下さいよ」私はそんなことを口走った。

帰路は屏風山を越えてみることにした。浜明神の脇にある松林の道は風もあたらず、厚く松葉を散り敷いた快適な道だった。やがて松林は切れ、枯れてボロボロの葉の柏と熊笹の茂る中にかすかに踏みわけ道がある。ズクズクとし薄く氷のはった一面の湿地だ。これが萢原なのだろう。こんな所で迷ったら大変だなあと思いながら、右に左に湿地を避けて、やっと栗山部落の裏手に出てきた。餅を蒸す香りが漂い鼻をくすぐる。

シジミとゴモ

湊の賑わいが去った後、人は外へ出かけざるをえなかった。旧の正月をすませてから三月末までは北海道の積丹や美国のニシン場へ。五月末から六月にかけてカムチャッカのサケ、マス漁に出かけ、二百十日の嵐が来る前には戻る。十月からは、茨城や福島のイワシ漁で旧正月前まで稼ぐ。六十人も七十人もの男たちがそれぞれの漁場へ出かけていったものだそうだ。

十三の海も湖も、漁をして生きるためには決して豊かなものではなかった。大正の末に寄せてきたオオバイワシの漁が懐しみをこめて語られるほどだ。だが湖のカジカは佃煮として十三名物になり、ゴモという水草を加工して売ったりもした。秋口になると、岸に寄るゴモを集めて乾燥しそれで縄をない、むしろをつくる。とても暖いものでリンゴや漬物樽の防寒に使うだけでなく、布をはってフトンの代用にもされた。戦争中には工場や軍のマットの材料として納めるために、人を傭って舟でゴモを刈り集めるなど手広くやった人もいた。

戦後小さな賑わいがやってくる。岩木平野の米が北海道にヤミで流れだしたのだ。警察の眼をくぐって小樽や函館へ船は出ていき、北海道の船もやってきた。帰り荷にはタラやホッケの加工品が運ばれて農村へ売られ、大豆や小豆は隠して陸上げされた。北海道で蜆《しじみ》が売れだしたのは、その頃である。主食とお菜を売りにいったようなものである。「潟へ入れば砂利の上を歩いているようなものだ」というほど蜆は多かったのだが、家で食べるか、たまさかの土産に使われるだけだった。

売れると判ってから、北大の水産学部に調査してもらったら、多いところだと一㎡に三千粒もいた。余り多すぎると死んでしまうので、以後十年間は繁殖のことを考えず、間びきするつもりで採っていいといわれたそうだ。その後も県の水産試験所で調べたが、十二㎜を目合いにそれより小さいものを採らなければ、現在の年間漁獲量二千五百トン位だと、減ることはないといわれた。

　蜆は鉄のジョレンで湖底を掻いて採る。かつては自分の肩にかけて曳いたものだが、十年ほど前からは誰もが機械船で曳くようになった。こうして蜆の水揚げは増加して、今では海の漁を含めても十三の漁協が扱う全水揚げの八十五%以上を占めている。しかし同時に、カジカもゴモもなくなった。ジョレンが湖底の水草を根こそぎひきちぎり、小魚の隠家を奪ってしまったからだ。ゴモや小魚を求めて、鳴声が騒々しくてたまらないといわれる位に多く渡来した白鳥の数もめっきり減ってしまった。

十三湖で蜆獲りの準備をする。

　夏に行った時、蜆採りの舟に乗せてもらった。漁というには余りに静的な作業である。十三寄りの湖底は採りつくしたのだろうか、三十分も走って相内の東側へ行く。三メートル位の長柄についたジョレンをおろし、曳いていく。エンジンを開いた舟はあおるようにガクンガクンと進む。十五分位でジョレンを引きあげ、水面に近い所でゆすって泥を流す。ジョレンに三割位の蜆が入っている。それを桶にあけてまたジョレンをおろす。サンダルをはいたままの作業である。盆明けで舟の出は少ないというが、それでも十数隻もの舟が全く同じ調子で作業していた。

　盛んに行なわれている蜆採りも、それだけで生活していくのは難しく、やはり外へ出かけざるをえない。かつてのように漁場へ出かけるのではなく、自動車工場や青函トンネルなどの工事現場へ出て、失業保険がつく期間だけ働いてくるのだ。

十三の七不思議

「十三の七不思議」という伝承がある。今はもう忘れられかけていて、七十四歳になるお婆さんが指を折ったり、膝を叩いたりしながら思いだしてくれたが、結局六つしか出てこなかった。

「雨降ってもゾウリはく」「夏も冬も囲いしている」「親父なくても子供生む」「山がなくても薪たく」「田がなくても米食べる」「飯食え、飯食えっても膳出さず」。

　他の人が集めたものを見ると、これ以外のものが幾つかある。例えば、「屋号で人を呼ぶ」「夏でも蚊帳いらず」「夏後家」「エサがなくても魚がとれる」「雨が降っても水が流れない」「十三烏」など、など。

どれが本来のもので、どれがそうでないかは今となっては判らないだろうし、いつの時代から誰がいいだしたものかも判らないだろう。このお婆さんは子供のころからよく聞かされたというから、少くとも明治二、三十年代より古い時期、つまり湊の繁栄がまだ残っていたころからのものだろう。

この伝承は、湊としての誇りを伝えてきたものだといわれる。確かにそうだろう。しかし、その後の凋落した姿に重ねてみると歴史の皮肉を感ずる。

例えば「田がなくても米食べる」。今では明神沼の近くや唐川の下流に少し開かれているが、かつての十三には田圃は全くなかった。昔の農民は米を作っても、それを食べる機会を少なくしようとするのが普通だった。そういう中で田のない十三の人が米を食べていたことは、不思議の対象となりえたことだ。病気にでもならない限り麦を入れたりはせず、いつも白い米を食べていたものだ、とお婆さんは言う。そのお婆さんからこんな話も聞いた。「十三へ入れば馬も驚く」。食事時に十三へ入ってくる馬は、各家で粥をすすりあげる音に驚いてしまうというのだ。また、富萢《とみやち》で連合運動会が開かれた時に(十三はかつて西津軽郡に属していたが、相内などと合併してから北津軽郡に入った)、競走だか綱引きだかで、他村の人から「粥腹では力が入らんだろう」と野次られて喧嘩になったという話。

港に入る船を相手の仕事で生きてきた土地だから、米は金で買うものという都市の住民に近い感覚はあったのだろう。だが、仕事が絶えた後は、内実は苦しくなって粥を炊くことが多かったようだ。それが他村の野次を無念と思わせ、他村の人もそのことは知っていたのだ。「飯でも食っていけ」といいながら膳を出さないとい

春から準備する冬用の薪。撮影・田村善次郎

うのも、栄えていた時なら、「京都のぶぶ漬け」に似た都会的なセンスだとも考えられようが、今となっては単なる社交辞令としてしか聞えない。

今はどの家も石油ストーブだが、厳しい冬を過ごすのに暖房は不可欠で、十月末から三月末にかけてイロリの火は絶やせなかった。五ヶ月もの冬に使う薪の量は暖い年で三棚、寒いと五棚は要った（一棚は三尺ほどの薪を四尺×五尺に積んだもの）。決して少ない量ではない。

近くに山がない津軽平野の農村ではどこでも薪に苦労していた。サルケという泥炭を掘り夏の間に乾燥させて燃料にしていた。サルケは燃やした時に臭いが出て快適なものではないが、薪の量を節約するには随分と重用されたらしい。

十三にも山はない。サルケが掘れる土壌でもない。他よりも苦労は多かったろうに薪を使っていたのだ。十三に集められたヒバ材はチョウナでへつって荒製材された。大量に出る木端屑《こっぱくず》はそれを集めるだけで燃料に足りたのだという。ヒバ材が来なくなってからは、相内の人から買うようになった。屏風山へ薪盗人に出て掴まり、撲られたうえに鉈をとりあげられて、酒をもって謝りに行ったというのは薪を買うようになってからの話だ。

年の瀬

道に薄くかぶった雪がアスファルトに凍りつき、子供たちがスキーを短くしたようなもので滑って遊んでいる。門口には濃緑の松葉とヨキの葉が飾られて、元旦を迎えようとしているのだが、家並みの雰囲気には大晦日の気配が全く感じられない。

家並みの後の砂地に僅かばかりの畑があって、境には低い板垣が結いまわされている。裏から見ると分厚い雲におしつぶされるような家並みが、いっそう寒々しくうらさびれた感じが強い。時折、雲を破って光芒が射し、ザラザラと荒い粒子の風景にエナメルのような輝きが走る。湖の岸に出ると舟小屋が並んでいる。四、五十棟もあるだろうか。水辺に寄せられた松の小枝に白い短いつららがさがり、砂には薄いガラスの破片のような氷がついて、チラチラと光っていた。

大晦日に行なう舟の年越し

舟の年越しをする人がいた。カジ床にヨキと松を結び、白い紙にミカン一個を供え、トモにヘサキにお神酒を少しずつあげて拝む。赤と黄と緑。派手な原色のデザインの一本だけの大漁旗が威勢よく風にバタバタ鳴っている。船霊さまを祀る日は旧暦の一月十一日で、その日にはあるだけの旗をたてて祝うという。皆がそろって新正月をするようになったのは今年からで、去年は新旧まちまちだったし、一昨年までは旧正月でやっていたのだそうだ。出稼ぎから帰る人には新の方がいいのだが、なかなか正月の気分にはなれないという。晦日の慌ただしさも感じられないわけだ。

有志が集って神明宮と浜明神の鳥居に大〆縄《しめなわ》をかけ、年越しのお籠りをするというので、七時すぎ神明宮へ行ってみると、二本の太い〆縄が正面にすえられ、石炭ストーブの囲りには七、八人が集っていた。お祓いがすむと、それぞれが御幣を背中にさして〆縄を担ぎだす。昨年までは担いだまま練り歩いたというが、その夜は小型トラックに積みこんだ。血色のいいお婆さんが、首からさげた太鼓を叩いて囃方を務める。「サーイグ　サイグ、ドッコウ　サイグ、明神さま　ハツダイ　神明宮の　ハツダイ……」　寒気が充満した闇の中をトラックがゆるゆる進む。家並みの中から迎える顔は出てこない。大晦日のテレビが人を縛っているのだろう。

ほのかな街燈を頼りに梯子に乗って〆縄をさげると後

湊明神の鳥居に新しい〆縄を掛ける。

〆縄を掛ける前に、まずイッパイ

はお籠りだ。茶碗に冷酒が注がれ、ボラの干物や煮〆《しめ》の重が廻る。お祓いの時の神妙な顔がにこやかに笑い崩れる。歌がでる。津軽なまりと独特な小節まわし。身振りも手振りもデタラメに踊る。酔った顔の間を飛び交う津軽弁は殆んど判らなかった。

　橋のたもとの岸辺には白い雪の塊まりが寄せていた。寒さはこれから本格的になっていくのだろう。

　お盆のころに再び十三を訪ねた。海水浴や水遊びの客で車も人も溢れるようだったし、湖も海も夏の陽の中でなめらかに輝き、砂地の畑にも緑が豊かだった。だが、学校の庭での「砂山節」の詞と、懐しみながら踊る人の姿は去ってしまった幻でしかなく、それを今の生活の中に映してみたかった私の思いは満たされなかった。

「砂山節」での盆踊り。懐かしさをこめてゆったり踊る。

十三湊の面影

北見俊夫

砂丘の先端が十三。かすむは権現崎。屏風山の展望台より

孤独の水たまり

津軽半島西岸、十三湖に陽が落ちて、打ち寄せる海波のざわめきが、遠い昔の賑わいを記憶のなかに甦らせてくるように響いている。トサともジュウサンとも呼ばれるこの港は、帆船時代のある時期まで、日本海をかけめぐる船団がきまって立寄り、東北のどの港よりも栄えていた時代があった。

その賑わいを今日、十三湖のほとりに立って想像することはかなりの予備知識がないと難しいほどに荒廃し、深い砂に痕跡を埋めてしまっている。港に注ぐ岩木川の流れが砂を運びつづけ、対島海流と季節風が七里長浜の砂を吹きつけて、海を湖に変えてしまった。五、六百年の間に自然と人文両要因の織りなす綾は十三の港をかくまで変貌させ太宰治が〝孤独の水たまり〟とうたったのは、一昔前の栄耀がめざましかっただけに、今日さびれて静まりかえった十三湖にもっともふさわしい表現であったといえよう。

「十三の七不思議」というものが伝承されている。

①山がなくとも木が沢山
②田がなくとも米が沢山
③夏でも雪囲い
④夏でも蚊帳いらず
⑤雨が降っても水が流れない
⑥十三烏（他人に対する批判がうるさい）
⑦夏後家

というのである。ありし日栄えた北国の港の周辺をよく浮彫りにしていて妙である。

十三湊の登場―主として中世

日本海岸の開運に関する確実な文献の初見は、『日本書紀』の斉明天皇四年（六五八）五月の条所載の阿倍比羅夫《あべのひらぶ》の蝦夷征伐の記事である。第一回の遠征で「定渟代・津軽二郡々領。遂於有間浜、召聚渡嶋蝦夷等、大饗而帰」とある。ここに登場する有間浜は今日の西津軽郡十三村、すなわち中世から近世にその繁栄を謳われた十三湊とする説がある。

また、津軽の深浦であるとか、男鹿半

島に比定するなど諸説があるが、ここではその論議は必ずしも厳密でなくてよい。ただ、いずれにせよ、比羅夫の遠征によって北陸道から奥羽の西岸に航路が開かれたことは十分に察せられる。さらに、かような大遠征がなされたことは、これより前すでに日本民族が海路によって北方に進出していたことを物語っているものと受けとめられる。北海道各地のストーン・サークルとか、とくに青森県下の亀ヶ岡式土器遺跡から翡翠の飾玉が出土するが、その飾玉の原石は新潟県糸魚川付近の姫川の小滝に産するものであることが実証されている点に着目しておきたい。

中世に入り、国内産業の漸次的発展にともない、津軽海域の開発はさらに前進し、この海域に出没する船舶もその姿を増していった。室町中期までは、史料がなく不明な点が多いが、松前氏の歴史を綴った『新羅之記録』には、若狭の小浜と宇須岸（函館）との間に毎年三回商船の往来があったと記されているのは注目に値する。また、『廻船式目』の奥書の七湊は日本海の越前以東、津軽までの寄港地を示すものであり（かならずしもこれらの港すべてに寄港したわけではない）、そのもっとも北に位置したのが十三湊である。『廻船式目』の制定年代には議論があるが、少なくとも室町時代中ごろには成立していたことは大方の認めるところであるから、かなり廻船活動が活発化し、そして北辺の十三湊が都の人士の口にものぼるほどになっていたことが想像される。一般には辺境の津軽の土地柄に、かくも名だたる港が出現していたことは海上交通ならではの現象ということになろう。

十三湊は十三潟が入り込み岩木川の河口港として当時は自然的な好条件に恵まれていた。政治上でも、ここは津軽安東氏の居城が置かれた要地であった。津軽安東氏は、北条氏の御内人として重用され、十三湊を根拠として同じく得宗領《とくそうりょう》であった若狭小浜との間に船舶を往来させていた。越前三国湊にほど近い坪江郷の佐幾良泊に関東御免津軽十二艘の中の一艘が、北海の鮭や小袖を積んで立ち寄ったと『大乗院文書』（正和五年（一三一六）三月の条）にあるのも安東氏の船と考えられる。これらの事情から推して、中世津軽海域の海運は十三湊を要として展開していたことは疑う余地がない。

中世後期、この方面の航路での下り荷は、上方の産物、主として陶器をはじめとする手工業品であった。また、日本海の荒波を冒してまで津軽方面に上方、北陸船を引きつけた魅力は何よりも海産物、ことに昆布であった。当時田名部と汎称された下北半島諸港へも航行するほどであった。やや、時代は下るが、元和五年（一六一九）の『奥能登時国家文書』（第一巻）にも松前へ昆布を積みに航海し、敦賀、大津経由で上方へ販売したことがみえている。また、北海の産物は近江商人の松前進出とも深く係わっていた。

当時の航路は積荷の関係で、近世以降の米穀を中心とするものでなかったから、趣を異にしていた。すなわち、地方地方の特産目当てになるべく直航するよう心がけた。近世以降の買積商船の航行に比較すれば単純な商いであった。一部の局地的な通行路の「地乗り」に対して「沖乗り」といってよい。『湊之巻』という海路誌に、能登――佐渡――粟生島――飛島――戸賀――十三という海路が記されている。その間に新潟や酒田はなく、津軽や蝦夷地の珍らしい物産と上方地方の物産との交易が目的であったからであろう。近世以後もそうした目的の航海には前記のような「沖乗り」が行なわれたので、引きつづき津軽海域の十三の港としての価値は見直されることもあったわけである。

近世以降　帆船時代の十三湊

　津軽海域の港としては古代からの深浦、中世とみに発展した十三湊、それに近世初頭以来両浜として脚光を浴びるにいたった青森、鰺ヶ沢の四港を四浦と称し、それぞれ町奉行が置かれた。鰺ヶ沢が津軽西岸では十三湊に代って繁昌するに至った決定的な要因は、日本海海運の積荷の変化によるものである。すなわち、室町時代は北海の海産物、織豊期に木材が加わり、江戸時代になると米の積荷が主要なものとなったので、弘前から陸路交通の関係上、鰺ヶ沢が西岸第一の港湾として脚光を浴びるにいたったのである。このような人文的要因により津軽方面における物資流通ルートに大きな変化が生じた。岩木川流域の津軽の穀倉地帯の「駄下げ米」が舟運で十三湊に集荷され、海上を鰺ヶ沢に廻漕される「十三小廻し」体制が確立された。青森港でも今別、触田の小港に集荷された米穀が小廻し船で集荷され、青森、鰺ヶ沢が津軽藩の港として東西の両雄となり両浜と称された。

水戸口にころがる材木。昭和41年（1966）　撮影・北見俊夫

　このようにして、中世後期に北海海域第一の港として繁栄を誇った十三湊は、近世の開幕後しばらくすると、その性格を変えていった。十三湊が津軽西海岸の中心地であった時代からの岩木川流域の物資に加えて、とくに米穀と木材の量がいちじるしく増加し、この港や岩木川通航の船舶では不足した。前述した「十三小廻し」体制は、鰺ヶ沢に町奉行が設置された元和期から、上方廻米が開始された寛文期に確立されたとみてよいだろう。その頃十三湊では、大船の荷役が不可能となり、川船と沖に繋船する大船との間を小船が連絡し、あるいは小廻し船が鰺ヶ沢港へ廻漕しなければならなくなっていた事情は、承応二年（一六五三）の『津軽領道程帳』（弘前市立図書館蔵）の記事が雄弁に物語ってくれる。

「五百石、七百石の船百四、五十艘其上も入申候」「荷船、入不申候、荷積申刻ハ沖へ出通船にて積申候」「西風南風ノ時ハ湊口砂ニて吹埋申ニより、から船にても出入不仕候時も御座候」とあって港の条件はきわめて悪化していたことがわかる。

　しかしながら一挙に港の機能を失ったわけではなかった。寛永二年（一六二五）開基の土佐山湊迎寺《そうこうじ》や慶安二年（一六四九）開基の湊栄山願竜寺の過去帳によって屋号を拾ってみると、湊迎寺の場合、貞享年間（一六八〇）から明和年間（一七六〇）の約八十年間をみると、能登、若狭、播磨、上野、加賀、新保、敦賀、大和、本庄、越後、岡崎、伊勢などが見える（「屋」は省略）。願竜寺の延宝年間（一六七〇）から明和年間まで約一世紀の屋号は、佐渡、能登、加賀、三国、嶋、越前、庄内、紀国、越後、播磨、上野、大坂、秋田、福島、米、河内、会津、金沢、今治、和島など多彩であり、港町として栄えていたことが想像される。時代

檀林寺跡から出土した五輪塔。湊迎寺

は下るが、明治十一年（一八七八）の戸籍調査によると、戸数三百三十六のうち、農一、士四十九、雇人百三十三、日雇十八、運送二、漁業一、商業七十五、僧侶二、神官一、雑二で、姓の種類は百十種にのぼり港町としての性格をよくあらわれている。

また、湊迎寺には石地蔵が沢山奉納されて地蔵堂に納められている。これは北陸、上方通いの船方が帰りに身うちの供養に石地蔵の産地として有名な佐渡から積んできたものだそうである。佐渡の西三川村小泊（現・小木町）、椿尾（現・真野町）は石地蔵、石像など石細工をもって生計を立てていた村であり、民謡にも〝椿尾の石屋さんと馴染んで袂うつしに地蔵もろた〟とか〝嫁にゆくなら小泊へゆくな、地蔵売らねば鍋かけぬ〟と、歌われたほどの土地柄であり、島内はもちろん、松前（北海道）開拓の信仰の対象として佐渡の石地蔵が歓迎されたというから、津軽方面へもかなりの石地蔵がもたらされたと思われる。因みに、佐渡の八幡市では九月十五日（新暦）に石細工、碁石を中心にした市が開かれた程であった。今日では観光用の土産物屋に石地蔵が陳列されている。

水戸の入口に位置する湊明神宮は、『十三往来』に記されている、「浜の明神」であろう。十三町奉行所配置当時にも随一の尊信を集めていた。もちろん船舶の安全を守護する神社で、古来十三町はもとより、上方の船頭衆も必ず参拝する慣習があった。終戦後にいたっても旧正月元旦には船乗りが裸で参拝する古例を残していた。拝殿には諸国の船頭たちが奉納した多くの絵馬が掲げられている。

以上のような事情で藩政時代にも十三は港としての命脈を保っていた。その様子を伝承によってもう少し具体的に続ける。上方からの弁財船が沖に繋《か》かると、十三の商人が小船で漕ぎつけて物品を買入れる。そして、川船テマ（テンマ船のこと）に満載され帆や櫓櫂で岩木川を利用し、金木、五所川原方面や弘前へも販売のため遡航した。山田川を利用して車力や館岡方面へ行くのもあった。それらの行商人は一週間も船に寝泊りしてたんまり儲けたものだそうだ。前にも述べた「駄下げ」というのは津軽平野の年貢米で金木、八幡両倉に収納したものを馬に付荷し陸路を十三湊送に達したものである。明治時代になってからも「十三小廻し」はかなり盛んであった。明治四年末の『所々倉庫収納村割定』によってみると、岩木川流域や近郷から広く米穀が運搬されていた。その範囲は、今泉、相打、相打太田、板割沢、磯松、小泊、唐皮、脇元、牛潟、車力、富萢《とみやち》、平滝、筒木板、豊富《とよとみ》の諸村であった（『青森県史』）。また、冬期間は十三潟が氷結するので馬橇を利用した氷上運輸も行なわれた。

このように早くからこの海域の代表的港湾であったため合船（造船）が盛んであった。藩政時代などは船大工の不足をきたした程であった。藩の御用船に必要な大工が、一般商人船の合船に動員され手不足になることがあり、御用船の合船を優先すべき旨を示達したことが『津軽史』の雑部に記されている。船大工は十三町の者ばかりでなく、他国からも出稼ぎに来ていた。明治初年に新屋（中井家）で千石積材木運送用弁財船を合船する時、能代からの大工も加えて十七、八

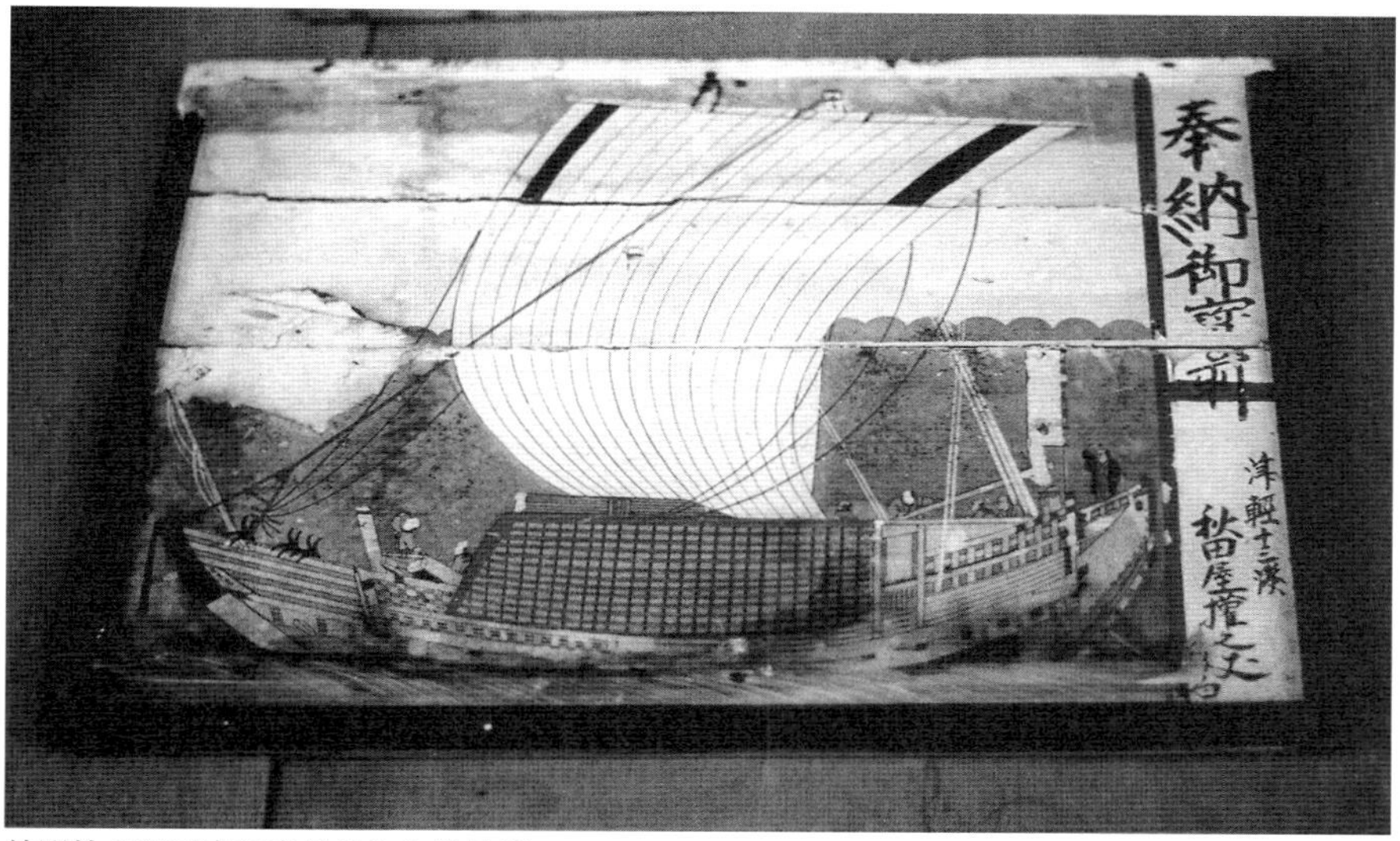

神明社の琴平宮に奉納された船絵馬

人が参加した。湖岸は材木を削ったコッパで埋ったと伝えている。小屋掛けの造船所がずらりと並び船大工の仕事場が何十となく建ち、木挽小屋も建てられ、材木運搬の人夫、船筏などの景気のよい囃しが響き渡り、ねじり鉢巻の大工が鉋《かんな》をかける、槌を振り、のみを打つなど鍛冶屋も多忙であった。そうした十三湊合船の伝統は古く、室町末期、十三湊の繁栄を『東藩日記』は「大金の入りし事は古へ山木多くして日本中の船、大凡は十三町にて合船せし由…」と記している。日本中云々は誇張であろうが、他国船の建造も行なっていたことを伝えている。藩政時代、津軽藩の重要記録である、『国日記』にも散見され、規模は七百〜八百石積のものが多かった。

近世初頭以来、十三湊の港況は悪化し、また藩の主要物資流通機構に大きな変化をきたし「十三小廻し」体制の確立を通じ、十三湊は鯵ヶ沢港の補助的性格を付与されることになる。それでも、明治中期まで、帆船が日本海に白帆を見せていた間はひき続き地船や北陸、上方船の往来で命脈を保っていた。岩木川の沖積作用は年とともに進み、津軽藩の開拓もこれを追って北進したのであった。明治時代になると、米の貨物としての意義は旧藩時代と変ったが、なお木材とともに上流から輸送され、下流からは薪、葦、雑貨が送られた。

しかし、明治二十七年（一八九四）末、鉄道が青森県内を貫通し、津軽は陸路による一貫した輸送体系の中に含まれ、これまでの日本海海運系統に依存する度合はいちじるしく減少した。さらに十三湊が岩木川舟運を通じてアオモリヒバの移出機能を失うにいたった決定的要因は、明治四十二年（一九〇九）に青森営林局による津軽半島横断森林鉄道が五所川原まで通じ、昭和五年（一九三〇）に津軽鉄道が金木町、同年中里町へ通ずるに及び岩木川船運、そして十三湊は昔日の面影をとどめないまでに凋落するにいたった。

十三湊に結びつく古道・街道

十三湊の歴史を回顧するとき、津軽平野をヒンターランド（後背地）とすることによって機能を果したのは近世に入ってしばらくしてからである。とくに岩木川流域の平野部諸村の開発はかなり遅れていたので、十三湊の近世的性格は、青森と鯵ヶ沢両港の繁栄の陰にかくれがちであった。日本海海上交通という大きな視野に立つならば、そうした意味では近世の十三湊よりも、相対的には中世後期の繁昌が断然頭角をぬきんでていたのであった。それはそれとして、もう一度津軽地内との関係において十三湊の機能を眺める必要があろう。それは、岩木川舟運との関係と、駄下げといわれた陸路輸送の二面からである。ここではとくに、陸路交通との関係から十三湊を把え直しておきたい。

津軽領内陸路交通の整備は、四代信政時代（明暦～宝永年間）であった。津軽の地域性を考慮におく時、交通路の発達は三つに大別できる。

①内陸から主要港湾に結びつくかたちで発達したもの。

②隣接する他領からの主要街道の延長線上に伸びたもの。

③海辺の浜道をたどるもの。

天正年間、津軽統一を成し遂げた大浦為信は領内の街道整備を行なう。その後、十七世紀半ばには橋・渡、一里山、などが一応整う。また、街道港湾調査をもすでに実行していた。近世以後、交通量の多い大筋道は、前記②である。十三湊がかかわりあいをもつのは①と③であって、いずれも脇道的存在である。そうした意味ではやはり十三湊は海から他地方と結びつく結節点としての存在意義が大きかったといえる。承応二年（一六五三）の『津軽領道程帳』記載の要点を記すと、①としては、藤崎――原子――飯詰――金木――相内――十三湊。③としては鰺ヶ沢――十三湊――小泊であった。一方、松前への渡航は、津軽西岸の深浦、鰺ヶ沢、十三、小泊諸港、および青森港からの二つのルートによっていたが、海路の区間を短縮するとなれば、当然三厩《みんまや》が脚光を浴びることになったであろう。海底トンネルの本州側入口として。

また、三厩から算用師《さんようし》峠を越えて小泊経由十三湊に通ずる通路があった。一般には知られていないが、特別の意味をもつ通路であった。伊能忠敬や吉田松陰らが通過したのは有名である。十三湊方面から三厩や今別などへ通ずる三角形の一辺に見たてられる近道だったのである。明治から大正にかけては峠に郵便交換所があった。小泊局と三厩局の交換所で逓送人がお互いに落ち合って交換した。また、この峠越えの道をカクレケードと呼び世間を隠れて歩かなければならないようなカクレビトが歩く道だったともいわれている。

この項で重視したいのは、前述①の類型に該当するものであり、ほぼ岩木川とも平行して内陸部から十三湊に達する街道であり、その変遷に着目してみたい。

近世の記録にとどめられることのなかった古道が中山山脈を峰伝いに、新城、十三湊の間に通じていた。昭和十年（一九三五）ごろの実見者の話『長橋村誌』では「荊棘《けいきょく》に鎖され余程注意せねば判らんが、現在も未だ堰の如く小石が積まれていると咄され、また其の手前にも飯詰から朝日沢、石田沢を経て矢張峰伝いに又ハゲの手前に出、右に折れて原子に出た道や、更に飯詰より山根を通り柏木道（浅井より福山に入り杉派立を通り役場の南側に折れて中山権現に至る道）」に通ずる道もあったそうである。

近世になって岩木川に沿って北へ北へと新田開発が進むにつれ、新しい村々を結ぶ山麓線に新道が開かれ藤崎――原子――飯詰――金木――相内――十三湊への街道が十七世紀半ばには成立していたことになる。そして山稜の古道を過去のものとしてしまった。山稜に古道が発達していたことは、他地方の例からも十分認められることであって、しかもこの山稜線が中世において津軽の門戸として、かつまた日本海交通の要港であった十三湊に結びついていたことは、じつに大きな意義を感じさせる。

最近竜飛崎方面の観光ブームが云々されてきた。三厩から北海道へ青函トンネルが通じることになって、東京から特急列車が青函トンネルを経由して北海道へ走る日もそう遠いことではない。そして、青森から三厩、竜飛崎へ達する最短通路として中山山脈の山稜線にスカイラインが開発されるそうである。十三湊と三厩、

小泊から脇元への道

竜飛崎という一部経路の違いこそあれ、内陸部から山稜線を辿って十三湊に達していた古道の復活が見事に達成される日も近いであろう。極言すれば、この山稜線も、十三湊あってのことだった、と考えたい。往時において古道のもっていた意義がもう一度確認される好例といえないだろうか。そこに十三湊の歴史性を陸の側からも捉え直すことになる。

日本海交通史のなかの十三湊

柳田國男先生は早くから日本海交通に着目され「日本海側の海上交通が早く開かれて津軽海峡を通り越し、少し太平洋側に出てから東側を北に上って来た文化と出会ってゐるのである。このやうな古い文化の移動の跡を知るには海岸の研究をしなければならず、それには風の名前から入ってゆくがよい」と達見を示された。事実、明らかに日本海的風名として、タバ風の名は若狭湾を境に日本海岸を北上して太平洋岸に廻り込み、三陸地方にまで分布している。同じく北系統のアイ、アイノカゼは、その分布が山陰海岸の一部から北は津軽の岬端にまで達している。この風は海からくさぐさの珍らかなものを運んでくる好ましい風とされ人間生活と深くかかわっているのである。

　また、南系統の風では、ワカサ、ワカサカゼの名が越前から東北にのび、一部では津軽海峡を陸奥湾に入り、青森辺まで分布している。若越地方の漁民は、津軽、南部地方へ盛んに移住や季節出稼ぎしたので、日本海における漁民集団や商い船の西から東へ、南から北への移動の跡を示すものかもしれない。風名伝播の時期については、必ずしも明らかではないが、近世以降に顕著なものがあったであろう。しかし、それ以前からこの海域における海上交通発達の素地の上に、年代をかけて徐々に伝播したのであろう。

　以上は、帆船時代いかに風の影響力が大きいかの一端を物語るものである。風と同時に海流にも注意しなければならない。風と海流の力の組み合わさった方向に船を操る。通航圏が成立してくる自然的条件としてあらためて重視しておきたい。こんな話が伝えられている。朝鮮国の山崩れの木の話として、宝暦七年（一七五七）十月に、若州海上に枝葉根付の三、四尺から七、八尺廻りの栂《つが》、五葉松、よこ柳などの生木がおびただしく打ち寄せられた。この流木のことは津軽より出羽、越後、越中、能登、加賀、越前、若狭、西は、石見辺までの海中にことごとくあり、船航の障害になるほど満ち満ちていた。日本に天変地異はなかったし、不審に思っていたところ、翌年三月に長崎来航の異国船が伝えるところによると、朝鮮国の山崩れの木であった事が判明した旨の記録がある。日本海の海流の動きを考えるのに示唆に富む材料である。

津軽のあちこちで見る地蔵尊。胸掛けの十字は十字架を示すという。

船を造って計画的に予定通り目的地に渡ることが出来るようになったのは、人間の歴史からすればごく新しい時代に属する。海上の移動は海流と風の力で漂着的な要素をもった航海から始まって、その時代は長らく続いた。そうした時代の航海の問題を考えるうえで朝鮮国山崩れの話は、日本海の航行が実験室的な役割を、もっていたことを示している。その事はまた、海況条件からいって日本海は瀬戸内海とともに、早く航海が開け、通航圏形成が比較的容易であったことにもなったのである。諾冉《ぎみ》二神の大八州生成神話はこのことを裏付けているようである。すなわち、淡路洲、伊予、二名洲、吉備子洲など瀬戸内海の島々、および億岐洲（隠岐島）や佐渡洲、越州（北海道の総称）、対馬、壱岐など日本海の島々が登場する。なおまた、大陸沿海州方面の日本海沿岸の諸部族間では長らく木皮舟が使用されていたが、それらはエスキモーや樺太のギリヤーク、あるいは黒竜江の樺舟であって北方民族の舟がわが国古代の舟に影響を与えたことが知られている。これらの舟の存在を通して、北方から日本海還流によってもたらされた文化と、対馬海流が南方的な文化を運び込む役割を果し、日本海において長い間かけて交流し、「還日本海的文化」ともいうべき文化が形成されてきていると思う。

以上は、十三湊の海上交通史上の位置づけを設定する基本的要因として基礎にふまえておくべき事情の一端を述べたまでである。

つぎに、日本海交通の通航圏形成を大局的にみると、若狭湾を境にして東西に分けて考えるのが自然的、歴史的条件を具備した妥当な見方であると思う。山陰海運は、古代において出雲地方と越国《こしのくに》との往来を除けば特記するほどのものはなかった。中世期における津軽海域、とくに十三湊と若越地方との交渉のあったことは前述した。

以下、主として近世における日本海交通の概略を素描することによって十三湊の海上交通史上の位置づけをなす便に供したい。近世における沿岸航路の三つの柱の、大坂～江戸、東廻り、西廻り航路はいずれも江戸開府により急速に増加した消費都市江戸へ、東北、北陸の天領や諸藩から米を輸送する目的をもって開発されたものであることはいうまでもない。東廻り航路は東北諸藩が領内産米を江戸へ輸送しようとして開かれた。東北諸藩の日本海側が津軽海峡を経由して江戸へ結びつく一つながりの航路の成立をもって、正式には東廻り航路の完成とみなす。それは秋田藩が明暦元年（一六五五）に土崎港から津軽海峡経由で領内産米を江戸へ漕運することに成功した時であった。

西廻り航路の起源については諸説あるが、寛永十六年（一六三九）に加賀三代藩主利常が赤間関経由大坂に米百石を廻漕し、米価の貴賤を試させたのに始まり、そのことが西廻り航路で主役を演じた北前船（弁財船）活動に先鞭をつけることになったと考えられる。出羽国から上方への海運は、幕命による河村瑞賢の壮挙以前からあったことが新井白石の『奥羽海運記』に見えている。確実な時期としては越後より少し遅れ万治二年（一六五九）、江戸町人と伊勢屋両人により実施されたころと見てよい。秋田、津軽方面からはさらに遅れて延宝六～八年（一六七八～一六八〇）ごろと見られる。

蝦夷地が江戸と上方のいずれと早くから交流をもったかについて、元文四年（一七三九）に著わされた『北海随筆』に「京都への海路は越前の敦賀より回船つねに往来して順風の節は六、七日にて着岸する故に、思の外都の風俗もまじれる事あり。江戸へは船路なきが故に、京都よりは遙に遠きやうに思はるるなり」とある。津軽海域についても事情はほぼ同じと考えられる。津軽そして十三湊に関しては西廻り航路に位置づけてみなければならない。この航路に就航した花形廻船の北前船（弁財船）が主役に登場してくる。この関係を把握する事によって、理解はいっそう深まる。

北前船は北陸方面の海運業者の持船で、単なる運賃積制度ではなく、買積制度ともいうべき商法で就航したところに特色がある。港々で買い積みしては売り捌き、これを繰り返しながら航海を続けた。東北、北海道方面では弁財船と呼んだものである。

その航海状況を概観するに、北陸地方の北前船が多くは冬場、大坂の淀川に囲われ、春先き下りコースから操業を開始して瀬戸内――関門海峡経由――山陰、北陸、東北海域へと北上し、さらに近世中期以降は松前に達していたものが普通であった。上り航路はこの逆を上方へと向った。この航路を仮りに北前船の完成コースとよぶならば、和船時代には上り下り一往復が一年の仕事であった。その航路上、上り下りの船が必要に応じ十三湊に出入りした事は「十三の砂山」の民謡によっても明らかである。三月に入ってから関門海峡を抜け日本海に出、上りには二百十日、二十日ごろまでに少なくとも隠岐島に寄港するか瀬戸内海に入るように心掛けた。

文化・文政、天保期には、松前漁場が本格操業に入ると、北陸地方の大型な北前船はそこまで航路をのばすことがむしろ普通になっていた。下り航路よりも上り航路の方が利潤は遙かに多かった。松前海域の海産物が上方で高く取引されたからであり、上りの利益が下りのそれに数倍するのが普通であった。それゆえ途中の寄港を省いて松前への道を急いだのであり、いきおい「沖乗り」が盛行したのである。十三湊衰退の一因でもある。北前航路へは薩摩や九州北、西岸からも出掛ていた。

かの有名な「十三の砂山」なる民謡の謡い出しの一節は

〝十三の砂山　米ならよかろな
西の弁財衆にゃ　ただ積ましょ
ただ積ましょ〟

とある。内容から近世以降のものであることは推察に難くない。問題は「西の

浜明神の鳥居と明神沼

弁財衆」とある点、及び同種の民謡が「酒田節」にあり、隠岐の知夫《ちぶり》村の郡《こおり》港でも「隠岐追分節」と称して最近まで歌われていたことである。越後海岸では「米大《べいだい》衆《しゅう》」と転訛している。さらに南は種子島にまで分布している。東北や北海道で大型和船をベンザイ、ベンジェとよんでいた。瀬戸内海方面で十七世紀以降早くも弁財の船名が認められるし、『菅江真澄遊覧記』の「えみしのさへぎ」にも大船を「べんざい」と読ませ、すでに知られていた。ベンザイの語義については、今日まだ確定していないが、民俗学、歴史学の立場からは、中世の荘官をとくに九州方面で弁済使とよび、荷船に乗って運漕に携わったという事実が契機になって、近世にも荷船の宰領をベンザイとよんだのではあるまいか。それが、ひろく乗組員をもベンザイとよぶにいたったとともに、船そのものの名にまでなったと推定されている。造船技術史の立場からは、平在作に端を発するものと考えられている。いずれ近い将来にもっと明解な結論が下されることを期待したい。

とにかく、「十三の砂山」の民謡を通して日本海海域と九州西岸や種子島に及ぶ文化交流の背景を強く印象づけられるのである。さらに南方へ、また太平洋岸へも広がっていったことは、北上川筋の村で菓子などを「べんじえ物」とよんでいたことでも知られる。北上川を南部方面へ移入されたのは衣料、小間物、塩などであったが、石巻から江戸へ往来した船を弁財船とよぶことがあり、それが珍しがられ、移入品の一部にとどめられたのであった。

「十三の砂山」なる盆歌に込められた哀調に、上方方面の念仏唄のメロディーを想起するのであるが、この点のトレースは専門外の事とて、まだ不十分である。

十三湖畔の舟小屋。撮影・田村善次郎

西廻りの航路を基軸として、それに結びついた南西航路や東廻り航路で、ベンザイなる語が広く分布し、「十三の砂山」の盆唄が、沿岸航路を帆船でつないだありし日の盛期に舟人のたくましい活動の足跡を鮮かに甦らせている。

十三湊が長期に渡る波乱にとんだ消長の跡は、奇しくも「十三の砂山」に沈澱し、伝承されている。繁栄した十三湊の面影は日本海の荒波の打ち寄せるざわめきを前に、立ちすくんで謡う老婆の「十三の砂山」に映し出されている。

十三紀行

宮本常一

津軽十三湖のほとりをあるいたのは昭和十五年の秋であった。十一月の中頃で霙が降っては止み降っては止み、やがてそれが雪になって積りはじめるのではないかと思われるような暗い空が重く低くかった。

　私は木造《きづくり》の町から歩きはじめて、七里長浜の砂丘にある出来島に一泊し、その翌日は萢《やち》（湿地）の多い道をあるいてヤチワタを切っているところを見、亀ヶ岡に出た。亀ヶ岡は縄文後期の代表的な亀ヶ岡式土器のたくさん出土した遺跡である。またヤチワタというのは萢の底に堆積した植物が亜炭化したもので、それを煉瓦のように切って積み重ねているのがいたるところに見られた。よく乾かすと燃料として利用でき、出来島の農家でもイロリにこれをたいていた。亀ヶ岡から富萢《とみやち》というところまでゆき、そこの小学校へいったら親切な先生がいて、その一人は斉藤という先生で、近くの豊富《とよとみ》というところが江戸時代の開拓村で屋敷割がキチンとしている上に、そこに金沢フデというカミサマがいてオシラサマを持っているので、行ってみようということになり、金沢ばァさんをたずねていった。そのおばァさんの家はやはり古い入植者の一人で、おばァさんの話には心をうたれるものがあった。

　豊富から東は一面の水田で、もう稲は刈りとられて、黒い土がずっと東の山の麓までつづいている。そしてその中程を岩木川が流れ、茶色に枯れた堤が見える。川のほとりは水田というよりも湿地というか沼といった方がよく、ところどころに蘆が茂っている。ひどい湿地の上に西風の強い日は十三湖の切渡のところから海水が十三湖になだれ込んで、湖面がふくれあがって来る。するとその水が逆流して、豊富の東の長泥《ながどろ》のあたりまで湖になってしまう。稲を刈って乾かしておくとその稲が押しながされて渚へ打ちつけられる。やがて水のひいたとき、どれが誰の持分の稲かさえもわからず、どうしようもなくなることが多い。しかも下の方の部分は泥に埋まって籾をとることもできなくなる。そういうことが三年に一度はあったという。だからできるだけ稲刈りを早くし、取入れも早くしたいのだが雨が多い年はどうしようもない。そういう苦労を豊富の人は長い間つづけて来た。

　しかし時にはうれしいこともあったという。長泥での話であるが、夏の朝早く百姓の一人が田の見まわりに出ていった。稲がもうかなりのびて、葉は朝露にしっとりぬれ、朝日がその露にあたって光り、まるで光の中にいるようであった。その田の中に一人、草をとっている者がいる。だれだろうと思って声をかけると、その人は腰をのばした。大人というよりは子供で、何もいわないで野道まで出て、朝日に向ってあるいていった。そして光の中へ消えていった。その百姓が田の中へはいってみると、草がとられていた。その子供が誰であるのかわからぬが、このあたりには子供が田植や草とりを手伝いに来たという話は少なくない。それが単なる幻覚であるにしてもたのしい話である。金沢ばァさんはそんな話を津軽方言でしてくれる。そのことばがわからない。私は標準語でゆっくり質問するのだが、おばァさんはわからないという。それで斉藤先生が双方のことばを通訳してくれる。

　日のくれるまで話をきいて学校へかえったのだが学校がまたひどいものであった。宿直室のコバ葺の屋根は穴があいていて、雨が降ると雨もりのために雨傘をさして寝なければならないという。夕飯は先生が作って下さったものを御馳走になって、夜おそくまで話をきいて寝たのだが雨になった。すると先生は雨傘を三本も四本もひろげて、布団の上においた。私たちはその下で、傘にあたる雫の音をききながら眠った。

　翌朝は晴れて西風のつよい日になった。富萢の学校を辞して北へ向ってあるいた。富萢のすぐ北に権現というところがあり、そこに伊豆山権現という社がある。私はそこへのぼっていった。境内にある昔の錨を見たいと思って。斉藤先生の話では、昔はずいぶんたくさんの弁財船（北前船）が七里長浜の沖で時化《しけ》のために沈んだそうである。その船の錨が時折地曳網などにかかって来る。その一つをこの社に奉納したのであるという。

　十三の村は雨と風に吹きさらされた色彩のとぼしい村であった。そして、湖が青く波立っているのが印象的であった。広い湖面に船一艘も見えぬ。役場へいって昔の話を知っている人はいないだろうかというと、村長さんが一ばんよく知っているという。その村長さんは「昔の話は夜になって一ぱい飲まぬと話にならぬものです」という。そこで村の南の砂丘の蔭にある明神様へまいってみた。そこに古い鉄仏があるというので「いってごらんなさい。神殿の扉の中に十体あまりあります。みな砂丘の砂の中から掘り出したものです。見たらまた扉をしめておいて下さい」とまことにおおらかな話で、いまそんなことを言っていたらすぐなくなってしまう。事実いまなくなってしまっている。

　明神様へゆく浜では地曳網をひいていた。私は長い間見ていた。手でひくのではない。腰に縄をつけ、縄のさきに石がくくりつけてある。それを網の綱にまきつけて、だんだん上の方へ上ってゆく、綱が輪にして積まれているところまでゆくと、まきつけた縄をといて渚のところまでいってまた綱に縄をまきつける。綱のさきには網がついてい

地曳網を曳きに行く人たち。昭和6年（1931）　撮影・酒井　仁

る。その網もそのようにして半分以上はひきあげ、それから渚にみんなならんで、網を手でひくのである。寒い日なので、みんな頬かぶりをしている。男と女が半々位で働いている。さてひきあげた網の袋にはそんなに多くの魚はいなかったが、それでも十三の村に一尾ずつ配っても余るほどは入っていただろう。

十三湖の渡船。昭和6年（1931）　撮影・酒井　仁

　私はそれから明神様へまいって、神殿の扉をあけて見た。すると鉄仏や神像に似たものがあった。高さはいずれも三十センチくらい。津軽には津軽三千坊といって三千の寺があり、明神様のところにも昔は寺があって、この鉄仏はそこにまつられていたという。鉄仏は日本では鎌倉時代に多く作られたが、あるいは宋の国あたりからもたらされたものではないかと思った。日本の仏像よりは少し形もちがっている。

　写真をとったり、計測したりするとよかったのだが、私はただ見ただけで扉をしめてかえった。日はすぐ暮れて来た。宿へかえって夕はんをたべて待っていると村長さんが来た。酒と肴を用意して話を聞くことにした。村長さんは昔この港へ米を積みに来た弁財船の話をいろいろとしてくれた。昔はずいぶん発展していたという。村長さんは酔うにつれ、いよいよ話に花を咲かせた。そして「十三の砂山」や「ホーハイ節」などを次々にうたって下さる。微吟だが心にしみる。硝子戸の外は暗いがそこに十三湖があり、湖の向うの火が見える。相内《あいうち》という所だそうである。明日はそこへ行ってみたい。

　十三の港は港としては決してよくなかった。西風が吹くと砂を寄せて来て十三湖の口をふさいでしまう。すると十三湖がふくれ上がりはじめる。十三の人たちは総出で砂掘りをした。水路をつくれば水の力で大きく港はきりひらかれるのだが、この砂掘りは一年の中に何回もおこなわねばならなかった。「十三の砂山　米ならよかろナ、西の弁財衆にただ積ましょ」というのは砂掘りの労苦をうたったものであるという。

「田山花袋がここへ来まして、あなたのすわっているその場所にすわっていて、私の十三の砂山をきいてくれたのです。何回も何回も所望されましてね」

　村長さんが帰ると風の音のみが侘しかった。湖の方では何に驚いたのか鳥の声が聞こえた。耳をすますと潮騒の音も聞こえて来る。北の国だなとしみじみ思った。

十三の子どもたち。昭和6年（1931）
撮影・酒井　仁

編者あとがき

宮本常一を所長とする「日本観光文化研究所」は、株式会社近畿日本ツーリスト「資料室」の対外名称である。一般には「観文研」と呼ばれ、『あるくみるきく』を出している研究所として知られていたが、むろんこの刊行だけではなく、出入りする幾人かが歴史、文化、産業など関わる研究課題を抱えて研究していた。その詳しい内容についてここではふれないが、その研究課題の成果、あるいは経過を書いた『あるくみるきく』もある。

設立からしばらく、研究所に出入りして研究課題を抱える者を「所員」あるいは「同人」と区別した。どちらにするかはそれぞれの意識にとどめ、研究所がどちらかを強要することはなかった。研究課題を持っていても、二、三人の嘱託を除いて給料というものはなかったから、それぞれの意識だけで問題はなかった。

同人には「地方同人」というのもあった。県によって二人のところも五人のところもあったが、全国のおよそ一〇〇人から研究に協力にしてくれる約束を得ていた。地方同人には詩人や学校の先生、郷土史家もいたが、共通していたのは郷土を研究するのではなく、郷土で研究する姿勢である。これは柳田國男が民俗学徒に求めた姿勢である。後に宮本常一は著書『民具学の提唱』のなかに、「民具を研究するのではなく、民具で研究する」と記している。

『あるくみるきく』の執筆で一地域を取材するときは、出かける前にその地域のことを宮本常一に聞いて想像をふくらませた。そのときたいてい地方同人の名が出て、初めにまずその人をたずねるようにいわれた。会ったどの地方同人もその地域の生活を含めた全体をよくつかんでいるうえに、地域の大事なことをていねいに教えてくれた。それによって取材にはずみがついた。またこうして協力してくれた地方同人には『あるくみるきく』の執筆をしてもらったが、エライ先生、すなわち都市の大学などで教鞭をとる著名な学者には執筆を依頼しなかった。宮本所長の方針である。

『あるくみるきく』の文章は稚拙だという人がいる。あたらずとも遠からず、といえないこともない。ひとりよがりの文章で、意味の通じない一節があったりする。

地域を取材するには、取材者の人生経験がかなり重きを

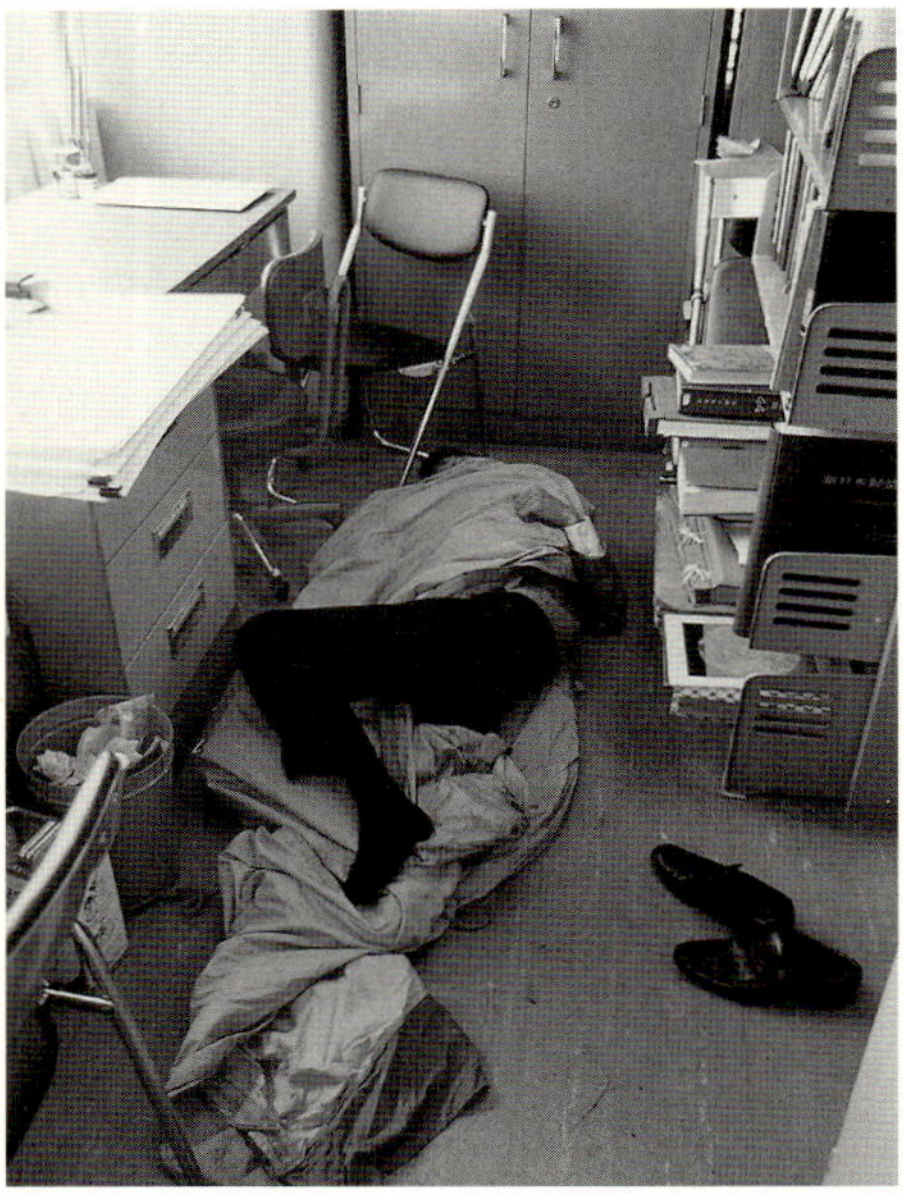

観文研で明け方まで『あるくみるきく』の編集をした朝。昭和45年6月

なすが、その経験の浅い若僧が、ときには初めて聞く農業、漁業、林業などに耳を傾けなければならないこともある。それを自分なりに咀嚼《そしゃく》して、しかもだれにでもわかるように三、四〇枚（四〇〇字詰）もの原稿を書くのは容易ではない。まだワープロもパソコンもなかった時代だから、鉛筆で原稿用紙に一行、二行書いては消ゴムを使い、新たに書き入れたものの気に入らなくて原稿用紙をまるめてポイすることもしばしばだった。それが稚拙な文章を生み出したということはできないが、とにかく苦労を重ねて一本をまとめたのは確かである。その地域の姿を衒《てら》うことなく伝えようと、わずかな知識しかない頭を抱えながら懸命に重ねた推敲が稚拙な描写と相《あい》俟《ま》って、むしろいま読んでも新鮮である。地域を歩いて聞いて、見て書いた当時の地域の姿が生き生きと伝わってくる。邪推だが、これがもし、「エライ先生がスラスラと、何でも知っているかのように書いたものだったら、いまは感動のない陳腐なものになっていたかもしれない。

　残念なのは、観文研の仲間から「地方同人」のような人物は出なかったことである。私もなれなかった。ひところ、観文研からは二〇人ほどの大学の先生が出ていると少し自慢に思ったが、それはすべて可とすべきことではなかったのかもしれない。

　取材の前に地域のことを聞くことは幾度もあったが、私の場合、宮本常一の旅や調査に同行した例は極めて少ない。なかで印象に残っているのは、福島県下郷町大内（一八六〜一八八頁）に同行したときである。

　いまは舗装されて大型バスも通る当時の大内への道は細い山道だけだった。一時間近く歩いて集落が見えるあたりにきたとき立ち止まり、周囲の田圃を見渡しながら宮本常一は、ここはこうして開拓されたはずだと説明してくれた。初めて訪れたところなのに、どうしてそうしたことがわかるのか、ハテと思いながら尊敬の念をさらに強くしたのは確かである。

須藤　功

福島県下郷町大内で、江戸時代の宿場の姿をよく残す家並保存の重要性を大内の人々に話す宮本常一。昭和44年8月

著者・写真撮影者略歴

（掲載順）

宮本常一（みやもと つねいち）
一九〇七年、山口県周防大島の農家に生まれる。大阪府立天王寺師範学校卒。柳田國男の『旅と伝説』を手にしたことがきっかけとなり民俗学者への道を歩み始め、一九三九年に上京し、澁澤敬三の主宰するアチック・ミューゼアムに入る。戦前、戦後の日本の農山漁村を訪ね歩き、民衆の歴史や文化を膨大な記録、著書にまとめるだけでなく、地域の未来を拓くため住民たちと膝を交えて語りあい、その振興策を説いた。一九六五年、武蔵野美術大学教授に就任。一九六六年、後進の育成のため近畿日本ツーリスト（株）・日本観光文化研究所を設立し、翌年より月刊誌『あるくみるきく』を発刊。一九八一年、東京都府中市にて死去。著書に『忘れられた日本人』『日本の離島』『宮本常一著作集』など多数ある。

姫田忠義（ひめだ ただよし）
一九二八年兵庫県神戸市生まれ。旧制兵庫県立神戸経済専門学校卒業。一九五四年演出家を目指して上京し宮本常一に師事。一九六六年、日本観光文化研究所の創立に参加。一九七六年「民族文化映像研究所」を設立し、「アイヌの結婚式」「椿山―焼畑に生きる」「越後奥三面―山に生かされた日々」など二〇〇本以上の映画作品を制作。著書に『ほんとうの自分を求めて』『忘れられた日本の文化』『育ち行く純なるものへ―映像民俗学の贈物』などがある。

伊藤碩男（いとう みつお）
一九三三年東京生まれ。一九五七年映像技術集団「葦プロダクション」を創設し、岩波映画などで照明技師として活躍。一九七六年に姫田忠義と共に「民族文化映像研究所」を創立し、記録映画の撮影・演出・編集を担当。日本観光文化研究所の同人で、雑誌「あるくみるきく」の名付け親。現在フリーランス。

菅野新一（かんの しんいち）
一九〇七年宮城県白石市生まれ。東北帝大法文学部卒。元白石市図書館館長。著書に『山村に生きる人びと』『白石紙』『東北の木地玩具』などがある。

須藤　功（すとう いさを）
一九三八年秋田県横手市生まれ。川口市立県陽高校卒。民俗学写真家。一九六七年より日本観光文化研究所所員となり、全国各地歩き庶民の暮らしや祭り、民俗芸能の研究、写真撮影に当たる。著書に『西浦のまつり』『山の標的―猪と山人の生活誌』『花祭りのむら』『写真ものがたり　昭和の暮らし』全一〇巻『大絵馬ものがたり』全五巻などがある。

佐藤健一郎（さとう けんいちろう）
一九三六年東京都生まれ。東京都立大学大学院修了。大学の同級生であった宮本常一の長男、宮本千晴と親交。武蔵野美術大学教授となり、日本観光文化研究所設立当初から参加し各地をあるく。武蔵野美術大学名誉教授。共著に『日本古典文学全集 謡曲集一・二』『小絵馬』『藁の力―民具の心と形』などがある。

加藤千代（かとう ちよ）
一九四三年愛知県生まれ。東京都立大学大学院博士課程単位取得退学。広島市立大学名誉教授。共著に『中国の歴史と民俗』『中国俗文学七十年』『日中昔話伝承の現在』などがある。

西山妙（にしやま たえ）
一九四三年、東京都生まれ。早稲田大学第一文学部卒。一九六六年、日本観光文化研究所に初代事務局員として入る。『あるくみるきく』の創刊以降は、その編集、執筆に携わる。著書に『道は語る』共著に『ハマの職人深訪瓦版』全二巻などがある。

五百澤智也（いおざわ ともや）
一九三三年山形県生まれ。東京教育大学を卒業後、建設省地理調査所、国土地理院に勤務。著書に『登山者のための地形図読本』『ヒマラヤ・トレッキング』『山と氷河の図譜』などがある。

西山昭宣（にしやま あきのり）
一九四二年台湾生まれ、新潟県で育つ。早稲田大学第一文学部卒業後、日本観光文化研究所に参画し、宮本千晴と共に『あるくみるきく』の企画・編集に携わった。後に都立高等学校教諭として転出するが、研究所閉鎖時まで所員として同誌の企画・編集を行なった。

北見俊夫（きたみ としお）
一九二四年新潟県佐渡に生まれる。東京文理科大学史学科卒。元筑波大学・大東文化大学教授。著書に『日本海上交通史の研究』『旅と交通の民俗』『日本海島文化の研究』などがある。

監修者略歴

田村善次郎（たむら　ぜんじろう）

一九三四年、福岡県生まれ。一九五九年東京農業大学大学院農学研究科農業経済学専攻修士課程修了。一九八〇年武蔵野美術大学造形学部教授。武蔵野美術大学名誉教授。文化人類学・民俗学。

大学院時代より宮本常一氏の薫陶を受け、国内、海外のさまざまな民俗調査に従事。『宮本常一著作集』（未来社）の編集に当たる。著書に『ネパール周遊紀行』（武蔵野美術大学出版局）、『棚田の謎』（農文協）ほか。

宮本千晴（みやもと　ちはる）

一九三七年、宮本常一の長男として大阪府堺市鳳に生まれる。小・中・高校は常一の郷里周防大島で育つ。東京都立大学人文学部人文科学科卒。山岳部に在籍し、卒業後ネパールヒマラヤで探検の世界に目を開かれる。一九六六年より近畿日本ツーリスト（株）・日本観光文化研究所（観文研）の事務局長兼『あるくみるきく』編集長として、所員の育成・指導に専念。

一九七九年江本嘉伸らと地平線会議設立。一九八二年観文研を辞して、向後元彦が取り組んでいた「（株）砂漠に緑を」に参加し、サウジアラビア・UAE・パキスタンなどをベースにマングローブについて学び、砂漠海岸での植林技術を開発する。一九九二年向後らとNGO「マングローブ植林行動計画」（ACTMANG）を設立し、サウジアラビアのマングローブ保護と修復、ベトナムの植林事業等に従事。現在も高齢登山を楽しむ。

あるくみるきく双書

宮本常一とあるいた昭和の日本 14 東北 1

2010年11月25日第1刷発行

監修者　田村善次郎・宮本千晴
編　者　須藤　功

発行所　社団法人　農山漁村文化協会
郵便番号　107－8668　東京都港区赤坂7丁目6番1号
電話　03（3585）1141（営業）　03（3585）1147（編集）
FAX　03（3585）3668
振替　00120（3）144478
URL　http://www.ruralnet.or.jp/

ISBN978－4－540－10214－1
〈検印廃止〉

Printed in Japan

印刷・製本　（株）東京印書館